ASIER RODRIGUEZ SANTOS

DIE AMG BANDE

ASIER RODRIGUEZ SANTOS

DIE AMG BANDE

Wie ich als Kopf einer der meistgesuchten Verbrecherbanden mit Überfällen Millionen machte

riva

Bibliografische Information der Deutschen Nationalbibliothek
Die Deutsche Nationalbibliothek verzeichnet diese Publikation in der Deutschen Nationalbibliografie. Detaillierte bibliografische Daten sind im Internet über http://dnb.d-nb.de abrufbar.

Für Fragen und Anregungen
info@rivaverlag.de

Wichtiger Hinweis
Ausschließlich zum Zweck der besseren Lesbarkeit wurde auf eine genderspezifische Schreibweise sowie eine Mehrfachbezeichnung verzichtet. Alle personenbezogenen Bezeichnungen sind somit geschlechtsneutral zu verstehen.

Originalausgabe
1. Auflage 2023

Türkenstraße 89
80799 München
Tel.: 089 651285-0
Fax: 089 652096

Umschlaggestaltung: Marc-Torben Fischer
Umschlagabbildung: shutterstock.com / tab62
Satz: abavo GmbH, Buchloe
Druck: GGP Media GmbH, Pößneck
Printed in Germany

ISBN Print 978-3-7423-2110-7
ISBN E-Book (PDF) 978-3-7453-1881-4
ISBN E-Book (EPUB, Mobi) 978-3-7453-1882-1

Wir produzieren nachhaltig
www.m-vg.de

Weitere Informationen zum Verlag finden Sie unter
www.rivaverlag.de
Beachten Sie auch unsere weiteren Verlage unter www.m-vg.de

Inhalt

Manch ein Abgrund
offenbart neue Wege.

Anmerkung des Autors:
Die meisten der im Buch auftauchenden Personen wurden aufgrund des Schutzes ihrer Persönlichkeit namentlich verfremdet. Einige Personen und Handlungsstränge sind zudem fiktiver oder symbolischer Natur, da in diesen Fällen eine Verfremdung nicht möglich gewesen wäre und ich manches nicht der Realität entsprechend erzählen kann, weil ich sonst andere oder mich selbst belasten könnte. Ähnlichkeiten mit lebenden oder toten Personen sind dann rein zufällig und keineswegs beabsichtigt. Wenn ich von »Bruder« oder »Cousin« spreche, muss es sich hierbei nicht um Familienangehörige handeln. So nennt man dort, wo ich herkomme, schlicht Freunde und Menschen, die einem zur Seite stehen.

Ein böses Erwachen

Parkhotel Engelsburg, Recklinghausen,
04.12.2018

Das Hoteltelefon auf der Kommode neben dem Kingsize-Bett klingelte.

»Hallo«, flüsterte ich schlaftrunken in die Sprechmuschel.

»Guten Morgen, Herr Rodríguez Santos, ich hoffe, Sie hatten eine angenehme Nacht in der Turmsuite. Meyers hier von der Rezeption, Sie wollten um fünf Uhr geweckt werden.«

Ich stutzte. Hatte ich das wirklich gewollt? »Daran kann ich mich nicht erinnern!«

»Wünschen Sie Frühstück?«

»Na gut, ich nehme das übliche Frühstück, danke schön.«

Ich stand auf, legte mir den Kaschmir-Morgenmantel von Tom Ford über und schlüpfte in die Valentino-Pantoletten. Im Dunkeln lief ich vorsichtig die Wendeltreppe hinunter zum Badezimmer. Das Engelsburg-Hotel in Recklinghausen ist ein ehemaliges Herrenhaus im Barockstil. Einst gehörte es einem kurfürstlich-kölnischen Statthalter und Richter. Die Möbel und die

Zimmertüren bestehen aus Kirschholz. Ein edles Detail. Doch der Hauptgrund, warum ich so gern in der Engelsburg übernachtete, war die dreigeschossige Turmsuite. Luxuriös ausgestattet samt Whirlwanne, rundem Wohnzimmer und Blick in alle Himmelsrichtungen. Sogar der Name der ehemaligen Kanzlerin und der von Leonardo DiCaprio stehen im Gästebuch. Die ersten Schritte dieses Dezembertages erfolgten in wunderbarer Stimmung, die jedoch schnell kippen sollte.

Ich stand gerade vor dem Badezimmer, als die Tür zu meiner Suite aufgerissen wurde. Rote Laserstrahlen flogen kreuz und quer durch den Raum, ehe sie genau auf meiner Brust landeten und somit ihr Ziel markierten. Ein Lichtstrahl blendete mein rechtes Auge. Sie trugen kugelsichere Westen, Kettenhemden zum Schutz vor Messerattacken, Sturmmasken und Helme – und natürlich Maschinengewehre mit verdammten Laserzielvorrichtungen. Sie brüllten etwas, das ich erst verstand, als sie mich zu Boden geworfen hatten. »Polizei! Polizei! Bleib liegen, du Schwein!«

»Was wollt ihr von mir?«, brüllte ich zurück, wobei ich mir Dutzende Gründe vorstellen konnte.

»Schnauze!«, schrie mir einer ins Ohr. Eine Augenbinde raubte mir die Sehkraft. Dann wurde es still, ich hörte nur Schritte, die immer näher rückten. Mir schossen massenweise Gedanken durch den Kopf. *Warum schicken die ihre Männer fürs Grobe? Vielleicht wissen die was über die geplanten Coups in Stuttgart, Köln und Kamen. War's das jetzt mit den 60 Millionen? Wie lange werde ich diesmal von meiner Familie getrennt sein?* Die Schritte endeten direkt vor mir.

»Herr Rodríguez Santos, Sie sind vorläufig festgenommen.« Mir entging nicht der Klang des Triumphs in seiner Stimme.

»Weswegen? Was wollt ihr von mir? Wozu die Laserstrahlen, ich bin kein Terrorist.«

»Nein, das sind Sie nicht«, sagte der Fremde, »aber ... wo soll ich anfangen? Vielleicht mit dem Geldtransporter in Dortmund?« Er machte eine Pause. »Oder mit der Geschichte in Werne?« Noch eine Pause, jedes Mal fühlte es sich wie eine Ohrfeige an. »Wir wissen auch über K+K Bescheid«, fügte er trocken hinzu.

Sein Tonfall wurde vertraulicher. »Die Jungs vom SEK sind hier, weil wir nicht wissen, ob die Kalaschnikow, die ihr vergangene Woche gekauft habt, bei dir ist, oder die Tokarew TT-33 oder die Schrotflinte. Vielleicht sind die Waffen auch bei Hamza«, er machte wieder seine Pausen, »oder bei Salvatore ... oder bei euren Helfern. Deswegen haben wir euch alle gleichzeitig mit Spezialeinsatzkommandos besucht. Du hast noch Glück gehabt, weil du im Hotel geschlafen hast, deine Haustür wurde nicht gesprengt.« Mein Herz raste.

»Warum so sprachlos, Herr Rodríguez Santos? Eure Tour nach Stuttgart, Köln und Kamen ist abgesagt, jetzt geht es für dich ins Kittchen.« Er lachte. Ich sagte nichts mehr. Ich dachte nur: *Schachmatt. Woher hat er die ganzen Informationen?*

»Abführen.«

Ich durfte aufstehen und wurde durch das Hotel gezerrt, an der Rezeption vorbei, wo dieser Herr Meyers stehen musste, der mich am Telefon hereingelegt hatte. Von wegen Frühstück! Mehrere Hände umklammerten meine Arme, meine Schultern und meinen Nacken. Es war vorbei, ich konnte nichts mehr tun, mir konnten nur noch Gott und vielleicht meine Anwälte helfen.

Wir mussten draußen angekommen sein, die Kälte erfasste meine Füße. Der Mantel wärmte zumindest den Rest meines Körpers.

»Stehen bleiben.«

Ich hörte, wie Autotüren geöffnet wurden. Jemand zog mir die Augenbinde ab. Dann drückten sie meinen Kopf runter und zwangen mich in den Zivilwagen der Polizei. Drei maskierte Beamte stiegen mit ein: zwei vorne, einer saß neben mir auf der Rückbank. Ein Gefühl der Ohnmacht breitete sich in mir aus. Mein Körper war wie gelähmt. In diesem Moment hätte ich niemals gedacht, dass ich schon wenige Stunden nach der Aktion wieder frei sein würde …

***

»Herzlichen Glückwunsch zum Geburtstag, mein Sohn.«

»Danke, Mami!«

»Zieh es an, *mi amor*«, sagte meine Mutter mit ihrem lateinamerikanischen Akzent. Das ließ ich mir nicht zweimal sagen. Noch bevor sie meine Benjamin-Blümchen-Geburtstagstorte angeschnitten hatte, trug ich das Fußballtrikot meines Lieblingsvereins Real Madrid. Es sah genauso aus wie das Trikot meines Favoriten Raúl, mit nur einem Unterschied: Hinten stand mein Name, Rodríguez Santos!

»Du siehst aus wie ein Fußballstar.« Meine Mutter umarmte mich und gab mir einen Kuss auf die Stirn.

»Danke, Mami. Wenn ich eines Tages ein richtiger Fußballstar bin, kaufe ich dir ein Haus. Mami, ich werde dann berühmt sein. Alle werden meinen Namen kennen und du wirst stolz auf mich sein!«

Welcher Zehnjährige in Deutschland träumt nicht davon, eines Tages Profifußballer zu werden? Nur leider werden diese Träume nicht immer wahr. Allzu oft enden diese Vorstellungen vergessen und zerstört am Boden. In meinem Fall auf dem Boden einer Gefängniszelle. Ich wurde nicht Asier Rodríguez Santos, der »Torschützenkönig«. Heute blicke ich in die Vergangenheit und beschäftige mich mit meinem Lebensweg und mit meiner Gier nach dem Unmöglichen. Mein Name wird nicht in einem Zug mit meinem Lieblingsverein genannt, sondern mit spektakulären Coups in Millionenhöhe. Es gibt keinen Zeitungsartikel, der mich als Fußballer lobt. Zeitungsberichte und Artikel betiteln mich als »Kopf der AMG-Bande«, wie in *FOCUS online*. Die *Bild* schrieb: »Größenwahn! Kopf der Geldtransporter-Bande wollte Milliardär werden.« Ist doch klar, oder? Nach den Millionen kommt die Milliarde! Viele Menschen, die von meiner Geschichte gehört haben, fragen mich: »Hat es sich für dich gelohnt?« Oder: »Wie hast du das geschafft? Und wieso haben die arabischen Großfamilien dich als Nichtaraber in ihren Reihen akzeptiert? Warum hast du nach der ersten Million nicht aufgehört?« Dieses Buch gibt Antworten darauf.

November 2016 – Zeit für einen Coup

Es bleibt keine Zeit für ein letztes Gebet, sobald ein .357er-Magnum-Geschoss unter Feuerkraft den Revolverlauf verlässt. Trifft dich das Projektil, wird die Energie übertragen und verursacht immense Schäden. Die Durchschlagskraft hinterlässt an der Austrittsstelle ein weit aufklaffendes blutiges Loch.

Geld schützen – und wenn nötig, schießen. Dies wird den Sicherheitsleuten bei ihren Seminaren eingebläut. Sicherheitskräfte der Geld- und Wertbranche in Deutschland, die ihren Waffensachkundeschein erlangt haben, tragen zumeist Revolver. Unsere größte Sorge war, dass sie auf uns schießen würden, Fleisch, Adern und Sehnen zerfetzen und den grauen Asphalt in Dortmund rot färben. Die Gäste im italienischen Restaurant würden sich an ihrer Pasta oder ihrem Getränk verschlucken und die Polizei wäre innerhalb von 30 Sekunden am Friedensplatz/Ecke Olpe in der Dortmunder Innenstadt. Dieses Szenario mussten wir verhindern. Ich warf einen Blick auf meine G-Shock-Uhr im Militärstil.

»In fünf Minuten müsste die Beute ankommen«, sagte ich meinem Partner über das Wegwerfhandy.

»Alles klar«, sagte Hamza, »ich kann es nicht mehr abwarten, die beschissene Weste auszuziehen.« Wir trugen unter der Kleidung kugelsichere Kevlar-Westen, die laut Hersteller sogar .44er-Magnum-Geschossen standhalten sollten. Mit einem warmen Kakao in der Rechten stand ich an der Kleppingstraße und hielt Ausschau. Auf der anderen Straßenseite hatte mein Partner es sich bequem gemacht. Mit einer Zeitung in der Hand saß er im Audi RS6 Performance, der uns noch nie im Stich gelassen hatte. Allradantrieb und 605 Pferdestärken unter der Haube machten ihn zum idealen Fluchtwagen. Wir hatten die RS6-Embleme abgemacht, sodass der Audi RS6 auf den ersten Blick aussah wie ein A6 Avant. Nur Kenner würden diesen Gepard im Schafspelz enttarnen. Plötzlich blockierte ein Polizeiauto meine Sicht auf den Audi. Der Streifenwagen hielt als zweites Auto in der Reihe an der Ampel. Mein Herz setzte einen Schlag aus, als der Polizist mich ansah. Ich trank einen Schluck, um den Augenkontakt zu unterbrechen, wischte mit der Zunge den Kakaoschaum von meiner Oberlippe und warf einen Blick in den Becher. Ich versuchte, glücklich zu wirken, als hätte ich gerade einen Schluck aus dem Jungbrunnen genossen. Als der Wagen losfuhr, verlor der Polizist augenscheinlich das Interesse an mir.

Beruhig dich, Asier, sagte ich zu mir selbst. *Alles wird gut.* Einen Job durchzuziehen, bringt einen ins Schwitzen. Sicher ist so etwas nie, und schon gar nicht, wenn bereits gegen einen ermittelt wird. Polizisten hatten ein paar Monate zuvor meine Wohnung durchsucht, doch ohne Haftbefehl konnten sie mich nicht einbuchten. Sie verdächtigten mich, Gold geraubt zu haben, und waren mir seitdem auf den Fersen. Trotzdem stand ich damals in Dortmund. Ich hatte mein Bestes gegeben, um mich ihrer Observation zu entziehen. Sein Bestes geben heißt aber nicht, sicher zu sein – nicht im 21. Jahrhundert, mit all den Kameras an jeder beschissenen Ecke.

»Ich sehe ihn«, sagte ich, »mach dich bereit.«

»Verstanden!«

Der Geldtransporter samt Beute hielt bei Rot genau vor mir an der Kreuzung. Ich nahm den nächsten Schluck und spähte dabei in den gepanzerten VW T5. Der Fahrer, Jürgen Klotz, 64 Jahre alt, war ehemaliger Bundeswehrsoldat, circa 1,85 Meter groß, für sein Alter sportlich gebaut, hatte blaue Augen und stahlsilbernes Haar. Der Beifahrer, in der Branche auch Läufer genannt: Christian Kobalt, 42 Jahre alt, seit 20 Jahren als Securitymann dabei, etwa 1,75 Meter groß, massig gebaut, Sportschütze und Judomeister.

»Das sind unsere Jungs«, sagte ich.

»Perfekt«, antwortete Hamza.

Ich wartete gemeinsam mit anderen Fußgängern darauf, dass unsere Ampel Grün zeigte. Die Ampel für die Fahrzeuge sprang zuerst auf Grün. Der Wagen mit unserer Beute samt Besatzung fuhr weiter und ließ mich an der Ampel stehen. Unzählige Geldtransporter, gepanzert, gesichert und GPS-überwacht, fahren tagtäglich zu Tausenden über deutsche Straßen und befördern Millionen, ja Milliarden Euro in Scheinen und Münzen. Die Sicherheit und Liquidität der gesamten Bundesrepublik Deutschland hängt davon ab, dass dieser Kreislauf nicht ins Stocken gerät. Sie sind wie Ameisen, die ihre Kolonie aufrechterhalten. An Geldtransporter wagen sich nur echte Profis und selbst davon scheitern einige.

Keine Sorge, Baby, gleich bin ich bei dir, dachte ich mir. Meine Augen folgten dem Fahrzeug, das wie immer ein Stückchen weiter die Kleppingstraße hinunterfuhr, ehe es links in die Viktoriastraße einbog, über die Betenstraße rollte und in der Olpe parkte. Hamza stieg aus dem Audi, ich ging bei Grün über die Ampel, zerdrückte den leeren Pappbecher, steckte ihn in meine Jackentasche und zog sicherheitshalber den Reißverschluss zu. Wir trafen uns an der Ecke des Rathauses. Hamza trug eine leere Sporttasche und ich einen fast leeren Rucksack.

»Hier«, sagte er und reichte mir ein nagelneues Paar schwarzer Handwerkerhandschuhe.

»Danke«, sagte ich, »beobachtet uns jemand?«

Er ließ seine Augen schweifen. »Nein, gerade nicht.«

Die Sonne schien, doch es war kalt, die Handschuhe, die ich mir eilig überstreifte, würden daher nicht auffallen. Hamza hatte sich seine bereits im Fahrzeug angezogen. Unsere Kleidung sah der Ausstattung der Sicherheitskräfte ähnlich, auch die trugen wir das erste Mal. Somit war es unwahrscheinlicher, DNA-Spuren am Tatort zu hinterlassen. Um auf Nummer sicher zu gehen, hatte ich meinen Joker im Rucksack. Ich nickte, und wir bewegten uns gemeinsam auf die Olpe zu, in Richtung Geldtransporter.

Alles war wie immer, die Menschen interessierten sich nur für ihre Angelegenheiten. Wir näherten uns dem Transporter. Er war allein und unbewacht. Doch in diesem Moment hielt hinter ihm ein Lkw. Zwei Männer stiegen aus, stellten sich knappe zwei Meter neben den Transporter und zündeten sich Zigaretten an.

»Verdammt«, sagte Hamza, »die stehen direkt daneben.«

Mit verschwörerischer Stimme antwortete ich: »Cool bleiben, so wie wir aussehen, denken die, es ist Schichtwechsel.«

Er grinste. Wir näherten uns dem Ziel, beinahe Schulter an Schulter. Meine Augen erfassten unser Jagdgebiet. Die zwei Lkw-Fahrer führten ein Gespräch und pusteten wechselseitig den Rauch in die Luft. Der Propeller eines Helikopters war aus der Ferne zu hören. Der Geruch von Abgasen zog in meine Nase. Eine Mutter schob ihren Kinderwagen vor uns auf dem Bürgersteig, wir gingen auseinander und machten ihr Platz, sie bedankte sich mit einem Lächeln, das ich erwiderte. Dann sah ich rechts von mir auf der anderen Straßenseite die Warnsignalfarbe – nicht Rot, sondern Blau. Diesmal setzte mein Herz gefühlte zwei Schläge aus, eine Schweißperle kullerte an meiner Schläfe herunter. Ein Polizist stieg von seinem Motorrad. Paranoia breitete sich in meinem Hirn aus. *Das ist doch kein Zufall.* Waren die Lkw-Fahrer von der Kripo und warteten nur darauf, uns zu überwältigen? Widerstandslos würden wir uns niemals ergeben.

Ich sah, wie der Polizist Strafzettel verteilte, und atmete tief aus. Hamzas Blick war auf den Transporter fixiert, wahrscheinlich hatte er den Polizisten nicht einmal wahrgenommen. *Es gibt kein Zurück mehr,* sagte eine Stimme in meinem Kopf. Zu viel Zeit hatten wir investiert, zu viel Zeit, die ich lieber bei Frau und Tochter verbracht hätte. So kurz vor dem Ziel kam Aufgeben nicht in Betracht. Ich grüßte die Lkw-Fahrer mit einem »Moin«. Beide grüßten zurück. Entschlossen auftreten, routiniert, als wenn dies unser täglich Brot wäre, war die Devise. Ich ging zur Beifahrertür des gepanzerten Fahrzeugs und mein Partner zur Fahrertür. »Wer uns sieht, muss denken, wir sind die Sicherheitskräfte«, hatte ich in der Vorbereitungsphase immer und immer wieder gesagt, zu ihm und mir selbst, vor dem Spiegel. Jetzt würden wir sehen, wie zuverlässig der Insider Ibo war.

Bis hierhin stimmte alles. Der Geldtransporter, der in der Olpe jeden Donnerstag um die gleiche Uhrzeit parkte, wurde für etwa sieben Minuten von den Sicherheitsleuten Christian und Jürgen verlassen, während sie einen Münzautomaten im Rathaus füllten. »Sie steigen zu zweit aus. Damit das geht, geben die der Zentrale Bescheid«, hatte mir der Insider erzählt, »die Zentrale schaltet den Alarm ab.« Das verstieß gegen die Vorschriften. Im öffentlichen Bereich muss der Alarm des Geldtransporters immer scharf geschaltet sein und das Fahrzeug darf nicht allein gelassen werden. Um jedoch Zeit zu sparen und aus Personalmangel, sagte der Insider, blieb der Alarm für ein kurzes Zeitfenster unscharf – und der Transporter allein.

Ich stand vor dem Fenster der Beifahrertür. Auf der anderen Seite sah ich Hamza, der nun den Schlüssel ins Schloss schieben, die Fahrzeugtür aufschließen, einsteigen und mir von innen die Beifahrertür öffnen sollte. So hatten wir es geplant. Wir würden sehen, ob erstens der Schlüssel passte und zweitens der Alarm wirklich deaktiviert war.

* * *

Der Schlüssel passte, die Tür ging auf. Ich sah meinen Partner einsteigen. Er öffnete mir die Tür, ich stieg hinzu, setzte mich auf den Beifahrersitz.

»Unglaublich«, sagte ich, während ich die Tür zuzog, »wir sind drin!« Ich betätigte den Timer meiner G-Shock. »Ab jetzt fünf Minuten, Bruder.« Er nickte. Es war unfassbar, beinahe surreal. Dutzende Gauner hatten sich an Geldtransportern die Finger verbrannt. Sie waren meistens brachial vorgegangen. Einige stoppten die gepanzerten Fahrzeuge, blockierten sie mit Pkws, zückten ihre AK-47-Sturmgewehre, bedrohten, schossen, benutzten hydraulische Spreizgeräte, Sprengstoff, Trennschleifer und Thermolanzen, um an das Geld zu gelangen. Zumeist ohne Erfolg. Und wir, wir benötigten nur einen etwa zehn Zentimeter langen Schlüssel.

»Ja, wir sind drin.« Hamza blickte mich an. »Aber woran merken wir, dass der Alarm unscharf ist?«

»Wenn wir aussteigen und keiner auf uns schießt«, erwiderte ich trocken. »Es ist ein stiller Alarm.«

Er schluckte seine Spucke hinunter, steckte wie geplant den Autoschlüssel ins Zündschloss und drehte ihn so weit, dass die Knöpfe und die Tempoanzeige leuchteten. »Alles klar, das läuft auch«, sagte er. »Welche Knöpfe waren es noch mal?«

Ich schwieg und drückte den ersten von fünf roten Knöpfen, die sich genau dort befanden, wo normalerweise ein Radio steckt. Die elektronische Schiebetür zwischen uns, die zum Schleusenbereich führte, öffnete sich mit einem Zischen, wie die Türen bei *Star Wars*.

Die Schleuse ist der Bereich zwischen Fahrerkabine und Frachtraum. Wir drehten gleichzeitig den Kopf nach hinten, warfen einen Blick auf die Frachttür und nickten uns lächelnd an.

»Sesam, öffne dich.« Ich drückte auf den roten Knopf mit der Nummer drei. Die Frachttür öffnete sich ebenfalls. Wir prüften vorsichtshalber die Umgebung, schauten in die Rückspiegel.

»Alles sauber«, sagte ich, »noch viereinhalb Minuten.« Ich stand auf und lief durch die Schleuse direkt in den Frachtraum. Hamza folgte mir. Dann ging es los. Er öffnete seine Sporttasche und ich nahm die Sprühflasche aus meinem Rucksack und stellte sie auf den Boden. Links im Frachtraum waren drei übereinander befestigte silberne Regale, voll belegt mit silbernen P-Behältern – Transportbehälter für Geld- und Werttransporte – ohne zusätzliche Farbsicherung oder sonstige Schutzvorrichtungen. Lediglich eine Plastikplombe und zwei Klappverschlüsse trennten uns vom Bargeld. Auf der anderen Seite stapelten sich gelbe Kisten, gefüllt mit Hartgeld und Plastik-Safebags, in denen bunte Scheine lagen.

»Zuerst die P-Behälter«, sagte ich. Wir zogen die silbernen Koffer heraus, rissen die Plomben ab und öffneten die Verschlüsse. Das bunte Cash prasselte in die Sporttasche. Wir fütterten die Tasche wie ein Greifvogel seine Küken. Nachdem wir fast alle Behälter geleert hatten, schien nichts mehr in die Sporttasche zu passen, also stampfte ich mit meinem Fuß das Geld weiter in die Tasche, um Platz zu schaffen, während ich die Griffe der Tasche mit beiden Händen in meine Richtung zog. Hamza reckte seinen Daumen hoch.

»Noch 1:39 Minuten«, sagte ich. Im Fahrzeug war es warm und ich schwitzte, wir würden sicherlich DNA-Spuren hinterlassen, doch darauf waren wir vorbereitet. Wir plünderten weiter, bis alle P-Behälter leer waren.

Ich schaute auf die Uhr. »Bruder, noch 40 Sekunden.«

»Beeilung«, sagte er, »gib Gummi.«

Wir machten uns an den gelben Kisten zu schaffen und leerten sie, bis keine Geldscheine mehr in die Sporttasche passten. Ich versuchte abermals, mit meinem Fuß die Beute in die Tasche zu stampfen.

»Es geht nicht«, schimpfte Hamza, »lass es, in deinem Rucksack ist noch Platz.«

Nur mit vier Händen konnten wir den Reißverschluss der Sporttasche schließen. Plötzlich piepte der Timer meiner G-Shock, die Zeit war rum.

»Scheiße«, fluchte Hamza, »raus hier, komm!«

»Nein, warte mal.«

»Was meinst du mit ›warte mal‹?«, sagte er. »Ich hab keinen Bock auf Knast oder Grab.«

»Warte, ganz kurz noch«, sagte ich, während meine Hände das restliche Bargeld in den Rucksack zwangen. Das Hartgeld mussten wir liegen lassen. Dann setzte ich den Joker ein, die Sprühflasche. Auf die gleiche Art und Weise, wie wir in den Frachtraum, die Schleuse, die Fahrerkabine und den »Panzer« gelangt waren, verließen wir ihn auch wieder. Hamza ging voraus, während ich mit der Sprühflasche noch schnell den Frachtraum, den Schleusenbereich, die Fahrerkabine wie auch Lenkrad, Sitze, Türgriffe und die roten Knöpfe besprühte. Ich hustete aufgrund der austretenden Dämpfe.

»Diesmal gibt's keine DNA für euch.« Mein Partner war bereits mit der Sporttasche ausgestiegen, ich folgte ihm. Die beiden Lkw-Fahrer sahen uns verdutzt an, sagten aber nichts und rauchten weiter. Wir liefen eilends die Straße hinunter Richtung Fluchtwagen, der um die Ecke an der Kleppingstraße geparkt stand. Noch drehten wir uns nicht um. *O Gott, bitte lass keine Kugel uns durchbohren,* betete ich innerlich immer wieder. Dass wir kugelsichere Westen trugen, hatte ich bereits vergessen. Aber allein der Druck der Geschosse würde uns wahrscheinlich umhauen – und Kopf, Hals, Arme sowie Beine waren nicht kugelsicher.

An der Ecke des Rathauses wurde Hamza langsamer, mein Partner war außer Atem, die Sporttasche schien wohl schwer zu sein, deswegen nahm ich sie ihm ab.

»Shit!« In der Tasche hätten genauso gut Steine stecken können. Ich warf einen Blick nach hinten in Richtung Transporter. O verdammt! Die Geldtransporterfahrer Jürgen und Christian kamen um die Ecke und näherten sich dem geplünderten Fahrzeug. Ihre silbernen Revolver glänzten im Holster, als die Sonne ihre Strahlen darauf warf. In meinem Brustkorb breitete sich Hitze aus. Ich griff die Sporttasche fester und rannte um das Rathaus, bloß raus aus der Schusslinie. Hamza lief dicht hinter mir.

»Bruder, beeil dich, die sind gleich da!«

Scheiße! Er zückte den Audi-Schlüssel, ließ ihn fallen, hob ihn schnell wieder auf und öffnete das Fahrzeug. Ich riss die Hintertür auf, warf Sporttasche und Rucksack auf den Rücksitz und stieg hinzu. Hamza sprang auf den Fahrersitz und startete den Motor.

»Warte! Hamza, fahr unauffällig.«

Er atmete aus. »Das habe ich auch vor.« Dann fuhr er vorsichtig auf die Kleppingstraße, nachdem er vorbildlich einen Schulterblick gemacht und den Blinker gesetzt hatte.

Ich duckte mich. »Unauffällig, aber zügig«, sagte ich, »die Polizei wird gleich aus allen Löchern kriechen.« Plötzlich hörte ich in der Ferne ein Martinshorn aufheulen. Ich erstarrte. Unsere Augen kreuzten sich im Rückspiegel.

* * *

Ein Streifenwagen schoss an uns vorbei und bog an der Kreuzung ab. Der war nicht hinter uns her. Doch das hieß noch lange nicht, dass wir sicher waren. Wir standen an der Kreuzung, die Ampel zeigte Rot. Christian und Jürgen müssten mittlerweile den Transporter geöffnet haben und hatten bestimmt schon den Notruf gewählt. Es würde nicht mehr lange dauern, bis die Cops die Autobahnauffahrten absperrten und eine Ringfahndung anordneten. Ich lag auf der Rückbank, neben mir lagen die Beute und zwei Feuerlöscher.

Der beste Weg, einen Polizeiwagen abzuschütteln, ist der Klassiker: Geschwindigkeit. Deswegen nahmen wir am liebsten hochmotorisierte Fahrzeuge als Fluchtwagen. Doch was tun, wenn du durch den Stadtverkehr fliehen musst, um die Autobahn zu erreichen, und du nicht alles aus dem V8- oder V12-Motor herausholen kannst? Dann gab es die Möglichkeit, mit einer scharfen Waffe auf die Reifen oder die Motorhaube seiner

Verfolger zu schießen – ein AK-47-Sturmgewehr verfügt über schlagfertige Argumente. Wir wählten aber lieber sanftere Methoden. Deswegen lagen zwei Feuerlöscher griffbereit: Der Schaum nimmt Verfolgern die Sicht.

Wir mussten auf die Autobahn kommen, um uns so schnell wie möglich aus der Gefahrenzone zu entfernen, ohne Aufmerksamkeit zu erregen.

»Wie sieht's aus, Hamza?«

»Bis jetzt alles sauber.«

Er hielt sich an die Verkehrsregeln, und keiner hatte unseren Fluchtwagen gesehen, also wussten die Polizisten nicht, welches Fahrzeug sie anhalten mussten. Die Zeugen würden ihnen lediglich den Hinweis liefern, dass zwei südländische Typen in den gleichen Klamotten wie die Securitymänner mit leeren Taschen gekommen waren, die dann in den Geldtransporter stiegen und mit vollen Taschen wieder gingen. Wohin? Richtung Kleppingstraße. Die Cops würden also nach zwei Personen suchen, im Audi saß augenscheinlich nur einer. Hamza fuhr, das konnte er gut. Schon mit 14 Jahren hatte er seine Ex-Freundin überredet, die Autoschlüssel ihrer Eltern zu stehlen, damit wir nächtliche Spritztouren unternehmen konnten. So entwickelten sich unsere ersten Verfolgungsjagden. Anhalten und Führerschein zeigen war nicht drin, die einzige Fahrkarte, die wir damals hatten, war unser Schülerticket.

Da waren wir mal wieder, ich auf dem Rücksitz, neben mir mindestens eine halbe Million Bares, Hamza am Steuer. Und der Kick, der zur Gewohnheit wurde, die vertraute Angst – ich genoss sie. Wenn man erwachsen ist, hat man viel um die Ohren: Geschäfte, Familie, Ziele,

Sorgen und Ängste. Jeder kennt das, und jeder hat Momente, in denen er in die Jugend zurückkatapultiert wird. Der Hackbraten bei Oma, die Plätzchen zu Weihnachten, der Geruch von Zimt, eine Reise zum Haus am See, wo man mit Opa das erste Mal angeln war. Nun, mein Erlebnis, das mich sofort in meine Kindheit zurückversetzte, waren diese Coups. Bei Räuber und Gendarm wollte ich als Kind immer auf der Seite der Flüchtigen sein. Die Schritte des Gegners vorausahnen, ihn überlisten, Verluste einstecken, fallen, aufstehen, weitermachen.

Plötzlich schlichen sich Dämpfe in meine Lunge, ich hustete, bekam schlecht Luft. Hamza hustete ebenfalls.

»Was ist das?«, fragte er. »Warum muss ich so husten?«

Das Erste, was mir in den Sinn kam, war ein Fall, von dem ich mal gehört hatte. Die Cops hatten in einem Fluchtwagen von Bankräubern eine CS-Gas-Anlage einbauen lassen. Sie warteten, bis die Räuber ihren nächsten Job durchzogen, und als diese in den Fluchtwagen einsteigen wollten, um zu entkommen, mussten die Polizisten nur noch einen Knopf drücken.

»Oh shit«, sagte ich, packte die Sprühflasche, die unter dem Sitz lag, stopfte sie schnell in eine Plastiktüte und knotete sie zu. »Das war die Flasche mit der Säure«, erklärte ich Hamza und fuhr das Fenster auf meiner Seite ein Stück runter. Ich verschwieg, dass ein paar Tropfen ein Loch in die Fußmatte geätzt hatten.

»Wir sind fast auf der Autobahn, bleib unten«, sagte Hamza, »ich sehe keine Absperrung, aber an der Auffahrt ist ein wenig Stau.«

Ich musterte die Decke des Audis und erkannte ein Brandloch, jemand musste hier drin geraucht haben, aber wie konnte das sein? Wir nutzten den Wagen doch nur für die Arbeit und keiner von uns rauchte. »Hamza! Hier ist ein Brandloch in der Decke.«

»Nicht jetzt.«

»Aber … «

»Erkläre ich dir später. Ich bin jetzt auf der Autobahn, bleib noch ein wenig unten.«

»Okay!« Kein Vertrauen, kein Erfolg. Solange wir unseren Regeln und Prinzipien treu blieben, würden wir unbesiegbar sein.

Nach jedem erfolgreichen Coup gönnte ich mir Urlaub, das war eine meiner Regeln.

»Ich freue mich auf die Karibik«, sagte ich, »da feiere ich meinen 23. Geburtstag.«

»Freu dich nicht zu früh, Bruder«, sagte Hamza, seine Stimme wirkte nervös. Ich richtete mich auf und sah Stau, ohne Aussicht auf freie Fahrt.

»Das ist ein Problem«, sagte ich, »die werden ihre Fahndung auf mindestens 50 Kilometer ausweiten.« Wie auf Kommando erklang alles auf einmal: Mehrere Sirenen kamen näher, zudem hörte ich erneut den Helikopter. Die Jagd war in vollem Gange und wir waren die Beute.

Im Zuge jeder Observation fuhren wir die Fluchtroute ab. Um diese Uhrzeit gab es selten Stau, doch ausgerechnet am D-Day wurde uns der Fluchtweg versperrt.

»Was machen wir jetzt, Hamza? Wenn wir nicht wegkommen, schnappen sie uns.«

»Ich habe auch einen Joker«, sagte Hamza, »das Brandloch hat der Mechaniker hinterlassen«, sagte er, »beim Einbauen.«

»Beim Einbauen wovon?«

Hamza kramte aus einer Tüte ein Blaulicht hervor, steckte das Kabel in den Zigarettenanzünder, fuhr sein Fenster herunter und befestigte die Leuchte am Autodach. Klick, der Magnet dockte an.

»Bist du verrückt, das wird niemals gut gehen, hol das Ding wieder rein, damit erregen wir nur unnötig Aufmerksamkeit!«

»Vertrau mir.«

»Hamza, lass uns zuerst überlegen, was …« Doch er wartete nicht, schaltete das Blaulicht ein und es blitzte auf. Er drehte sich kurz nach hinten und grinste wie ein kleiner Junge, der nur auf die richtige Gelegenheit gewartet hatte, um sein Spielzeug zu demonstrieren. Dann drückte er auf einen Knopf, der mir neu war. Die Sirene heulte los. Ich streckte meinen Kopf hoch und warf einen Blick auf die Autobahn. Die Autos vor uns machten Platz. Der Audi RS6 legte seinen Schafspelz ab und wurde zum Raubtier, der V8-Motor brüllte auf, die Kraft der 605 Pferdestärken drückte mich in die Rückbank. Den Stau hatten wir schnell hinter uns gelassen.

Familie

Vor meiner Tür hielt ich wie immer kurz inne, die Augen klappten zu, die Lungenflügel füllten sich mit Luft. Ich entspannte, um mich auf den Übergang in mein eigentliches Leben vorzubereiten. Ich schloss auf, trat durch die Tür, zog meine Schuhe aus. Der Duft von leicht angebranntem Reis und knusprig gegrilltem Hähnchen schwebte in der Luft. Ich legte meine Umhängetasche auf die Kommode, in der befanden sich die Lernunterlagen für meine Umschulung. Noch bevor ich meine Jacke aufhängen konnte, umklammerten zwei kleine watteweiche Arme mein rechtes Bein. Ich schaute hinunter und sah in die honigbraunen Knopfaugen meiner kleinen Tochter. Sie lächelte mich an.

»Hallo, mein Schatz.« Sie lächelte noch mehr und streckte ihre Arme in die Luft. Ich hob sie hoch und küsste sie auf ihre Wange. »Na, mein kleiner Teddybär, wo ist deine Mami?« Sie zeigte in Richtung Esszimmer. Mit ihr auf dem Arm ging ich durch die Diele. Meine Frau deckte den Tisch. Wir begrüßten uns, sie fragte nach meinem Tag und ich nach ihrem. Mutter war auch da, wir setzten uns an den Tisch und aßen gemeinsam zu Abend.

Ich hatte meiner Familie versprochen, nie wieder kriminell zu werden. Nach meiner letzten Haft hatte ich mich auch daran gehalten. Ich absolvierte eine Umschulung zum Immobilienkaufmann, und die war auch gut angelaufen. Bis zu dem verhängnisvollen Tag, an dem meine Perspektive zermalmt wurde. Die Polizei platzte in das Immobilienbüro, in dem ich arbeitete, schleifte mich auf das Revier, um mich mit Fragen zu löchern, auf die ich ihnen keine Antwort gab. Sie fragten nach Hamzas Cousin Abu aus Berlin. Es ging um einen ziemlich eindrucksvollen Raub. Abu stand unter Verdacht, weil er ein enger Freund von einem der Räuber war. Die Spezialkommandos sprengten Abus Wohnungstür in Berlin, gleichzeitig hatten sie sich vom Dach abgeseilt und brachen durch die Fenster in die Wohnung ein. Als er uns das erzählte, dachte ich, ich wäre im falschen Film. Es war ein Schock für seine drei Kinder.

Für meinen Chef war es ein Schock, dass die Polizei in das Immobilienbüro reinplatzte und mich mitnahm. Auf dem Revier fingen sie dann mit der üblichen Scheiße an.

»Ihr seid alles Diebe, Verbrecher, Abschaum«, sagte der Polizist, »wir wissen, dass ihr euch alle untereinander kennt, wie eine kleine beschissene Familie. Und wir wissen, dass Abu H. nach NRW kommt und ihr mit ihm krumme Dinger dreht.«

»Ihr seid sehr erfinderisch«, sagte ich, »warum schreibt ihr keine Romane?« Tatsächlich gab es da eine Kooperation mit den Jungs aus dem Wedding, sie hatten meine Karriere als Dieb gefördert. Die Kooperation lag jedoch schon lange zurück. Der Officer war wohl nicht auf dem neuesten Stand.

»Dir wird dein Humor noch vergehen, Rodríguez. Wir wissen von euren Schwanzvergleichen. Wer dreht das größere Ding.« Dann haute er mit der Faust auf den Tisch. »Abartig! Also, was kannst du über den Raub in Berlin sagen, Rodríguez? Wir wissen, es waren Araber.«

»Sind es nicht immer die Araber?«, fragte ich schelmisch. Ich hörte seine Zähne knirschen. Dann übernahm sein Kollege.

»Du bist auf Bewährung, Rodríguez, gerade raus aus dem Jugendvollzug. Das wissen wir. Und so einfach«, er schnippte mit den Fingern, »gehst du wieder rein. Und diesmal in den Erwachsenenknast, dann ist Schluss mit lustig. Also, Rodríguez! Was weißt du?«

»Wir wissen, dass du was weißt!«

Ich konnte mir ein Grinsen nicht verkneifen. »Ihr wisst doch angeblich alles«, sagte ich, »warum fragt ihr dann mich?«

»Da ist die Tür. Verschwinde!« Das ließ ich mir nicht zweimal sagen und ging.

Sie taten so, als hätte ich mich selbst eingeladen. Abu H. aus dem Wedding hatte nichts mit dem besagten Raub in Berlin zu tun und ich hatte nichts zu sagen. Trotzdem verlor ich meinen Umschulungsplatz.

»Imageschaden. So etwas können wir nicht gebrauchen«, sagte mein Chef, »tut mir leid.«

Meiner Frau gegenüber schämte ich mich und verheimlichte es. Seitdem ging ich morgens aus dem Haus, um angeblich die Umschulung zu beenden. Tatsache war, ab diesem Moment war ich wieder im Geschäft und plante Coups. Der Bulle hatte recht, je spektakulärer, desto besser. Als das Geld wieder reinschneite, musste die nächste Lüge her. Während der Umschulung arbeitete ich angeblich bereits als Makler. Wie sollte ich meiner Familie denn sonst das ganze Geld und den Luxus erklären? Ihnen sagen, dass ich heute Mittag einen Geldtransporter geplündert hatte? Dass ich anschließend alle Beweise im Kamin unseres Safehouses verbrannt hatte und dass Hamza und ich trotz zweier Zählmaschinen drei Stunden benötigt hatten, um die gestohlenen 560 000 zu zählen? Ich konnte meiner Familie nicht erzählen, dass ich mal wieder mit meinem Leben russisches Roulette gespielt hatte. Für sie war ich Asier, Papa, Sohn, Ehemann, in der Immobilienbranche tätig und alles andere als kriminell. Denn das erste Gebot, das ich mir auferlegt hatte, hieß: Bring niemand anderen mit deiner Scheiße in Gefahr. Deswegen trennte ich Familie und Geschäft so scharf voneinander wie eine Guillotine die Köpfe der Verurteilten von ihren Körpern. Wenn hier ein Kopf rollen musste, dann bitte meiner.

Abends joggte ich zum Hauptbahnhof. Ich lief ins Internetcafé, legte dem Afghanen einen Euro auf die Theke und setzte mich an einen Rechner. Mein Insider musste noch seinen Anteil bekommen. Es gibt verschiedene Möglichkeiten, anonym zu kommunizieren. Mein Insider und ich teilten uns eine E-Mail-Adresse, wir hinterließen einander lediglich Zeit und Ort im Entwurfsspeicher. Auf diese Weise gelangte kein einziges Wort ins Netz, wo es entdeckt oder abgefangen werden könnte. Die Bestätigung erfolgte durch das Löschen der Wörter im Entwurf, oder man machte einen Gegenvorschlag. Um auf Nummer sicher zu gehen, loggte ich mich über den Tor-Browser in den E-Mail-Account ein. Tor ist ein Overlay-Netzwerk zur Anonymisierung von Verbindungsdaten. Tor schützt seine Nutzer vor der Analyse des Datenverkehrs.

Ich öffnete den Entwurfsordner und las:

12.11.2016, 20:30 Halde. Warnung! Sei vorsichtig, keine Verfolger!

Anschließend löschte ich die Nachricht. So etwas hatte er noch nie geschrieben. Ich atmete tief aus, massierte mit den Fingern meine Schläfen. Was zum Teufel war hier los?

* * *

Gebot Nummer zwei hieß: Zieh keine voreiligen Schlüsse. Angst lähmt, dies führt zu Unachtsamkeit.

Das Ruhrgebiet ist bekannt für seine spektakulären Halden. Die Halde Hoheward in Recklinghausen lag einige Kilometer von meinem Zuhause und dem des Insiders entfernt. Ibo war Mitte 50 und hatte sein ganzes Leben lang hart geschuftet. Ich kannte ihn schon seit meiner Jugend, Ibo war früher Bäcker gewesen. In der Geld- und Wertbranche arbeitete er seit ein paar Jahren. Gegen eine Spitzenbezahlung besorgte er mir wertvolle Informationen. Die Arbeitsbedingungen seien schlecht, sagte Ibo, er fühle sich diskriminiert. Salvatore, mein Partner und ebenfalls Insider, erzählte mir Ähnliches.

»Die haben das verdient«, wiederholte Ibo immer wieder.

Jeder muss selbst wissen, wie er sein Handeln begründet und rechtfertigt, mir war es nur recht. Ich hatte Ibo über alles aufgeklärt, was schiefgehen könnte. Ich hatte mit ihm das Was-wäre-wenn-Spielchen gespielt. Ibo garantierte mir seine Loyalität.

»Egal, was passiert, niemals pack ich aus«, gab er mir sein Wort.

»So können wir arbeiten«, sagte ich.

Die Sonne war bereits untergegangen. Über Feld- und Waldwege zu einem Treffen zu gelangen, war mir am liebsten, sie boten Schutz. Ich inhalierte die saubere Luft des Waldes, nur ein fanatischer Polizist würde von seiner Sitzheizung springen, aus dem Wagen stürmen und mir hinterherjoggen, die meisten haben es lieber bequem. Ibos Anteil hatte ich in 100-, 200- und 500-Euro-Scheine gewechselt, somit war ich flexibler. Geld ist schwerer, als man denken mag. Ich fragte mich, warum Ibo diese alarmierende Nachricht geschrieben hatte. Hoffentlich behielt er die Kontrolle! Fehler passieren, wenn man paranoid ist, sich zu viel Druck macht – oder Druck machen lässt. Damals war sein Durchhaltevermögen schwer einzuschätzen. Wo lagen seine Grenzen?

Der höchste Punkt der Halde mit ihren stufenartigen Ebenen ist 152 Meter hoch. Ich hätte über die Drachenbrücke laufen können, bevorzugte jedoch die 529 Stufen auf der anderen Seite, eine steile Treppe hinauf geht es schneller.

Ganz oben angekommen, peitschte mir ein feuchter, kühler Wind ins Gesicht, der mir die Kapuze vom Kopf blies. Um mich herum der Panoramablick übers Ruhrgebiet, aber kein Ibo. Eine Stunde wartete ich dort, doch niemand kam. Komisch.

Zeit zu verschwinden, dachte ich. Die Treppen hinunter ging es schneller, doch meine Beine wurden taub, also pausierte ich auf einer Bank. Penetrante Windböen schlugen hin und her, die Büsche raschelten, die Äste knirschten. Meine Haare sträubten sich. *Weiter geht's!* Die Hälfte der Stufen hatte ich geschafft. Mein rechter Fuß schwebte bereits in der Luft, um zwei Stufen auf einmal hinabzusteigen. Doch dann hörte ich knirschenden Kies und schnelle Schritte. Ich sprang hinunter, fuhr mit meinem Körper herum, setzte das rechte Bein als Stütze hinter das linke und zog blitzartig mit der rechten Hand ein Messer aus meiner Hosentasche. Ich sah irgendeinen Typen aus den Büschen stürmen, die dunkle Kapuze bedeckte sein halbes Gesicht. Ein Killer wie aus *Assassin's Creed*!

»Wer bist du?«, brüllte ich.

Es sind Millisekunden, in denen sich alles ändern kann. Dumme Entscheidungen oder Nachlässigkeit können Lawinen des Unheils auslösen. Der falsche Schritt hat schon viele Bergsteiger das Leben gekostet. Kämpft man beim Autofahren gegen die Müdigkeit an, statt sich auszuruhen, kann es passieren, dass man frontal in ein anderes Auto kracht oder Fußgänger umfährt. Meinen Vater kannte ich erst seit einem Jahr, davor gab es ihn in meinem Leben nicht. Aber er brachte mir einiges bei und erteilte mir Ratschläge. »*Por la boca muere el pez* – der Fisch stirbt durch sein Maul«, sagte er. Ein falsches Wort zur falschen Zeit am falschen Ort raubt dir die Freiheit, deine Gesundheit oder gar das Leben. »Denke, bevor du handelst!«

Den schwarzen hölzernen Griff meines Messers hielt ich fest in meiner Faust. Die scharfe Damastklinge durchdringt Fleisch wie Butter. Eine Millisekunde, vielleicht waren es auch zwei, wartete ich ab – bereit, dem Lebensmüden die kalte Klinge ins warme Gewebe zu stechen. Dann erkannte ich ihn.

»Verdammt, Ibo! Was ist los mit dir? Warum schleichst du hier so rum?«

Er hob seinen Zeigefinger an die Lippen. »Psst ... nicht so laut!«

»Was ist denn los?«, fragte ich mit gesenkter Stimme.

»Was los ist, das fragst du noch?« Ibo drehte seinen Kopf in alle Richtungen, dann schaute er mich mit aufgerissenen Augen an, die Augäpfel schienen aus den Höhlen zu quellen.

»Bei uns auf der Arbeit ist die Hölle ausgebrochen, das ist los! Die Kriminalpolizei ist hereingeplatzt. Jeder, der schon mal die Dortmund-Tour gefahren ist, wurde verhört.«

»Hmmm.«

»Was heißt denn hier ›hmmm‹? Jeder, der diese Tour gefahren ist – und es ist egal, wie viele Monate oder Jahre es zurückliegt –, wird verdächtigt.«

»Damit mussten wir rechnen.«

»Ich habe damit nicht gerechnet. Scheiße, ich bin die Tour nur dreimal gefahren.« Er hielt mir drei Finger vor die Nase. »Drei Mal – zweimal damals und einmal vor Kurzem, als ich den Schlüssel kopieren ließ.«

»Ibo, beruhige dich.« Ich musterte ihn von oben bis unten. Schweißtropfen liefen an seiner Wange herunter, sein Kiefer zitterte.

»Auf der Arbeit munkelt man, dass der Chef darüber nachdenkt, eine Detektei zu beauftragen. Fuck! Es ist schlimm genug, dass die Bullen heiß auf uns sind. Zehn

Riesen bekommt derjenige, der uns verpfeift, Asier …« Er hielt zehn Finger in die Luft und stockte. »10 000 Euro!« Seine Lippen vibrierten. »Die haben ein Kopfgeld auf uns ausgesetzt!« Ibo fasste an seinen Hals, als zerquetschte ihm ein Strick die Luftröhre. »Ich habe Angst, verstehst du das?« Er schaute mich fragend an.

»Ich verstehe dich und weiß, wie du dich fühlst. Aber beruhige dich. Du musst deine Gedanken und die Angst zügeln, ansonsten bist du nicht schlauer als einer dieser Typen, die jedes Jahr aufs Neue den Weltuntergang prophezeien.« Meine Hände lagen mittlerweile auf Ibos Schultern. »Bruder, bleib ruhig und achtsam.«

»Achtsam«, wiederholte Ibo und legte seinen Kopf in den Nacken.

»Ja, achtsam. Pass auf, wir atmen jetzt erst mal tief ein und aus.«

»Spinnst du?«

»Nein.« Ich atmete tief ein, meine Brust weitete sich, die Lunge füllte sich mit Sauerstoff. Nach einigen Sekunden ließ ich die Luft wieder raus. »Mach mit.«

Wir atmeten gleichzeitig ein und aus, insgesamt sechs Mal. Ibos Schultern lockerten sich, sie sanken herab und seine Gesichtszüge entspannten sich.

»Pass auf.« Meine rechte Hand ruhte auf seiner Schulter, mit der linken öffnete ich den Reißverschluss meiner Jacke und zog einen dicken Batzen Geld heraus. Die Gummibänder drum herum sorgten dafür, dass ich ihn überhaupt mit einer Hand halten konnte und der Wind uns nicht beraubte. Die grünen, gelben und lila Scheine hielt ich direkt vor Ibos Augen. Dann packte ich seine linke Hand und klatschte das Geld darauf.

»Hier ist dein Anteil, wie versprochen. Ich halte mein Wort. Wir sind bis hierhin gekommen, den Rest schaffen wir auch. Du erzählst mir jetzt erst mal alles bis ins kleinste Detail, dann überlegen wir zusammen, wie es weitergeht. Verstanden?«

Ibos Augen waren auf den Geldhaufen in seiner Hand fixiert. Er schmunzelte.

»Ibo? Verstanden?«

Er räusperte sich. »Ja … ja, verstanden.«

»Hey, Ibo, ich mein das ernst. Ich lass dich nicht im Stich, alles wird gut. Unser Lauf hat gerade erst begonnen, so leicht stoppt uns niemand.«

Ich legte meinen Arm um seine Schultern und stieg mit ihm die Stufen hinauf. Was Ibo mir dann erzählte, überraschte mich, doch was die Zukunft tatsächlich für uns bereithielt, überragte die höchste Stufe meiner Vorstellungskraft.

»Asier, verstehst du mich jetzt?« Wir saßen auf einer Bank, ganz oben auf der Halde.

»Ja, Ibo, ich verstehe.« Er redete weiter, und ich nickte, doch ich hörte nicht wirklich zu. Er hatte einen Namen genannt, den ich gut kannte. Es war der Name eines Polizisten, der schon einmal dazu beigetragen hatte, dass ich im Gefängnis landete. Meine Gedanken spielten Schach, ich ging die Züge des Gegners durch und plante meine eigenen. Einige Passanten hatten in Dortmund unsere Gesichter gesehen. Auf einem Phantombild würde er uns vielleicht wiedererkennen.

Lässt er uns vorerst weitermachen und observiert? Oder schlagen sie direkt zu?

Der Dortmund-Coup war ein schwerer Diebstahl, fünf bis zehn Jahre Haft würde es dafür geben. *Wir müssen das Geld in Sicherheit bringen. Vielleicht geschieht gar nichts.*

Sei nicht leichtsinnig, Asier.

Ich werde den Flug vorverlegen. Ich muss in die Dom Rep! Das Grundstück mit der Kakaoplantage und der Villa, dieses Geschäft muss ich machen. Selbst wenn ein Haftbefehl ergeht, dort finden sie mich nicht so leicht.

»Wir müssen Pause machen, verstehst du?« Ibo sah mich eindringlich an.

»Ja, ich weiß.«

»Muss ich mir Sorgen machen?«

»Nein, nein. Pass auf, Fakt ist, dass dich niemand mit dem Tatort in Verbindung bringen kann. Weil du auf einer ganz anderen Route unterwegs warst. Stimmt's?«

»Ja, stimmt.«

»Die versuchen nur, Panik zu verbreiten. Aber nicht mit uns. Nicht mit dir, Ibo.« Ich verpasste ihm einen Boxschlag auf die Schulter. »Das zieht bei dir nicht. Ibo, zerbrich dir nicht den Kopf! Wir stehen zusammen, wir fallen zusammen – komme, was wolle.« Ibo schielte nach rechts, er schien zu überlegen. *Hoffentlich bleibt er stabil,* dachte ich, *wenn die Kacke am Dampfen ist.*

»Du hast recht«, sagte er. »Die können mir nichts. Nada! Ich habe so viel Geld in meiner Tasche«, er lächelte, »dafür müsste ich zwei Jahre schuften.«

»Und das ist erst der Anfang«, sagte ich.

Ibo wurde euphorisch. »Wir machen Pause und dann schnappen wir uns den Rest!« Er stand auf. Ich auch. »Wir lassen uns nicht die gute Laune verderben. Die können mich mal.« Dann zeigte er jemandem, der nicht da war, den Mittelfinger und klatschte in die Armbeuge.

»Das ist für die Überstunden!« Er klatschte noch einmal hinein, der Mittelfinger blieb kerzengerade. »Das ist, weil ihr es verdient habt!«

Ich lächelte und jubelte ihm mit der Faust stumm zu.

»Und das hier!« Noch ein Klatscher in seine Armbeuge. »Das hier ist dafür, dass ihr selbst schuld seid, weil ihr euch nicht an eure Regeln haltet.«

Ich hielt ihm meine offene Hand hin, damit er einschlagen konnte. »Jetzt kommen die guten Nachrichten, Asier. Wir machen Pause, ja, aber das nächste Ding wird dich umhauen.«

»Schieß los!«

Er schoss präzise mit scharfen Informationen und schlug direkt eine Vorgehensweise für den Coup vor. Der Hauptgewinn, der eine große Coup, nach dem alles anders sein könnte. Ibo hatte ihn mir geliefert. In meiner Vorstellung sah ich ihn vor mir und streckte meine Hand danach aus, meine Fingerspitzen schienen den Haufen Banknoten beinahe zu streicheln.

Aus dem Nichts packten in meinem Kopf zwei Pranken meine Unterarme und drehten sie auf den Rücken. Die stählerne Acht schnappte zu. Klick. Klick. Klick. Eingerastet.

»Das darf nicht passieren«, flüsterte ich.

»Was darf nicht passieren?«, fragte Ibo.

»Nichts. Alles gut«, sagte ich. Die Stimme in meinem Kopf fügte hinzu: *Du wirst dich nicht festnehmen lassen, egal, was passiert: Nie wieder wirst du zur Last für deine Familie, du lässt deine Tochter nicht mehr allein.* Die Vorgehensweise, die Ibo vorschlug, kam nicht infrage. Es würde gegen die Regeln verstoßen. *Keine Gewalt.*

Unsere Wege trennten sich. Ibo und ich würden weiterhin unser E-Mail-Entwurfsfach im Auge behalten, falls eine Notfallsituation eintreten sollte. Ansonsten würden wir jeden Kontakt vermeiden. Es gab keine Zeit zu verlieren, Hamza musste erfahren, was abging. Ich stürmte die 529 Stufen hinunter. Der Wind schoss mir um die Ohren. Adrenalin strömte durch meine Adern. Ich hechtete in den Wald, durchs Gebüsch, sprang über gefallene Stämme, jagte zwischen den Bäumen hindurch. Der Wald endete, ich blieb kurz am Randstein des Bürgersteiges stehen. Kein Verkehr, los, weiter, noch schneller. In meiner Siedlung angekommen, verlangsamte ich meine Schritte, um kein Aufsehen zu erregen.

Ich regulierte meine Atmung, setzte ein sorgloses Gesicht auf und bemühte mich, optimistisch zu denken. Ich schob leise den Schlüssel in den Zylinder und schloss auf. Die Lichter waren aus, alle schliefen. Ebenso leise zog ich mir die Schuhe aus, stellte sie ordentlich zu den anderen und tappte dann ins Wohnzimmer. Dort drückte ich zuerst auf den Knopf in der Mitte des PlayStation-Controllers und dann auf die TV-Fernbedienung. Die Konsole fuhr hoch, der Fernseher auch. Im Multiplayermodus von *Call of Duty* suchte ich meinen einzigen Freund und folgte ihm auf die Map, auf der er wahrscheinlich gerade Headshots verteilte. Mein Soldat hielt ein Sturmgewehr G36 und trug einen Wüstentarnanzug. Ich schrieb eine Nachricht. »Hamza. Safe.«

Schnelle Antwort: »Okay.«

Eine Runde geht klar, dachte ich und lief los. Plötzlich raste ein bewaffneter Gegenspieler um die Ecke. Ich wollte eine Salve abfeuern, doch zu spät: Hamza hatte mich mit seiner Schrotflinte zerteilt. In der Küche aß ich eine Handvoll Walnüsse und trank Wasser. Danach schlüpfte ich in meine Laufschuhe, ging leise hinaus und marschierte. Ein, zwei Wälder würde ich wieder durchschreiten, damit ich ohne Verfolger das Ziel erreichte. Denn unser Kriminalist Schmitz gehörte zu den Cops, die jederzeit von der Sitzheizung aufsprangen und jagten. Warum er, warum immer derselbe? Mein Leben schlug unerwartete Kapriolen.

Safehouse

Das, was wir Safehouse nannten, war eine 250 Quadratmeter große Halle im Industriegebiet mit schlichtem glattem Betonboden, umzäunt von einem großen Stahlzaun. Das Safehouse war angemietet über eine gekaufte GmbH, die über einen Strohmann lief. Als Erster vor Ort tippte ich den Code ins Tastenfeld neben der Stahltür. Das rote Lämpchen schaltete auf Grün. Alarm unscharf! Dann schob ich den Schlüssel in den Zylinder: Die Sicherheitsriegel im Innern der Tür sprangen auf. Beim Hineingehen erfassten mich Bewegungsmelder, die Neonröhren gingen klickend an und warfen ihr grelles Licht ins Innere. Auf der linken Seite standen zwei Keramikbrennöfen, in denen Beweise wie Kleidung, Geldbanderolen, Safebags und Handys von den alles verzehrenden Flammen vernichtet wurden. In der Mitte des Safehouses schlummerte das Corpus Delicti: unser Audi RS6 unter einer Plane, ausgerichtet zum Garagentor. Auf der rechten Seite standen auf einem Tisch zwei Zählmaschinen und ein Vakuumgerät. Dahinter befand sich ein Waschbecken, darunter ein weißer Schrank, in dem diverse Behälter mit Chemikalien, Einweghandschuhen und Sprühflaschen lagerten. Dazu eine Werkzeugwand mit allem, was das Schlossknackerherz begehrt. Am Garderobenständer hingen drei Schutzwesten.

Die dritte Weste gehörte Salvatore – Freund, Partner und zur damaligen Zeit auf Mission als trojanisches Pferd im Geld- und Wertunternehmen Ziemann in Filderstadt nahe Stuttgart. Wir waren schon auf die neuen Informationen gespannt, die er liefern würde. Bis dato wussten wir, dass in Filderstadt nächtlich im Cash-Center 30 bis 40 Millionen gezählt wurden. Das Cash-Center, auch Depot genannt, ist der Ort innerhalb der Geld- und Wertunternehmen, an dem das ganze Geld, das die Geldtransporter auf ihren Routen einsammeln, zusammenkommt. Dort wird es gezählt und verpackt, damit andere Geldtransporter es zu den Bundesbankfilialen liefern. Das ist der Kreislauf des Geldes. Man kann so viele Euro vom Bankautomaten ziehen, wie man möchte, am Ende landen die Scheine doch wieder bei »Papa Bank«. Wir wussten, wo die Millionen schlummerten, die Kunst jedoch war es, an das Geld heranzukommen, sich mit den Millionen auf den Sattel zu schwingen und in den Sonnenuntergang zu reiten. Ich warf mich auf einen der drei Bürostühle und öffnete unseren Laptop. Wir nutzten ihn nur zur Recherche, trotzdem wurde die IP-Adresse durch eine VPN-Software verborgen. Die *Bild*-Zeitung hatte noch am selben Tag einen Artikel verfasst. Sie schrieben, dass Diebe einen abgestellten Geldtransporter geplündert hatten, in welche Richtung wir geflüchtet waren und so weiter. Der erste Täter wurde als 25 bis 30 Jahre alt, 170 bis 175 Zentimeter groß und schlank beschrieben – kurze dunkle Haare, dunkelblaue Jacke, schwarze Hose und blauer Rucksack. Der zweite Täter sei 35 bis 45 Jahre alt, 180 bis 185 Zentimeter groß, mit schwarzem Vollbart. Außerdem war von einer »stabilen Figur« die Rede. *Detailliert beschrieben,* dachte ich, *zu detailliert.* Gefühlt brannte die Zündschnur immer kürzer.

Ich erinnerte mich an die letzte Begegnung mit Schmitz vor wenigen Monaten. Meine Frau, meine Tochter und ich kamen gerade vom Kinderarzt nach Hause. Vor unserer Haustür stand plötzlich Schmitz. Die zu meiner Jugendzeit noch blonden Haare waren nun leicht ergraut.

»So sieht man sich wieder, Rodríguez«, sagte er, »jetzt hast du richtigen Mist gebaut.« Er lächelte. »Aus der Nummer kommst du nicht so einfach raus. Schwerer Raub! 300 000 Euro!« Er spitzte seine Lippen und pfiff. »Spielst du jetzt bei den Großen mit?« Ich brachte kein Wort heraus.

Renn, sagte meine innere Stimme, *lauf, lauf wie Forrest Gump.*

»Du hast Glück«, sagte Schmitz, »kein Haftbefehl, noch nicht.« Der Suchtrupp hatte nicht darauf gewartet, dass wir heimkämen, sondern bereits den Schlüsseldienst bestellt, der die Tür öffnete. Sie durchsuchten unsere Wohnung. Ich war froh, dass sie die Tür nicht um 6 Uhr morgens mit der Ramme aufschlugen und meine Tochter zu Tode erschreckten. Trotzdem machte mir meine Frau – zu Recht – eine Riesenszene. Sie wurde mir gegenüber wieder misstrauisch. Die Polizei fand allerdings nichts und musste unverrichteter Dinge wieder abziehen.

Seit dem Tag observierten sie mich wieder. Später sollte ich erfahren, dass sie sogar das Telefon meiner unbescholtenen Frau abhörten. Das Investment in der DomRep, auf das ich mich freute, war eine Stütze, um aufzuhören. Doch der neue Coup schien zum Greifen nah. Mit der Summe könnten wir in Rente gehen. Eines war mir jedoch klar: Schmitz war fest entschlossen, uns hochzunehmen. Bis dahin würde er uns keine Ruhe lassen.

Ich traf mich sofort im Safehouse mit Hamza, der mich allerdings skeptisch anblickte. »Hätte das nicht bis morgen warten können?«, fragte er.

»Nein!«

Er setzte sich mir gegenüber auf den Stuhl und legte seine Hände in den Schoß. »Erzähl.«

»Die schlechte oder die gute Nachricht?«

»Die schlechte.«

»Schmitz ist bei den Ermittlungen in der Dortmund-Sache dabei.«

Hamza nickte. Er behielt die Ruhe, oder er ließ sich nichts anmerken. »Und die gute?«, fragte er.

»Hamza! Juckt dich das nicht?«

»Nicht wirklich.«

»Was? Er könnte uns erkennen, die haben eine ziemlich gute Beschreibung von uns, vielleicht wird es Phantombilder geben.«

»Wir werden sehen.«

»Wir werden sehen? Alter, wir müssen handeln.«

»Was willst du tun?«

»Untertauchen, ich fliege in die Karibik.«

Er schmunzelte. »Wir haben sauber gearbeitet, die Bullen können uns nichts und der Schmitz schon gar nicht.«

»Unterschätze ihn nicht. Er hat deinen Bruder Ashraf verhaftet, sogar zweimal – und mich auch schon einmal.«

»Ja, aber warum? Weil der Typ, den Ashraf sich damals vorgenommen hatte, zu den Cops gerannt ist, anstatt sich wie ein Mann rächen zu wollen. Und bei Ashrafs Überfällen haben andere aus seiner Bande die Fehler gemacht!« Das stimmte wohl. Und so geschah das Unausweichliche: Die Polizei fasste die Bande, beschlagnahmte allerlei und ihre Mobiltelefone. Die hatten tatsächlich noch Fotos, die das Bargeld mit den Geldbanderolen zeigten, auf ihren Handys. »Dumme Fehler und Zufälle. Wir haben daraus gelernt. Wir fotografieren nichts.« Hamza hatte recht, man lernt entweder aus seinen eigenen Fehlern oder aus denen der anderen. »Du kannst abtauchen, ich bleibe hier«, fügte er abschließend hinzu.

»Wie du willst.«

»Was ist die gute Nachricht?«

»Der neue Job.«

»Das hört sich doch viel besser an«, sagte er. »Wann? Wo? Wie? Und wie viel?«

In der Welt des organisierten Verbrechens gilt das Need-to-know-Prinzip. Wissen ist nur bei Bedarf weiterzugeben. Ich war mir damals sicher, keiner von uns würde diese Regel brechen. Keiner! Vor Hamza verschwieg ich nichts, er war nicht nur mein Partner, sondern auch Bruder im Herzen. Wir durchlebten gemeinsam gute und schlechte Zeiten, er hatte mich damals in seine Familie aufgenommen, als gefühlt die halbe Stadt mich bluten sehen wollte.

»Wann, weiß ich noch nicht«, sagte ich. »Wie, auch nicht genau, da hab ich mehrere Ideen im Kopf. Wie viel?« Ich lächelte. »Drei bis vier.«

Er verdrehte die Augen. »300 000 bis 400 000 Euro, das ist ja weniger, als beim letzten Job rumkam.«

Ich schüttelte den Kopf. »In der Vorweihnachtszeit: drei bis vier Millionen.«

»Jawoll!«, schrie er und biss lächelnd die Zähne zusammen. Er schlug ein und schüttelte meine Hand energisch auf und ab, als hätten wir gerade ein Geschäft abgeschlossen, dann fragte er mich: »Wo liegen diese Millionen?«

Plötzlich hämmerte es an der Tür. Mein erster Gedanke: *Er hat uns, Schmitz hat uns.* In meinem Hirn spukte es, Schmitz war mein Poltergeist.

»Ich bin's, Amir! Macht bitte auf.«

Hamza öffnete die Tür. Amir flitzte herein, mit einem Zettel in der Hand und hochgezogenen Augenbrauen. Amir ist Hamzas kleiner Bruder.

»Amir, was ist los?«, fragte ich. »Du klopfst wie die Polizei.«

»Schlechte Nachrichten«, sagte er. »Die Bullen und der Zoll haben das Café durchsucht. Sie haben ein Chaos hinterlassen, den Tabak beschlagnahmt, einige Polster der Sitzbänke aufgeschlitzt und den Laden geschlossen.«

»Aber warum? Gefunden haben sie ja nichts.«

»Angeblich wegen der Lüftung, ich muss eine neue einbauen lassen.«

»Scheiße. Das ist teuer«, sagte Hamza.

»Ja, ich weiß«, sagte Amir, »aber ihr kennt doch Ali.«

»Ali? Dem kannst du nicht trauen«, sagte Hamza.

»Ali packt das schon, und er meinte, er könne das für 20 000 Euro hinbiegen.«

»Lass mal lieber«, sagte Hamza. Er winkte ab. »Beauftrage lieber eine anständige Firma.«

»Ali ist in der Firma seines Schwagers angestellt, der macht das nebenher, darum ist das so günstig.«

Hamza warf mir einen skeptischen Blick zu. Ich überlegte kurz und nickte dann. »Lass ihn mal machen.«

»Auf deine Verantwortung, Amir«, sagte Hamza, »morgen bekommst du die Knete.«

»Danke, vielen Dank. Ihr seid die besten Brüder!« Er umarmte uns. »Aber da gibt es noch ein Problem«, sagte Amir und entfaltete den Zettel in seiner Hand. Es war ein Durchsuchungs- und Sicherstellungsprotokoll. »Ihr werdet mir nicht glauben«, sagte er, »also zeige ich es euch.«

Hamza und ich beugten uns leicht vor und lasen die Stelle, auf die Amir mit seinem Zeigefinger deutete. Dort stand: *Die Einsatzörtlichkeit wurde gegen 20:30 Uhr verlassen.* Die Unterschrift war schwer lesbar. Doch der gedruckte Name darunter dafür umso besser. *Schmitz, KHK* – Kriminalhauptkommissar – *12.11.2016*. Ich warf Hamza einen ernsten Blick zu.

»Keine Ahnung, was du machst, aber ich verschwinde in Richtung Karibik – und das schneller als geplant.«

Das Geld muss wandern

Am nächsten Tag war ich im Auto unterwegs. Was ich im Rückspiegel sah, gefiel mir überhaupt nicht. Ein VW Passat mit zwei Insassen, die streng guckten, und einer etwas zu langen Antenne auf dem Dach. Zweimal war ich bereits abgebogen – und der Passat klebte immer noch an mir dran. Von außen sah der Golf 7, in dem ich fuhr, bescheiden aus, doch das Sportlenkrad, auf dem das R prangte, verriet, dass mehr unter der Haube steckte. Ich setzte den rechten Blinker, um zu sehen, ob sie auch blinken würden, wie die beiden Male davor. Doch diesmal war das nicht der Fall. Vielleicht täuschte ich mich – oder es waren Profis, die sich nicht linken ließen. Anstatt, wie mit meinem Blinker signalisiert, nach rechts zu fahren, segelte ich an einem Baumarkt vorbei weiter geradeaus, danach schaltete ich meinen Blinker aus, fuhr weiter und sah immer wieder in den Rückspiegel. Bei der nächsten Kreuzung riss ich Hals über Kopf das Lenkrad herum und driftete, ohne den Blinker zu setzen, nach rechts in eine Wohnsiedlung. Der Passat rollte im gleichen Tempo weiter geradeaus, der Beifahrer achtete nicht auf mein Fahrzeug. Sie folgten mir nicht mehr, vielleicht hatten sie das auch nie getan. Doch bekanntlich kann man nie vorsichtig genug sein.

Mein Ziel war eine Wohnung mitten in der Innenstadt, in einem Ort, der nur ein paar Kilometer von Recklinghausen entfernt lag. Ich parkte in einem Parkhaus, von dem aus eine Treppe direkt in die Fußgängerzone führte. Dort schlenderte ich herum, betrat das eine oder andere Geschäft, lief in eine Parfümerie und kaufte mir meinen Lieblingsduft, Cartier Déclaration Essence. Anschließend spazierte ich weiter, wandte mich einigen Schaufenstern zu und warf immer wieder einen kurzen Blick hinter mich. Mir fiel ein Pärchen auf, sie schoben ihren blauen Kinderwagen vor sich her und der Gatte sah mich eine Sekunde zu lang an. Vor dem Schaufenster eines Juweliers wartete ich, bis sie meine Höhe erreichten. Dann schielte ich in den Kinderwagen. Ein echtes Baby nuckelte die letzten Tropfen aus seinem Fläschchen. Entwarnung. Trotzdem zog ich mir die cognacfarbene Schiebermütze ein Stückchen tiefer ins Gesicht. Ich ging in ein italienisches Restaurant, in dem mir der Kellner einen doppelten Espresso servierte. Unter der leeren Tasse hinterließ ich einen 20-Euro-Schein, ging zum Hinterausgang, wo der Kellner mir die Tür aufhielt. Er freute sich offensichtlich bereits über den verdienten Zwanziger. Hinaus aus der Gasse trat ich in eine andere Fußgängerzone, bog nach rechts ab, nahm drei Stufen auf einmal und stand vor der weißen Tür. Im fünften Stock angekommen, schaltete ich mit einem Smartphone die Alarmanlage in der Wohnung aus. Das war die einzige Aufgabe dieses Smartphones. Sollte mir etwas zustoßen, lag bei einem meiner Anwälte ein versiegeltes Paket für jemanden, dem ich vertraute – mit der Adresse dieser Wohnung, dem Schlüssel, dem Zwillingssmartphone, mit dem sie auch die Alarmanlage ausschalten konnten, und einem Zettel mit einer Sicherheitsfrage. Die Antwort darauf kannten nur sie. Es war eine Zahlenkombination.

Ich ging in die Abstellkammer. Ein Boxsack, Hanteln und eine zusammengeklappte Trainingsbank standen mir im Weg, also räumte ich die Kammer leer und drückte gegen die Rückwand. Ein sanftes metallisches Klicken erklang – wie bei den Push-System-Schubladen in der Küche. Die tapezierte Rigipswand schwang auf und offenbarte, was sie verbarg. Ich tippte die Zahlenkombination in das Tastenfeld des Hunderte Kilo schweren, im Boden verankerten Panzerschranks. Ein Signal ertönte aus dem Smartphone, als ich die Stahltür des Tresors aufzog. Da ich es war, der ihn öffnete, ignorierte ich das Warnsignal. Vakuumverpackte Geldbündel, Schmuckkästchen sowie Schmuckbeutel aus Samt, Goldbarren von Degussa und C. Hafner und ein grüner Uhrenkasten mit einer goldenen Krone lächelten mir zu. Ali Baba hatte seine Höhle und wir hatten unsere Verstecke. Vielleicht würde der Schmitz mich zum Schafott schleifen, aber meinen Schatz, den bekam niemand. Ich verließ die Wohnung.

* * *

Genau wie in der »normalen Welt« gibt es auch in der Unterwelt Dienstleister. Einen davon würde ich kurz darauf treffen. Wieder im Golf 7 unterwegs, behielt ich Rück- und Seitenspiegel im Auge, um Verfolger zu ent larven. Eine sechsstellige Summe hatte ich meinem Tresor entnommen und verstaute sie in dem Lederrucksack, der neben mir auf dem Beifahrersitz lag. Den Golf parkte ich in einem Garagenhof in einer wohlhabenden Siedlung und lief die fünf Kilometer zu Fuß nach Hause. Daheim angekommen, überraschte ich meine Frau mit dem vorgezogenen Urlaub.

»Wie, morgen schon? Ich habe noch nicht die Koffer gepackt.«

»Wir machen das schon, ich helfe dir, und was wir noch benötigen, kaufen wir einfach vor Ort.«

»Warum hast du es so eilig?«, fragte meine Frau. Meine Tochter umklammerte mit ihren Ärmchen wieder mein Bein und zog an meinem T-Shirt.

»Die Tickets waren im Angebot«, erklärte ich meiner Frau.

»Was ist mit deiner Umschulung?«

»Alles geklärt, ich nehme am Telelearning teil.«

»Was ist mit deiner Immobilie, schon verkauft?«

»Ich komme gerade vom Notar, der Kauf ist abgewickelt.«

»Hast du die Reise deiner Bewährungshilfe gemeldet?« Damit hatte ich nicht gerechnet, die Bewährungshilfe würde es nicht mitbekommen, wenn ich das Land verlasse, aber meine Frau ist kein risikofreudiger Mensch. Ich winkte ab.

»Das muss ich nicht, die Beschränkung wurde schon vor Monaten aufgehoben.« Zwei Smaragde blitzten auf, sie schaute mir tief in die Augen und scannte mich von oben bis unten. Sie suchte Anzeichen einer Lüge oder ein Fünkchen Zweifel.

»Papa«, sagte unsere Tochter. Wir schauten zu ihr hinunter und sie lächelte. Meine Frau und ich lachten, wir freuten uns über jedes Wort, das unsere Tochter uns schenkte.

»Hast du schon die Delfintherapie organisiert?«, fragte meine Frau.

»Jap! Das ist erledigt. Paco hat mit dem Veranstalter gesprochen, das ist alles reserviert.« Meine Tochter warf ihre Arme hoch und gab mir dadurch zu verstehen, dass ich sie auf den Arm nehmen sollte, also hob ich sie hoch und gab ihr ein Küsschen. Meine Frau verschränkte die Arme.

»Asier! Wehe, du lügst mich an. Du darfst uns nicht mehr enttäuschen – halt dich aus allem Ärger raus. Wir wollen auf Papa nicht verzichten, nicht wahr, mein Herz?«

Meine Tochter nickte und wechselte von meinen Armen auf die ihrer Mutter.

»Ich werde euch nicht enttäuschen – schau mal.« Ich zog mein Smartphone aus der Tasche, tippte schnell herum und zeigte ihr ein Foto. Zu sehen war ein gedeckter Tisch zwischen Palmen, mit funkelnden Kerzen geschmückt. Rote Rosenblüten lagen verstreut auf der weißen Tischdecke, der Schaum des Meeres streichelte beinahe die Stuhlbeine. Feuer und Fackeln säumten den Weg zum Tisch, der am weißen Strand zum Essen ein lud, während im Hintergrund eine orangefarbige Sonne im Karibischen Meer versank. Die Augen meiner Frau strahlten.

»Oh, wie schön«, sagte sie. Ich zwinkerte ihr zu. Mit der Familie vergaß ich, dass ich auf des Messers Schneide tanzte. Was blieb, war ein Gefühl der Unsicherheit, das entwich und wiederkehrte, als spürte ich eine kalte Kralle im Dunkeln schweben, die nur auf den richtigen Moment lauerte, um mich aus meiner heilen Welt in die Finsternis zu reißen.

Die Koffer gepackt, die Familie bereit. Es gab noch eine wichtige Sache, die ich schnellstmöglich am selben Abend erledigen musste. Unter normalen Umständen hätte ich mir mehr Zeit gelassen und Gelder über verschiedene Kanäle ins Ausland geschafft. Doch mit Herrn Schmitz im Nacken musste ich schnell handeln. Die sechsstellige Summe hatte ich aus dem Versteck geholt, also musste sie jetzt auch wieder verschwinden. Seitdem ein paar Marokkaner aus den Niederlanden in Deutschland Bankautomaten gesprengt hatten, wodurch Fenster zerbarsten und Häuser bebten, lauerten die Polizisten nicht nur darauf, ob jemand Drogen nach Deutschland einfuhr, sondern zudem, ob jemand Geld hinausschaffte. Nach einer Geldautomatensprengung flüchteten die Täter zumeist mit 300 km/h über die Grenze zurück in die Niederlande. Da ich an diesem Abend mein Geld ebenfalls in die Niederlande bringen musste, benötigte ich einen Profi.

* * *

Direkt am Düsseldorfer Medienhafen liegt das Restaurant »Riva«. Modernes Ambiente, gute italienische Küche und hervorragender Service. Mit zwei Minuten Verspätung erschien mein Bekannter Ludwig. Goldblondes Haar, klare blaue Augen, 1,85 Meter groß, athletisch. Er trug einen dunkelblauen maßgeschneiderten Anzug. An seinem linken Handgelenk funkelten die Baguettes auf dem babyblauen Zifferblatt seiner Platin-Rolex. Er setzte sich zu mir an den Tisch.

»Hey, was geht ab?«, fragte Ludwig. »Wie geht's dir?«

»Alles gut – und bei dir?«

»Spitze, kann mich nicht beklagen, was kann ich für dich tun?« Ludwig lächelte. »Sollen wir heute in Düsseldorf einen draufmachen, hast du dich endlich dazu entschlossen?«

Ich lehnte dankend ab.

Die Kellnerin trat an unseren Tisch. »Herzlich willkommen im ›Riva‹, wissen Sie schon, was Sie trinken möchten?«

»Ich nehme ein Wasser.«

Ludwig schaute zu mir. »Fahren wir heute noch?«

»Ja!«

»Dann schließe ich mich dem Wasser an, eine große Flasche für uns beide.«

Die Bedienung verschwand.

»Erzähl mal, zu welcher Schweinerei möchtest du mich heute einladen?«

Ich neigte mich leicht über den Tisch und räusperte mich. »250 000 Euro müssen nach Rotterdam.«

»Kein Problem, gib mir zwei Tage.«

Die Bedienung kam zurück und schenkte uns ein. »Wissen Sie schon, was Sie zu essen wünschen?«

»Nein, noch nicht.«

»Dann komme ich gleich wieder auf Sie zu«, sagte sie und ging.

»Heute! Das Geld muss heute noch nach Rotterdam.«

Ludwigs linke Augenbraue hüpfte hoch, er schwenkte sein Glas in der Hand, als enthielte es ein edles Gesöff. »Das kostet dich das Doppelte, eigentlich fahre ich nachts nicht. Aber wenn das Geld stimmt und weil du es bist, eine Hälfte jetzt, die andere vor Ort.«

»Alles klar«, sagte ich, während meine Hand in meinem Sakko verschwand und eine mit Gummiband umwickelte Geldrolle hervorzog. Ludwig verschluckte sich.

»Nein! Nicht ...«, er hustete, »... nicht.« Er räusperte sich. »Nicht hier, ich muss sowieso nach Hause und mich umziehen.«

Anfängerfehler. Die Röte stieg mir ins Gesicht. »Hast recht.«

In meinem AMG fuhr ich hinter Ludwigs Porsche. Den AMG zeigte ich nicht in Recklinghausen und auch nicht in Marl. Darauf wartete die Polizei nur - oder die Neider, um es den Bullen zu sagen. Der Leidenschaft für AMGs verdankt unsere Bande übrigens den Namen, den die Presse uns gab, nachdem wir aufgeflogen waren. Wir liebten es, in diesen wundervollen Karossen privat durch die Gegend zu fahren. Im »beruflichen« Bereich, das heißt als Fluchtwagen, kam aber nur ein Hochleistungssportwagen infrage: der Audi RS6.

Ludwig wohnte in einem Loft, die Königsallee lag fünf Minuten Fußweg entfernt. Er zog sich um. Meine behandschuhten Hände öffneten den Rucksack. Das vakuumverpackte Geld legte ich in die Spüle der Edelküche, spritzte Spülmittel darauf, warf den Wasserhahn an, nahm einen Schwamm und schrubbte, um potenzielle Fingerabdrücke oder DNA-Spuren zu entfernen. Mit einem Küchentuch trocknete ich alles ab.

»Fertig«, sagte Ludwig. Ich drehte mich um. Er trug dunkle Jeans, ein graues T-Shirt mit V-Ausschnitt, weiße Sneakers und keine Platin-Rolex am Handgelenk, sondern ein schwarzes Lederarmband. Dazu gelecktes Haar – und natürlich ein Hollywoodlächeln. Schwiegermamas Liebling – nein, der Bachelor – stand vor mir. Ludwig anhalten? Die Polizisten? Niemals! Doch im Leben ist nichts sicher außer dem Todestag. Daher beschloss ich, dem Bachelor vorsichtshalber hinterherzufahren. Ludwig verfügte über mehrere Fahrzeuge, sein Unternehmen vermietete Autos. Wir standen in der Tiefgarage, wo seine Flotte parkte. Vor mir standen nur Audis und ein Wagen, der mit einer Plane bedeckt war.

»Alter, Audi kannst du vergessen«, sagte ich, »die Marokkaner brettern mit Audis über die Grenze, wenn sie explosiv unterwegs waren.«

»Mhhh ... dann nehmen wir die Geheimwaffe, das kostet aber 500 extra.«

Ich verdrehte meine Augen. »Du bist ein Blutegel, enttäusch mich nicht.«

»Keine Sorge«, sagte Ludwig. Er drückte auf den Knopf eines Autoschlüssels. Zwei funkelnde Strahler erwachten unter der Plane zum Leben. Er zog die Plane runter und enthüllte glänzende königliche Leuchten, ungefähr in der Form der glänzenden Baguette-Diamanten seiner Rolex. Vor mir stand eine Jacht auf Rädern.

»Ein Rolls-Royce! Geht es noch auffälliger? Auf keinen Fall, Ludwig.« Ich zeigte ihm den Vogel.

»Das ist nicht nur ein Rolls-Royce, sondern auch das weltweit teuerste Cabrio«, erklärte er. »Der Rolls-Royce Dawn.«

»Geile Kiste, aber ...«

Ludwig unterbrach mich. »Dawn bedeutet Dämmerung.« Er sprach so, als ginge es um ein Heiligtum. »Folge mir.« Wir gingen zum Kofferraum, da zeigte er mir sein Ass. Ich klopfte ihm auf die Schulter.

»Okay, du Genie«, sagte ich, »kannst du noch etwas mitnehmen?« Meine Hand zeigte ihm, was ich meinte.

»Kein Problem«, sagte er, »noch mal 500 extra.«

»Du Vampir, aber Sicherheit ist unbezahlbar. Los geht's.«

Es blieben wenige Kilometer bis zur niederländischen Grenze. Wir fuhren an einem Rastplatz vorbei. Meine Hände umklammerten das Lenkrad, mein Mund trocknete aus, ich schraubte einhändig den Deckel meiner Flasche ab und trank Wasser; die Augen abwechselnd fixiert auf die dunkelblaue Königskutsche einen Kilometer vor mir und den Rückspiegel.

Noch zehn Kilometer bis zur Grenze. Wir fuhren mit 180 km/h vorbei an einer Autobahnauffahrt, noch acht Kilometer, dann hätten wir es geschafft. Mit einem Mal erschienen zwei Scheinwerfer im Rückspiegel. Die Scheinwerfer eines Streifenwagens. Im Lauf der Jahre lernt man, sie zu erkennen. Der Streifenwagen überholte mich, da ich absichtlich langsamer wurde und mitten auf der Autobahn den Blinker setzte und Schlangenlinien fuhr. Ich hoffte, dass der AMG für sie interessanter war als der Rolls-Royce. Und so war es. Rote leuchtende Buchstaben befahlen mir: *Bitte folgen.* Ich folgte! Der Bauer für den König. Zu Beginn waren sie noch gelassen und höflich. Der AMG war auf einen braven Bürger zugelassen. Erst als sie meine Personalien an das Präsidium durchgaben und Antwort erhielten, wer ihnen da ins Netz gegangen war, schrillten die Alarmglocken. Sie hofften auf den ganz dicken Fisch und nahmen das Auto komplett auseinander.

»Herr Rodríguez, macht es Ihnen etwas aus, hier hineinzublasen?«

»Von mir aus.«

»Herr Rodríguez, einmal den Becher vollmachen.«

»Moment, muss was trinken.« Der Polizist nickte und gab mir einen Augenblick.

Je mehr Zeit ihr mit mir verbringt, dachte ich, *umso leichter wird es Ludwig haben.* Sie suchten einen Grund, um mich als Trophäe aufs Revier schleifen zu können. Doch an diesem Tag war ich nicht nur sauber, sondern keimfrei. Auf Nummer sicher gehen war immer gut. Entspannt segelte ich über die Grenze. Ludwig würde ich in Rotterdam treffen. Aus der Burmester-Musikanlage ertönte ein altes Salsalied, ich benetzte meine Kehle mit Wasser, während ich an einer Raststätte vorbeifuhr – und verschluckte mich fast. Ich sah den Rolls-Royce, dessen Türen und Kofferraum geöffnet waren. Davor stand Ludwig, daneben ein niederländisches Polizeiauto. Zwei Polizisten durchsuchten das Wageninnere, der dritte kroch mit einer Taschenlampe zwischen den Zähnen unter das Auto. Ich schlug auf mein Lenkrad. *Fuck, fuck, fuck!* Ich konnte nichts tun und musste weiterfahren.

* * *

Die feurig rot geklinkerten schmalen Häuser säumten die Straßen im Rotterdamer Viertel. Würde Ludwig noch kommen? Hatte ich jetzt ernsthaft mein Geld verloren, weil ich zu hektisch gehandelt hatte? All diese Gedanken quälten mich. Dazu noch dieses Viertel. Frauen in kurzen Röcken schlenderten umher, winkten Autos zu und stiegen ein. Ich sah Crackheads, arme Teufel, die mit ihren Fingernägeln über den Asphalt kratzten, bis die Finger bluteten, weil sie auf dem Boden ihren Götzen aus Kristallin vermuteten. Dunkle stämmige Gestalten lauerten qualmend in den Gassen. Selbst wenn Ludwig noch im Spiel war, befürchtete ich, spätestens hier könnte er gefressen werden. Weiter die Straße runter gab es einige Cafés und Spielhöllen, davor parkten Edelkarossen von Porsche, Aston Martin, AMG und RS. Wir waren also nicht die Einzigen hier mit netten Autos. Das war gut. Mit abgestelltem Motor wartete ich im Schutz der Dunkelheit müde und einsam im Mercedes. Hamza hatte wahrscheinlich nicht die gleichen Probleme. Wenn er Geld in die Heimat schicken wollte, musste er dafür nur nach Essen, Bremen oder Berlin fahren. Es gab genug Landsleute und sogar Familienmitglieder in diesen Städten. Familienangehörige erwarteten mich in Rotterdam nicht. Doch gab es dort Dutzende Dominikaner, die Koks zu Geld machten und dieses dann in die DomRep schickten. Und wo Geld verdient wird, gibt es auch Dienstleister, die am Transfer des Geldes verdienen. Dank der vielen Latinos in Amsterdam, Rotterdam und Den Haag gibt es dort *Hawala*-Banking für Mittel- und Südamerika. *Hawala*-Banking basiert auf persönlichem Vertrauen oder Sicherheitsvorkehrungen. Es ist in islamischen Ländern als kostengünstige Überweisungsmethode seit Jahrhunderten verbreitet. So kann ein Kunde Bargeld über einen Händler an einen Partner am Zielort auszahlen lassen.

Doch ohne Ludwig würde ich nichts überweisen können, sondern mit einem dicken Minus heimkehren. Mir fielen beinahe die Augen zu, doch plötzlich drehten sich einige der Frauen in meine Richtung und auch die stämmigen Männer traten aus den Gassen unter die Straßenlaternen. Ich befürchtete, einer würde kommen und meinen AMG wie ein Spielzeugauto mit einem Arm umwerfen. Nur die armen Crackheads hielten den Asphalt für interessanter. Dann sah ich, was ihr Interesse geweckt hatte. Zu meiner Linken schien die Sonne aufzugehen, Ludwigs Rolls-Royce Dawn rollte majestätisch wie in Zeitlupe an meinem Fenster vorbei. Er winkte. Ich startete den AMG-Motor, der V8 knurrte. Wir verließen den Unterwelt-Hotspot und fuhren in ein Industriegebiet nahe dem Hafen. Ludwig öffnete das Zugangs- sowie das Garagentor. In die Garage passten beide Fahrzeuge. Wir stiegen aus.

»Ich dachte, sie hätten dich.«

»Mich doch nicht«, sagte Ludwig mit offenen Armen.

»Du verdammter Fuchs.«

»Komm, ich habe es eilig.«

»Ich auch.« Er öffnete den Kofferraum. Ich sah hinein, nichts zu sehen – die Fläche war eben und dicht. Ludwig tippte auf seinen Handybildschirm, dann tat sich was. Wer würde darauf kommen? Und wer, außer Ludwig, würde einen Rolls-Royce dafür missbrauchen, ein professionelles Hydrauliksystem einzubauen? Das versteckte Fach öffnete sich mit einem Zischen, es fuhr langsam hoch und präsentierte die vakuumierten 250 000 Euro. Außerdem eine Glock 17 mit kurzem Lauf. Als ich vom Hof fuhr, rollte mir ein schwarzer Audi A8 entgegen und fuhr dann weiter in Ludwigs Garage.

»Geh du schon mal«, sagte Ludwig, »ich nehme noch was mit für den Rückweg.« Ich war mir sicher, zu wissen, worum es ging, doch das war nicht mein Business. Denn eine meiner Regeln lautete: *Keine Drogen.*

* * *

Ein Uhr nachts in Rotterdam, ungefähr 19 Uhr in Santo Domingo. Mit meinem Stift drückte ich auf die Klingel eines der vielen roten Häuser. Die Tür schwang auf und eine kleine Frau stand vor mir. Sie begutachtete mich skeptisch.

»*Que quieres* – was willst du?« Wir sprachen spanisch.

»Ist Fernando da? Ich bin der Cousin von Amado.«

»*Un momento.*« Beinahe schepperte die Tür gegen meine Nase. Spanische Schimpfwörter wurden hinter der Tür ausgespuckt. Die Tür ging wieder auf. Ein Mann stand vor mir: Mexikaner, ein wenig größer als die Frau, mit Schnauzer, weißem Unterhemd, schwarzer Jeans und Flip-Flops. Er hatte ausgeprägte Krähenfüße.

»Bist du der Freund von Amado? Von Amado, dem Kolumbianer?«

»Nein, Dominikaner.«

»Komm rein.« Er ging hinein. Wie angewurzelt rührte ich mich nicht vom Fleck. Einfach da reingehen? Mit der ganzen Kohle? Ich nahm meinen Rucksack von den Schultern und öffnete ihn, um die Glock griffbereit zu halten. Plötzlich war sein Kopf wieder da, er hing zwischen Tür und Rahmen.

»Komm rein!«, sagte er.

Ich ließ die Waffe schnell los und zog die Hand aus der Tasche. Er verschwand wieder in seinem Haus, und ich folgte ihm vorsichtig, alle Sinne geschärft. Ich lief durch einen Türrahmen ohne Tür in den Angeln. Die Küche machte nichts her, altmodisch und aus Holz. Doch der längliche Glastisch sprach Bände. Sechs Geldzählmaschinen, sechs Vakuumgeräte und zwei Waagen. Eine dritte, größere Waage stand auf dem Boden. Ein vakuumierter Würfel aus gepressten 50-Euro-Scheinen, fast so groß wie ein Backofen, lag auf der Waage. Die Gewichtsanzeige war analog. Erst war es schwer zu glauben, doch dann unvergesslich. Der Würfel wog ungefähr 55 Kilogramm. Kleine Vermögen wie meines landeten in den Zählmaschinen. Großes Geld wiegt man.

»*Amigo*, was ist los mit dir?« Er lachte. »Hast du deine Zunge verschluckt? Gib mal her, wie viel hast du?« Ich schämte mich, das Geld zu zeigen, schaufelte es jedoch heraus und achtete darauf, dass er die Glock nicht sehen konnte.

»Gut, große Scheine, das ist mir lieber.« Er drehte sich zur Küche. Ich nutzte die Gelegenheit und steckte die Glock hinten in meinen Hosenbund. Dann wandte er sich wieder zu mir, mit einem scharfen Messer in seiner Hand. Damit schnitt er präzise die dünne Plastikschicht von meinem Geld.

Er zählte die Scheine. »250 000 Euro haben wir hier«, sagte er und zwinkerte mir zu. »Jeder fängt klein an, *chico*.« Die Euros stapelte er einhändig ins obere Fach der Zählmaschine. Die Maschine ratterte sanft. Geldscheine flatterten - durchgezählt - von einem Fach in das andere, bis auf dem Bildschirm die Zahl 250 000 in grünen Zahlen stand.

»Der Transfer in die Dominikanische Republik kostet dich zwei Prozent deiner Summe, wenn du Dollar möchtest. Anderthalb Prozent, wenn du es drüben in Pesos benötigst.«

»Ich nehme Dollar.«

»Ruf deine Leute an, ich werde meine anrufen. Mit dem Code, den ich dir gebe, können sie das Geld in Santo Domingo, in der Casa de Cambio - der Geldwechselstube - in Zona Colonial abholen. Danach sind wir hier fertig.«

Wir nahmen unsere Handys und riefen unsere Leute an. Das Geld behielt ich im Auge - und ihn auch. In Deutschland drohen Halbstarke mit Sprüchen wie »Ich bring dich um!«, ohne dass man wirklich Angst haben muss. Doch die Niederlande sind ein anderes Pflaster. Deshalb war ich angespannter, als mir lieb war.

Die Glock plumpste ins Rotterdamer Hafenwasser. Getötet wurde damit niemand. Die Transaktion ging glatt über die Bühne. Am nächsten Tag würde ich in die Heimat fliegen. Das Geld sicherte mein bewaffneter Cousin Amado - und meine Oma hütete es. Das Investment könnte unser Leben verändern. Die Delfine warteten auf mein Kind, wir hofften auf ein Wunder. Meine Tochter ist Autistin und kann nicht richtig sprechen, wir suchten nach Möglichkeiten, um ihre Entwicklung zu fördern. Leider liegt es nicht in meiner Macht, ihr die Gabe des Sprechens zu schenken, daher schwor ich mir, ihr zumindest alles Schöne dieser Welt zu geben. Dabei vergaß ich, dass auch Letzteres nicht in meiner Macht lag und meine Tochter an erster Stelle ihre Mutter und mich brauchte. Doch der Gedanke, ihr alles bieten zu müssen, trieb mich noch mehr an. Heute denke ich anders. Aber ich verstehe mein damaliges Ich. Für die Kinder tut man alles.

Jetzt wartete ein Haufen Arbeit auf uns. Wir waren gestresst, deshalb kamen wir nicht mehr dazu, den Coup durchzugehen, doch bei meiner Rückreise nahm ich mir vor, alles mit den Jungs zu planen. Die Millionen würden wir uns schnappen. Hamza, Salvatore und ich konnten gemeinsam alles erreichen, da war ich mir sicher.

Heimat

Meine Geschichte beginnt in Santo Domingo, der Hauptstadt der Dominikanischen Republik, einer Insel im westlichen, tropischen Teil des Atlantischen Ozeans nördlich des Äquators. Sie liegt in der Karibik, und die Realität übertrifft jede auch noch so große Fantasie bei Weitem. Kilometerlange weiße Strände, weicher Korallensand unter den Füßen. Kokospalmen spenden Schatten vor der heißen Sonne und bewegen sich im warmen Wind sanft hin und her. Türkisfarbenes Wasser, in dem das Sonnenlicht glitzernd reflektiert wird. Der frische, salzige Duft des Meeres. All-inclusive-Hotels, in denen einem jeder Wunsch von den Lippen abgelesen wird. Aus den Musikanlagen am Strand und am Pool erklingen von Sonnenaufgang bis Sonnenuntergang rhythmische karibische Songs, zu denen man gern die Hüften schwingt. All dies und noch vieles mehr findet man dort zur Genüge. Kommt man jedoch auf die Idee, das Resort zu verlassen, findet man Gegenden, die von Armut geplagt sind. Gesellschaftliche Brennpunkte: Kriminalität, Korruption, Drogenumschlagplätze und mangelnde Perspektiven. Das Gramm feinstes Kokain für lediglich 15 Dollar. Gerät man an den falschen Gauner, raubt dieser einem jedoch nicht nur die 15 Dollar, sondern auch das restliche Bargeld, den Schmuck, die Kreditkarte und das Smartphone. In diesem ambivalenten - zum einen paradiesischen, zum anderen miserablen - Land habe ich die ersten Jahre meines Lebens verbracht.

Geboren wurde ich am 24.11.1993 in Santo Domingo, der Hauptstadt der Dominikanischen Republik. Meine Mutter ist eine gebürtige Dominikanerin mit spanischen Wurzeln, mein Vater ein Baske aus Spanien. Meine Eltern trennten sich, als ich gerade einmal vier Jahre alt war. Es veränderte mich. Meine Großmutter mütterlicherseits stammt aus dem Valle del Cibao, der fruchtbarsten Region des Landes. Sie verließ in jungen Jahren das von Landwirtschaft geprägte grüne Tal im Zentrum der Insel. In der Hauptstadt Santo Domingo hofften sie und mein Großvater der harten Agrarwirtschaft zu entfliehen und ein leichteres Leben zu finden. Doch was sie in Santo Domingo erwartete, war das Barrio namens Gualey, auch bekannt unter dem Namen »Ciudad de Dios«, auf Englisch *City of God*. Durch den ausgezeichneten gleichnamigen Film aus dem Jahr 2002 ist die Favela City of God in Rio bekannt geworden. Rio de Janeiro ist jedoch nicht die einzige lateinamerikanische Stadt, in der ein Viertel diesen Namen trägt, und sie ist nicht die einzige Stadt, in der scharf geschossen wird und in der sich Macheten kreuzen. Diese Erfahrung machte ich schon früh.

* * *

Ich war sechs Jahre alt. Wir Kinder hatten kaum Spielsachen und verbrachten unsere Zeit oft draußen, zumeist in dem Labyrinth der kleinen Häuser aus Holz und rostigen Eisenblechen. Das Barrio City of God war und ist bis heute eines der gefährlichsten Viertel innerhalb der Dominikanischen Republik. Gualey wurde lange Zeit von der Regierung vernachlässigt, die damit beschäftigt war, die Touristenfabriken an den Traumstränden aufzubauen. Durch die mangelnde Unterstützung des Staates und die schwierigen Lebensumstände haben wir gelernt, zusammenzuhalten. Dort habe ich erfahren, dass auf die Familie Verlass ist. Im Barrio gibt es Regeln. Gesetze, die man nicht brechen darf. Diese Gesetze wurden nicht vom Staat beschlossen und auch nicht von der Polizei überwacht. Sie werden von starken Männern und Frauen im Barrio gehegt und gepflegt. Einer dieser Männer war mein Onkel Javier – der Bruder meiner Mutter und das älteste Kind von sieben. Onkel Javier nahm mich des Öfteren mit, wenn er das Barrio verließ, wir besuchten dann kleine Bars und Lebensmittelläden. Die Besitzer waren immer sehr freundlich zu mir, ich begriff jedoch früh, warum. Sie hatten Angst vor meinem Onkel, denn sie mussten ihm aus mir damals unbekannten Gründen Geld abdrücken. Ich freute mich jedes Mal auf die kostenlosen Säfte in den Bars und die Süßigkeiten aus den Läden. Javier nahm mich mit, wenn er seine Runden im Barrio drehte. Dabei sah ich, wie er Gelder verteilte und sich die Klagen der Menschen anhörte. Er half, wo er konnte. Einmal beklagte sich eine ältere Dame, eine Freundin meiner Großmutter, bei ihm. Sie sagte, sie sei bestohlen worden, man habe sie erpresst und ihre Ersparnisse gefordert, das Geld, das sie von ihrer Familie aus Amerika erhalten hatte. Ein klarer Gesetzesbruch! Diebstahl war im Barrio verboten. Die Tatsache, dass es sich hierbei um eine alte wehrlose Dame handelte, machte das Vergehen umso schwerer. Wenn Javier wütend war, wurde er rot im Gesicht, sein Blick wirkte eisern, zwei grüne Augen blitzten auf und strotzten vor Entschlossenheit.

»Wer?«, fragte Javier.

»*El tiguere*, Diego, ist hier aufgetaucht, mit seinen zwei Freunden«, erklärte die ältere Dame, »heute Morgen standen sie mit ihren Macheten vor meiner Tür, mein Sohn hätte noch Schulden bei ihnen, sagten sie. Weil er jedoch im schönen Amerika ist, müsste ich dafür aufkommen. Einer hat mit seiner Machete gegen meinen Türrahmen geschlagen.« Die Frau stand auf der Türschwelle und zeigte mit ihrem Zeigefinger auf eine breite Kerbe im hölzernen Türrahmen.

»Ich kümmere mich darum«, versprach Javier.

»Möge Gott dich beschützen, mein Sohn.«

Keine 30 Minuten später wurde ich Augenzeuge, wie sehr Javier auf Gottes Schutz angewiesen war.

Nach dem Gespräch brachte Onkel Javier mich direkt zu meiner Oma ins Haus, wo mein Cousin mich erwartete. Wir sahen zu, wie Javier in sein Zimmer lief und etwas unter dem Bett suchte. Wir wussten auch, was. Einmal war uns eine Murmel unter das Bett gekullert. Als ich meine Hand nach der Murmel ausstreckte, hielt ich plötzlich eine Pistole in der Hand. Ich legte sie zurück, wir verzichteten auf die Murmel und flitzten vor lauter Schreck aus dem Zimmer. Javier fand die Pistole jedoch nicht, also nahm er seine Machete mit Sägerücken, die er stets neben der Haustür aufbewahrte. Er fragte meine Großmutter, wo sein Bruder Pablo sei. Er müsse gleich vom Markt zurückkommen, was denn los sei, fragte meine Großmutter besorgt. Natürlich sah sie die scharfe, glänzende Machete in seiner rechten Hand.

»*Mi hijo* – mein Sohn! Bitte nicht!« Sie schlug sich beide Handflächen auf die Wangen.

»Alles gut«, sagte Javier. Er marschierte aus dem Haus. Neugierig, wie wir waren, schlichen mein Cousin und ich ihm einen Augenblick später nach. Die Großmutter schickte Stoßgebete mit erhobenen Händen gen Himmel, ihre smaragdgrünen Augen glasig von Tränen, also konnten wir hinausgehen, ohne dass sie es merkte. Mit einigem Abstand folgten wir unserem Onkel durch das Stadtviertel. Er schien ein klares Ziel zu haben, denn er ging zügig in Richtung Rio Ozama, dem Fluss am Ende des Barrios, der durch ganz Santo Domingo verläuft. Dort am Ufer lungerten *Los Tigueres* herum, das wusste jeder im Barrio. Los Tigueres waren eine Schlägertruppe, bestehend aus Jugendlichen, die sich gegen die Älteren im Barrio auflehnten und keinen Respekt zeigten. Doch solange sie sich keine ernsten Verfehlungen leisteten, wurden sie geduldet, denn auch sie waren hier aufgewachsen. Während wir unserem Onkel folgten, erzählte ich meinem Cousin von dem Vorfall, den uns die alte Dame geschildert hatte.

»Ich habe Onkel Javier noch nie so wütend gesehen.«

»*Ay, Dios mio* – o mein Gott«, sagte mein Cousin, »er wird Diego den Arsch aufreißen.« Er lächelte schelmisch.

»Das geschieht ihm recht«, ergänzte ich. Am Rio Ozama angekommen, hockten wir uns hinter ein Gebüsch, das uns Deckung gab, ohne uns die Sicht zu neh men. Drei Tigueres lehnten an Fischerbooten, einer von ihnen musste Diego sein. In Gürtelscheiden an der Hüfte trugen sie ihre Macheten zur Schau. Es war kurz vor Sonnenuntergang, der Himmel nahm eine rötliche Farbe an. Bis auf uns, Onkel Javier und Los Tigueres schien niemand am Ufer zu sein. Onkel Javier ging direkt auf Diego zu und hielt seine Machete fest, als er ihn ansprach. Wir waren zu weit entfernt und konnten nicht verstehen, was gesagt wurde. An der Stimmlage unseres Onkels erkannte ich allerdings, dass es keine Nettigkeiten waren. Ich machte mir Sorgen und spürte, dass gleich etwas passieren würde.

»Du musst nach Hause«, sagte ich zu meinem Cousin, »sag deinem Papa, dass er schnell kommen soll.«

Er schüttelte den Kopf. »Aber warum? Ich will doch sehen, was passiert.«

Wütend fauchte ich meinen Cousin an: »Geh nach Hause! Unser Onkel wird Hilfe brauchen, hol deinen Vater, sag ihm, was los ist. *Rápido* – schnell!« Mein Cousin zuckte zusammen und rannte davon. Es waren zu viele Macheten und zu viel Wut am selben Ort. Keine fünf Minuten nachdem mein Cousin davongeflitzt war, eskalierte die Situation. Die Stimmen wurden lauter, es wurde schneller gesprochen, nicht mehr die Hände gestikulierten, sondern die Macheten. Ich näherte mich am Gebüsch entlang dem Geschehen.

»Ich fordere dich zum Zweikampf heraus«, sagte Javier und hob seine Machete bedrohlich in Richtung Diego, »ich werde dir Respekt beibringen.«

Diego sah ihn mit blitzenden Augen an. »Darauf habe ich nur gewartet. *Vamos!*« Er zog seine Machete aus der

Scheide. Wie zwei Boxer im Ring standen sie sich am Ufer gegenüber. Die anderen beiden Tigueres mussten sich heraushalten, so lautete die Regel bei einem Machetenzweikampf. Ein Kampf, der entweder mit der Aufgabe endete oder mit dem Tod. Ich spürte einen bitteren Geschmack im Mund und spielte mit den Knöpfen meines Hemdes.

Einer der Tigueres rief: »*Dale* – los!« Onkel Javier und sein Gegenüber schwangen die Macheten. Ab diesem Moment ging es darum, den größtmöglichen Schaden anzurichten oder den Gegner direkt zu eliminieren. Sie schwenkten und glitten mal nach rechts, mal nach links, mal im Kreis. Man hätte denken können, dass sie tanzten – wenn da nicht die Klingen gewesen wären, die aufeinanderkrachten, aufblitzten und bei jedem Schlag ein fürchterliches Klirren und Kreischen von sich gaben.

Es ging Schlag auf Schlag. Eine Machete stieß nach vorne. Es wurde pariert. Die gegnerische Klinge schlug ein wie der Blitz. Die scharfe Schneide traf ihn genau zwischen Kopf und Schulter auf den muskulösen Nacken. Sein weißes Unterhemd färbte sich rot. Er ging in die Knie, seine Waffe lag auf dem Boden. Die andere Machete wurde mit einem Ruck aus der weit aufklaffenden Wunde gezogen. Regungslos baumelte sein rechter Arm an seinem Körper herunter. Mit der linken Hand versuchte er verzweifelt zu schließen, was nicht mehr verschlossen werden konnte. Das Blut floss aus der breiten Wunde durch seine Finger, rann über seine Hand bis zum Ellenbogen und tropfte von dort auf das Gras. Sein Körper erschlaffte, er sank zu Boden. Da lag er nun, tot oder bewusstlos, noch wusste ich es nicht. Ich hatte die

Augen weit aufgerissen, keine Spucke mehr im Mund. Mein Kehlkopf hüpfte auf und ab. Mein Brustkorb hob und senkte sich schnell, und doch war ich erleichtert. Denn es war Diego, der dort lag.

Die Erleichterung verpuffte schnell, denn plötzlich brachen die beiden anderen Tigueres die Regeln. Nachdem sie für einen Augenblick wie angewurzelt dastanden und auf ihren Freund am Boden starrten, fluchten sie und zogen ihre Macheten. Der erste Angreifer sprang nach vorne, ein schmaler Typ, der sich schnell bewegte. Javier wich hastig zurück und blockte mit seiner Klinge den ersten Schlag, dann den zweiten und dritten. Stahlklingen trafen erneut klirrend aufeinander, sodass das schrille Echo durch die Gassen des Barrios hallte und die Strömung des Flusses und den Lärm der Motorboote übertönte. In seiner rasenden Wut wurde der schmale Tiguere unachtsam, stolperte über einen Stein und fiel zu Boden. Er rappelte sich jedoch schnell wieder auf, nachdem er durch eine Rolle vorwärts Javiers Schlag entwischen konnte. Grasfetzen wirbelten durch die Luft. *Jemand muss es hören, mein Onkel benötigt Hilfe, hoffentlich beeilt sich mein Cousin.* Die Gedanken in meinem Kopf hüpften wie Flummis umher. Erneuter Angriff, diesmal der andere: ein stämmiger Typ, dessen Machete nur um Haaresbreite Javiers Kehle verfehlte. Mein Onkel verlor beinahe das Gleichgewicht. Er stabilisierte sich jedoch und machte einen Ausfallschritt zur Seite. Noch bevor sein Gegner seine Machete zurückziehen konnte, hackte Javier ihm mit der Schneide auf das Handgelenk. Haut, Fleisch und Knochen leisteten keinen Widerstand. Hand und Unterarm schienen nur noch durch Sehnen und Hautfetzen verbunden zu sein, wie ein Urinstrahl schoss das Blut aus dem fleischigen Unterarm. Der Tiguere presste seine halb abgehackte Hand an seinen Unterarm, wo sie auch hingehörte – doch sie löste sich jedes Mal und baumelte an den Fetzen herunter. Wieder attackierte der schmale Tiguere meinen Onkel und streifte seinen linken Oberarm. Der Ärmel färbte sich rot. Der nächste Schlag folgte, Javier wich zur Seite aus und sprang zurück, während er seine Machete hin und her schwang, um die Distanz zu vergrößern. Sein weißes Hemd hatte vorne und hinten Schweißflecken. Er packte mit beiden Händen den Griff seiner Machete wie ein Samurai sein Katana. Es sah schlecht aus. Der stämmige verwundete Tiguere schien schmerzlos zu sein. Er ließ seine rechte Hand baumeln und hob mit der linken seine Machete vom Boden auf. Beide Gegner standen vor Javier, der seine Waffe noch fester umklammerte. Ein brüllender Motor lenkte die Angreifer für einen Moment ab, sie schauten zum Fluss hinüber und auch ich folgte ihren Blicken. Nur mein Onkel ließ die beiden nicht aus den Augen. Ein Boot mit drei uniformierten Polizisten, jeder eine Schrotflinte im Anschlag, blieb auf dem Fluss nahe am Ufer stehen. Der Motor summte leise vor sich hin, während die Polizisten das Szenario beobachteten. Ein Verwundeter lag in seiner Blutlache, zwei Typen mit erhobenen Macheten in der Hand, von denen einer schwer verletzt war, standen einem anderen, der ebenfalls eine Machete festhielt, in Kampfposition gegenüber.

Die Polizei wird meinem Onkel helfen. Der Wahnsinn hat ein Ende. Jawohl!, dachte ich damals. Schöner Gedanke! Nach einem kurzen Augenblick heulte der Motor wieder auf und sie fuhren mit dem Strom des Flusses davon. Mein Onkel war in Not, doch sie taten nichts. Ich wandte mich wieder zum Schlachtfeld, die Tigueres fixierten Javier mit ihren Blicken, einer lachte dreckig.

»*No!*«, schrie ich. Mein Blick streifte über den Boden. Ich war immer ein friedvoller Junge gewesen. Dies war der erste Tag in meinem Leben, an den ich mich zurückerinnern kann, an dem mich meine Wut überwältigte und mir jegliche Angst nahm. Diese Wut sollte ich in meinem Leben noch öfter fühlen. Einige Steine lagen um mich herum. Ich nahm einen faustgroßen in meine Hand und rannte in die Kampfzone. Kurz hinter meinem Onkel blieb ich stehen, warf den Stein und verfolgte gespannt seine Flugbahn. Er landete zwischen den Augen des schmalen Tiguere. Volltreffer! Aus seiner Nase quoll Blut. Er war paralysiert, stand aber noch. Beide Tigueres warfen mir mordlustige Blicke zu. Ich schenkte ihnen den bösesten Blick, den ein Sechsjähriger draufhatte.

Für mich fühlte es sich wie Stunden an, doch es kann nur ein Augenblick gewesen sein. Beide sahen entsetzt in meine Richtung, der mit der blutigen Nase rannte mit seiner Machete davon. Der zweite folgte ihm, ließ seine Waffe jedoch nach ein paar Metern fallen und hielt mit seiner freien gesunden Hand die baumelnde andere fest, wahrscheinlich, damit sie beim Rennen nicht verloren ging. Wie erschrockene Hühner, die zum Schlachten und Rupfen ausgewählt wurden, huschten sie davon und ließen sogar Diego am Boden liegen. Mein Onkel wandte sich von ihnen ab, blickte zu mir und lächelte.

Ich war fassungslos und glücklich zugleich. Und stolz, hatte ich doch meinen Onkel beschützt und die Feinde in die Flucht geschlagen. Gefühlsmäßig war ich am Gipfel angekommen, als ein lauter Knall mir beinahe das Trommelfell zerfetzte und ich nur noch ein Piepsen hörte.

Ich warf mich zu Boden, hielt mir beide Handflächen an die Ohren und blickte mich um. Mein Onkel Pablo, der Vater meines Cousins, rannte hinter mir in die Richtung der fliehenden Tigueres und feuerte einen zweiten Schuss ab – mit der Pistole, die wir damals unterm Bett gefunden hatten. Die Tigueres verschwanden im Zickzackmanöver zwischen den Häusern des Barrios. Jetzt erst verstand ich, was geschehen war. Die Tigueres waren nicht meinetwegen geflüchtet, sondern wegen Onkel Pablo, der bewaffnet auf sie zustürmte. Ich stand wieder auf, mein Cousin trat grinsend neben mich. Ich klopfte ihm auf die Schulter. Dann sah ich etwas, was ich nicht erwartet hatte. Pablo reichte Javier seine Pistole. Beide stellten sich vor den am Boden liegenden Diego und schauten zu ihm hinunter. Javier ließ wie ein Pianist am Klavier seine Finger über den Griff der Pistole wandern. Diego bewegte sich noch. Javier atmete tief aus, warf uns einen kurzen Blick zu und steckte die Pistole weg. Meine Onkel trugen Diego durchs Barrio zu unserem Auto und wir liefen ihnen nach. Schaulustige versammelten sich, die unbedingt sehen und wissen wollten, was passiert war. Javier schickte sie weg.

»*Nada* – nichts! Geht nach Hause. Ihr beide auch, ab nach Hause«, befahl er uns, bevor er ins Auto stieg und mit Pablo den verwundeten Diego ins Krankenhaus fuhr.

***

Diego hatte überlebt, erzählte uns Javier, als er abends nach Hause kam. Dann schimpfte er, wir hätten ihm nicht folgen dürfen. Als wir jedoch abends allein waren und meine Mutter seine Wunde reinigte, bedankte er sich bei mir. Ich schluchzte und sagte ihm, ich sei wütend geworden und hätte mir Sorgen gemacht. Die Polizisten hatten ihm nicht geholfen, also musste ich es tun. Tränen kullerten an meiner Wange herunter, ich war froh darüber, dass mein Onkel gesund nach Hause zurückgekommen war. Ich wünschte mir, dass wir für immer beisammen sein könnten. Niemals hätte ich damals damit gerechnet, dass alles anders kommen würde.

»*Tío* – Onkel, warum haben die Polizisten nichts unternommen?« Javier sagte mir etwas, das ich damals als Sechsjähriger nicht ergründen konnte und auch nicht vollends verstanden habe. Heute aber weiß ich, dass es sich definitiv in meine Seele eingebrannt haben muss: »*Asier, confía siempre en la familia. Ellos son un regalo de Dios para ti, como tu lo eres para ellos.* – Asier, vertraue immer auf die Familie. Sie ist ein Geschenk Gottes für dich, so wie du eines für sie bist.« Es war einer der letzten warmen Tage in meiner Kindheit in Santo Domingo, an die ich mich intensiv erinnere.

Danach veränderte sich mein Leben schlagartig. Meine Mutter und ich waren auf uns allein gestellt, in einem kalten Land, in dem ich zum ersten Mal Schneeflocken sah. Onkel Javier blieb jedoch immer in meinem Gedächtnis. Er kämpfte gegen die Armut, die Ungerechtigkeit, er kämpfte für die Gemeinschaft und die Familie. Er kämpfte und ihm schien nichts unmöglich. Unmöglich war es jedoch letztlich, den Sieg im Kampf gegen den Krebs zu erringen. Er verstarb im April 1999 mit gerade einmal 31 Jahren an Leukämie. Viele kamen zu Javiers Beerdigung, um ihm die letzte Ehre zu erweisen. Und auch nachdem seine Seele seinen Körper verlassen hatte, ermöglichte er uns Gutes. Er hinterließ uns ein kleines Vermögen. Da meine Mutter die einzige seiner Schwestern war, die keinen Mann mehr hatte, hatte Javier für uns etwas ganz Besonderes vorbereitet, bevor er starb. Mein Vater ist Spanier – und so hatte ich die Berechtigung, die spanische Staatsbürgerschaft zu erhalten, was uns die Einreise nach Deutschland erleichterte. Javier vermachte meiner Mutter umgerechnet 15 000 D-Mark. Die Cousine meiner Mutter wohnte bereits mit ihren zwei Kindern in Deutschland. Am Tag der Abreise begleitete uns unsere Familie zum Flughafen in Santo Domingo. Wir landeten im Dezember 1999 in Düsseldorf. Ich sah das erste Mal Schnee und war fasziniert von der weißen Landschaft und von *los alemanes* – den Deutschen, die größer waren als die Menschen in der Heimat. Mir fiel sofort ihre akribische Ernsthaftigkeit auf. Davon würde ich mir noch eine Scheibe abschneiden. Auch die vielen blonden Mädchen machten bei mir Eindruck, in der Heimat gab es davon nicht viele.

Unsere neue Heimat wurde die Kleinstadt Marl in Nordrhein-Westfalen. Eine Kleinstadt voller Immigranten. Bereits auf den Spielplätzen und Fußballfeldern wurde konkurriert. Jeder wollte der Schnelle te, der Stärkste, der Wildeste, der mit dem größten und neuesten Spielzeug sein. Fressen oder gefressen werden. Dort erfuhr ich am eigenen Leib, wie schlimm es sein kann, keinen großen Bruder zu haben. Denn die Straße ist ein erbarmungsloser Lehrer.

Südamerikanische Verhältnisse

Fünfzig Minuten Autofahrt vom Flughafen Punta Cana entfernt liegt die Stadt La Romana. Die Straßen sind sauber, die Stadt ist geprägt von gepflegter Monokultur, Palmen, Sonne, Strand, Meer und »Casa de Campo Resorts & Villas«. Casa de Campo ist ein weltbekanntes Resort mit malerischen Golfplätzen, Exklusivität und Tausenden Hektar purem Luxus auf verschiedenen Ebenen. Das Who's who der Hollywoodstars ankert hier im Jachthafen. Die nicht Seetauglichen fliegen, ihre exquisiten Privatjets landen am La Romana Casa De Campo International Airport, ungefähr acht Minuten entfernt vom Resort. So viele Pesos hatte ich noch nicht verdient, wir landeten in Punta Cana, mein Cousin holte uns ab. In seinem Cadillac Escalade fuhren wir zum Resort. Gebucht hatte ich die Strandvilla für meine Tochter, meine Mutter, meine Frau, meine Großmutter und mich. Großmutter würde allerdings erst einen Tag später anreisen, im Cadillac mit meinen Dollars und drei bewaffneten Cousins. Die Beachvilla beinhaltete einige Extras in der Buchung: exklusiven Check-in, maßgeschneiderte Spa-Behandlung, Luxus-Concierge-Service, sogar private Köche. Meine Familie war dort gut und sicher aufgehoben.

Drei Tage Erholung gönnte ich mir, dann war es an der Zeit, Geschäfte zu machen. Bei meinem letzten Urlaub in der Heimat hatte ich in Casa de Campo Don Valdez kennengelernt. Ein Immobilienmogul der alten Schule, dem unter anderem mehrere Cabañas gehörten – quasi Sexmotels, aber dazu später mehr. Wenn er zu viel Rum intus hatte, offenbarte er mir mit gesenkter Stimme, dass er mehreren Sternchen aus Hollywood bereits ein oder zwei Villen verkauft hatte. Ich wusste nicht, was ich sagen sollte. Die Augen weit offen, mein Kopf nickte.

»Glaubst du mir nicht, mein Sohn?«

»Doch, Don Valdez, ich glaube Ihnen.«

Der Don riss sich den weißen Panamahut vom Haupt und warf ihn auf den Tisch. »Du glaubst mir nicht, dann pass mal auf.« Er zückte sein weißes iPhone aus der weißen Leinenhose und zeigte mir Fotos: Don Valdez, Arm in Arm mit weltbekannten Gesichtern. »Glaubst du mir jetzt, mein Sohn?«

Grinsend erhob ich mein Glas mit Maracujasaft. »Ja, Don, auf Sie.«

Don Valdez lachte und stieß mit seinem Glas voller Rum energisch an, sodass ein Schluck beinahe in meinem Saftglas landete. Ich trank nicht und gekokst hatte ich schon lange nicht mehr. Ich kämpfte dagegen an, meine Hemmschwellen zu überschreiten. Eines von Don Valdez' Anwesen lag im Valle de Cibao, aus dem meine Großeltern stammten. Es war ein Grundstück mit einer pompösen Villa und einem Garten wie aus 1001 Nacht: lange gerade Palmen, Teichbetten aus schwarzem Marmor mit LED-Lichtern, die im kristallklaren Wasser mit allen erdenklichen Farben spielten, grüne Wiesen, Fußwege aus weißem Marmor und noch einiges mehr. Die dunkelbeigefarbige Kalksteinmauer im toskanischen Stil schützte zudem vor ungebetenen Gästen und neugierigen Blicken. Eine tropische Oase für den Ruhestand. Die Kakaoplantagen drum herum, Fairtrade-zertifiziert, waren die Krönung des Anwesens – und ein gutes Geschäft. Ich hatte eine Anzahlung geleistet, um mir das Objekt zu sichern, damals konnte ich es noch nicht kaufen. Dank des Geldtransporters in Dortmund reiste ich mit genügend Kaufkraft zurück in die Dominikanische Republik. Ich rief Don Valdez mehrmals an, doch niemand ging ran. Einen Tag vor dem Dortmund-Coup hatten wir noch telefoniert und er hatte mich indirekt zum Kauf motiviert. Denn das Grundstück war genau das, was meine Tochter brauchte: eine Oase im paradiesischen Nirgendwo.

Gegen Abend bekam ich einen Anruf. Es war Valdez junior, der mir sagte, dass sein Vater an einem Herzinfarkt gestorben war. Um zu trauern, kannte ich Don Valdez nicht lange genug, ich sorgte mich mehr um das Geld und das Grundstück. Denn ich hatte keinen Nachweis für die Anzahlung. Was sollte ich machen? Aus Respekt vor seinem Verlust sprach ich Valdez' Sohn nicht direkt auf meine Misere an. Ich versuchte, das Problem zu verdrängen, und genoss mit meiner Familie die Besonderheiten des Hotels. Im privaten Pool der Villa brachte ich meiner Tochter das Schwimmen bei. Doch am liebsten wollte sie zum Strand, sie liebt das Meer, genau wie ihr Papa. Zwei Stunden täglich trainierte ich im Fitnessstudio. Morgens um sechs Uhr lief ich den weißen Sandstrand rauf und runter. Alles, was mich ablenkte oder mir einen Kick gab, machte ich: Tauchen, Reiten, Klettern, Jetski fahren und sogar Golfen.

Am zehnten Tag stand ich gegen Abend auf der Terrasse und sah direkt auf das Karibische Meer. Vor 500 Jahren schien es unmöglich, die Meere dieser Erde zu bewältigen, und heute fliegen wir über den Wolken. Nichts ist unmöglich. Man muss es nur versuchen. Der anstehende Coup ging mir nicht mehr aus dem Kopf. Ich hatte Hamza nicht viel über den Job erzählen können. Dieser Coup war ein Rohdiamant, der mit dem richtigen Schliff in eine würdige Fassung verewigt gehörte. Ibos Vorstellung, wie wir die Sache durchführen sollten, war brachial. Doch das kam für mich nicht infrage. *Keine Gewalt.* Ich spürte, wie meine Hand zitterte. Ich hielt sie mit der anderen fest, bis es aufhörte. Bevor ich mich einer neuen Aufgabe widmen konnte, musste ich die Sache mit dem Grundstück klären – und sicherstellen, dass meine Anzahlung nicht verloren war. Ich hatte zwei Tage gewartet und beschloss, dass genug Zeit vergangen sei. Also rief ich auf dem Handy des verstorbenen Don Valdez an. Keiner ging ran. Verdammt! Ein paarmal atmete ich tief ein und aus. Es gab noch andere Grundstücke und andere Makler, aber ich wollte ungern auf die Anzahlung verzichten. Und der Preis war unschlagbar. Plötzlich klingelte das Telefon. Amir rief an.

»Ja, Amir, was ist los?«

»Es gibt ein Problem mit der Lüftung.«

»Was hat Ali gemacht?«

»Sein Handy ist aus.«

Ich seufzte. »Dann versuch es später noch mal.«

»Es ist seit drei Tagen aus, der Typ ist mit der Kohle untergetaucht.« Amir klang aufgeregt.

»Was? Bist du sicher?«

»Ja!«

»Weiß Hamza davon?«

»Nein!«

»Das soll er auch nicht.«

»Deswegen rufe ich auch an. Wenn ich jetzt keine Lüftung einbaue, wird er das merken. Außerdem bleibt der Laden so lange zu, ich mache Verluste.«

»Verstehe.«

»Kannst du mir das Geld geben? Du bekommst es wieder.«

»Für dich immer, Amir, aber beim nächsten Mal hörst du lieber direkt auf Hamza.«

»Ja, ich weiß.« Er klang niedergeschlagen.

»Ist jetzt Nebensache, beauftrage bitte eine anständige Firma und finde ihn. Diesen Ali. Sonst wirken wir schwach.«

»Alles klar.«

»Wie viel brauchst du?«, fragte ich.

»30 000«, antwortete er nach kurzem Zögern.

Ich runzelte die Stirn. »Es hieß doch 20?«

»Ja, das war doch Beschiss, eine gute Firma nimmt 30.«

»Boah … Amir, ich brauch das Geld aber zurück.«

»Du hast mein Wort.«

Ich konnte ihn nicht hängen lassen. »Okay, ich schick dir gleich eine Nummer, du rufst da an, die Person gibt dir das Geld.«

»Danke dir, Bruder.«

»Nichts zu danken. Finde ihn!«

»Werde ich.«

Jetzt auch das noch, dachte ich, wo ich doch jeden Euro benötigte, aber was sollte man machen, Amir war Familie. Ich musste mir etwas einfallen lassen, um das Grundstück zu bekommen. Da fiel mir ein, dass ich den Entwurfsordner des E-Mail-Postfachs prüfen musste, um zu sehen, ob bei Ibo alles okay war. Später. Zunächst schickte ich Amir die Nummer per WhatsApp. Danach schrieb ich meinem Cousin eine Nachricht.

Hol mich ab. Ich bin in 30 Minuten da.

* * *

Mit dem Golfcar fuhr ich zur Lobby und wartete vor dem Haupteingang des Hotels auf ihn. Mein Handy vibrierte. Der Name eines Toten: Don Valdez.

»Hallo«, meldete ich mich.

»Guten Tag, Domingo Valdez hier, Sie hatten angerufen.«

»Ich heiße Rodríguez Santos. Ihr Vater wollte mir ein Anwesen verkaufen, eine Anzahlung habe ich bereits geleistet.«

»Welches Anwesen?«, fragte er.

»Das im Valle de Cibao.«

»Das mit der Kakaoplantage?«

»Ja.« Ich war mir sicher, dass er genau wusste, um welches Grundstück es ging.

»400 000 Dollar«, sagte er ohne weitere Erklärung.

Ich stockte, bemühte mich aber um einen freundlichen Tonfall. »Bei allem Respekt, Señor Valdez, aber Ihr Vater wollte es für 300 000 Dollar verkaufen.«

»Kann sein, nun kostet es mehr. Die Beerdigung war nicht billig, mein Vater hatte einen ausschweifenden Lebensstil mit vielen Geliebten. Jetzt leite ich das Unternehmen, und ich sage, wie es läuft. Entweder schlagen Sie zu oder nicht. Es gibt genug andere Interessenten.«

Was für ein Abzocker. Wieder zwang ich mich, ruhig zu bleiben. »Ich werde eine Nacht darüber schlafen.«

»Ich gebe Ihnen auch zwei Nächte, danach verkaufe ich.«

»Danke, ich melde mich und …«

Er hatte aufgelegt. Ich blickte hinunter auf den Randstein. Am liebsten hätte ich laut gebrüllt und das Handy auf dem Asphalt zerschmettert. 100 000 mehr als vereinbart, scheiße. Ich könnte an meine Reserven gehen, aber das würde wehtun und die waren eigentlich für den Fall der Fälle. Den nächsten Coup durchziehen und dann kaufen war keine Option. Valdez würde nicht warten – und 400 000 für das Objekt waren immer noch verlockend. Was sollte ich machen?

Ich stieg zurück in den Cadillac meines Cousins Amado, der mich erwartungsvoll anblickte. »Wohin fahren wir heute?«, fragte er.

»Warte einen Moment«, sagte ich. Mein Handy vibrierte.

»Señor Rodríguez Santos?«, fragte die Stimme von Valdez junior.

»Señor Valdez«, antwortete ich knapp.

»Was haben Sie mit dem Kakao vor? Sie leben in Europa, stimmt's?«

»Ja.«

»Möchten Sie den Kakao exportieren?«

»Ja.«

»Wenn das so ist, dann können wir uns einig werden. Es gibt nur eine kleine Bedingung, ein Angebot sozusagen.«

Da er nicht weitersprach, hakte ich nach. »Was für eins?«

»Der Preis bleibt bei 300 000, das Angebot besprechen wir persönlich. Wann könnten Sie hier sein?«

»Was heißt ›hier‹?«

»Auf der Hazienda meines Vaters, in La Vega Cibao.«

»Moment.« Ich bedeckte das Mikro meines Handys.

»Amado, wie lange brauchen wir bis nach La Vega?«

»Zwei Stunden«, antwortete mein Cousin.

Ich nahm meine Hand vom Handy und sprach weiter. »Señor Valdez? Ich wäre spätestens in drei Stunden da.«

»Dann bis gleich, bitte seien Sie pünktlich, ich muss wieder nach Santo Domingo.«

»Okay, bis gleich.« Er hatte aufgelegt.

»Gute Nachrichten.«

»Erzähl«, sagte Amado.

»Valdez junior wollte erst für 400 verkaufen, aber jetzt doch für 300, es gibt nur eine Bedingung, ein Angebot, sagt er.«

»Was denn für eins?«

»Keine Ahnung, werden wir gleich erfahren.«

»Asier«, sagte Amado, »in diesem Land verzichtet keiner aus Nächstenliebe auf seine Pesos. Lass uns lieber noch zwei Mann mitnehmen.«

»Wofür?«, fragte ich. »Hier geht es um ein Haus und um Kakao – das trinken Kinder mit warmer Milch zum Einschlafen.«

»Nein! Es geht um Geld. Und für Geld machen die Leute hier alles.«

Ein weißer Bogen, auf dem »Hazienda Valdez« stand, fungierte als Zufahrtsschild für das gigantische grüne Anwesen. Unzählige Pflanzen und Palmen säumten den Weg bis zu der Villa im Kolonialstil. Dort wurden Kaffee, Kakao, Tabak und Bananen angebaut. Die Bäuerinnen und Bauern trugen Strohhüte oder verwaschene Caps, Macheten am Gürtel und Grashalme im Mund. Die Packsättel der Mulis waren voll. Am Ende des Weges strahlte das weiße Bauwerk, es erinnerte mich mit seinen Säulen, den grünen Fensterläden und der Treppe an eine Villa im Film *Django Unchained*. Zwei Männer mit M16-Sturmgewehren kamen uns entgegen. Amado, Ricky und Omar hatten während der Hinfahrt noch Witze gerissen, mir ihre Glocks gezeigt und mit ihren tänzerischen Fähigkeiten geprotzt, dank deren sie schon einige »Gringo-Frauen« verführt hatten. Doch beim Anblick der beiden Schwerstbewaffneten herrschte Grabesstille im Auto. Ich hörte Grillen zirpen und drei Handfeuerwaffen, die im Auto entsichert wurden. Klick, klack, klick. Mein Herz hämmerte, die Adern an meinen Schläfen pulsierten.

»Amado, schützen die Bauern ihre Ländereien hier immer so«, fragte ich, »oder haben wir ein Problem?«

Keine Antwort. Die zwei Männer standen vor dem Haus, die langen Läufe ihrer Waffen noch zu Boden geneigt. Doch beide stierten wie hypnotisiert auf uns, während einer ins Funkgerät sprach.

»Sollen wir aussteigen?«, fragte ich. Ricky schüttelte seinen Kopf.

»Nein«, sagte Omar. Ich fühlte mich unwohl, daher versuchte ich, die Stimmung mit einem Witz zu lockern: »Das ist ja wie auf Netflix«, sagte ich, »Narcos-Style! He he ...«

Ich schaute in alle drei Gesichter. Keiner lachte.

»Soll ich Valdez junior anrufen?«

»Ja«, sagte Amado. Ich zerrte mein Handy aus der Tasche.

»Warte, schau.«

Die ovale Doppeltür schwang auf, ein kurzer Kerl mit gehobenem Kinn und braunen schulterlangen Haaren trat heraus, dunkles Hemd, schwarze Jeans und Stiefel. Er sagte etwas zu den Bewaffneten, die sich augenscheinlich entspannten, und trat an den Cadillac heran. Amado fuhr das Fenster herunter.

»Guten Abend, die Herren«, sagte der Kerl und lächelte, »ihr seid bestimmt wegen des Grundstücks hier?«

»Ja«, sagte Amado.

»Ja, dann kommt rein. Ich bin Don Valdez, also Valdez junior.« Er lächelte. »Keine Sorge, die beiden da beißen nicht, uns wurden vor Kurzem ein paar Rinder gestohlen, deswegen die Waffen.«

»Geben Sie uns einen Moment«, sagte Amado.

»*Claro.*«

Amado fuhr das Fenster hoch. Valdez junior drehte sich um, ging zu seinem Haus und sprach mit seinen Leuten.

»Ist klar.« Ricky schüttelte den Kopf. »Wegen der Rinder.«

»Ich habe keine Rinder gesehen«, sagte ich, »ihr etwa?«

»*Coño*«, fluchte Amado, »haltet die Augen offen.«

»Asier, öffne das Handschuhfach.« Ich öffnete es, darin lag ein Revolver.

»Steck ein«, sagte Amado, »nur zur Sicherheit.«

»Scheiße, *hombre*«, sagte ich, »läuft das hier immer so ab, wenn man Land kauft?« Ich steckte die Waffe zitternd in meinen Hosenbund. »Vielleicht sollten wir doch gehen?«

»Komm, scheiß dich nicht ein«, sagte Ricky, »du wolltest doch dein Grundstück.«

»Ihr fühlt euch doch selbst nicht sicher, ich habe doch gehört, wie ihr eure Waffen entsichert habt.«

»Schon«, sagte Ricky, »aber wir sind hier im Auto eingepfercht wie Tiere, also ein leichtes Ziel. Die hätten uns längst durchsiebt, wenn sie wollten.«

»Ja, genau«, sagte Omar, »solche großen Waffen, wie die beiden da tragen, sehen wir hier auch nicht täglich, aber mein Opa hat eine Flinte neben seiner Tür, und eine 9 Millimeter auf dem Nachttisch und ich habe meine Glock immer dabei.«

»Ja«, sagte Ricky, »ich auch, zur Sicherheit.« Als er lächelte, funkelten mich zwei goldene Schneidezähne an.

Ich runzelte die Stirn. *Wollt ihr mich damit beruhigen?*, dachte ich.

»Wir können wegfahren«, sagte Amado, »aber dann ist deine Anzahlung futsch und das besondere Grundstück kannst du auch vergessen.«

Ricky und Omar nickten. Ich knabberte an meinen Lippen, merkte es jedoch erst, als ich Eisen schmeckte.

»Ach, was soll's.«

Wir stiegen aus. »In Deutschland«, sagte ich, »besprechen wir so etwas bei einem Notar, klimatisiert.«

»*Hombre*«, sagte Amado, »wir sind hier in Lateinamerika. Hier ist es mal so«, er zeigte mir seine Handfläche, dann drehte er sie herum, »oder mal so. Verstehst du?«

Ich verdrehte die Augen.

»Ja, genau, *coño*, du bist zu lange weg gewesen, bist ja fast ein Gringo geworden.«

Sie lachten über den Witz, ich lachte mit. Allerdings hatte ich das ungute Gefühl in der Magengrube, dass in wenigen Minuten keiner mehr Grund zur Freude haben würde.

* * *

Die Villa war immerhin klimatisiert und elegant eingerichtet. Wir saßen an einem schwarzen glänzenden Marmortisch, eine Frau hatte uns Getränke serviert. Ich nippte nur an meinem Glas. Valdez hatte noch zwei Mann im Haus, die anderen zwei blieben draußen stehen.

»Wer von euch ist denn der Auserwählte?«, fragte Valdez und schaute sich um.

Meine Hand fuhr hoch und wieder runter. »Ich. Der Verlust Ihres Vaters tut mir leid. Es wäre schön, wenn er heute mit uns hier sitzen könnte.«

Valdez junior nickte. »Danke.«

Ich schenkte ihm ein Lächeln. Es schien an ihm abzuperlen. »Nun kommen wir zur Sache«, sagte er, »Sie bekommen das Grundstück für den abgemachten Preis.«

»300 000 Dollar?«

»Ja«, sagte er, »es gibt nur eine Bedingung: Wenn Sie Ihren Kakao nach Europa exportieren, findet ein wenig unserer Ware Platz in Ihrer Fracht.«

Jackpot, dachte ich, mein Ziel war es ohnehin gewesen, nicht nur meinen Kakao selbst anzubauen und zu vertreiben, sondern auch die Ware von anderen Bauern, damit ich daran verdienen könnte.

Ich räusperte mich. »Don Valdez, wenn der Preis stimmt und Ihr Kakao Fairtrade-zertifiziert und am besten Bio-Anbau ist, dann werde ich mit dem größten Vergnügen Ihre Ware in Europa für Sie vertreiben.«

»Es geht nicht um Kakao.«

»Kaffee?«

Er schüttelte den Kopf.

»Tabak?«

»*No!*«

»Bananen?«

Er lachte und schaute einen seiner Leute an.

»Martínez, zeig ihm, worum es geht.«

»*Si.*«

Martínez ging in die Küche und kehrte zurück mit einem Teller, auf dem ein Backstein aus glänzendem Kristallin lag.

»Das können Sie vergessen«, sagte ich.

Er lachte. »Dann vergessen Sie das Grundstück.«

»Ich möchte meine Anzahlung zurück.«

»Señor Rodríguez, denken Sie doch mal darüber nach. Ich mache Sie reich. Natürlich vertraue ich Ihnen nicht einfach so. Ich werde wissen, wo Sie wohnen und wo Ihr Kakao angebaut wird. Mein Vater hat von Ihnen geschwärmt – und mein Vater war ein Menschenkenner. Ich denke, wir könnten gute Geschäfte machen.«

Ich biss mir auf die Unterlippe, versuchte, nicht auszuflippen, und zügelte meine Mimik. Doch gegen die Röte, die mir bei Wut oder Trauer ins Gesicht stieg, konnte ich nichts tun. »Señor Valdez, das kann ich nicht machen, bitte geben Sie mir meine Anzahlung wieder.«

»Nein! Wir haben das Grundstück monatelang für Sie reserviert, entweder Sie sind dabei oder Sie können Ihre zehnprozentige Anzahlung vergessen.«

»Das können Sie nicht machen.«

»Doch, das kann ich!« Er schlug mit seiner Hand auf die Marmortafel. »Das Grundstück gehört immer noch uns!«, schrie er. Seine Männer neben ihm erhoben sich und die beiden von draußen standen plötzlich am Eingang hinter Ricky und Omar. Deren Hände verschwanden langsam unter dem Tisch, sie fixierten Valdez' Männer neben ihnen, nahmen aber die hinter ihnen nicht wahr. Die beiden Bewaffneten traten blitzschnell von hinten an sie heran und hielten ihnen ihre Gewehre in den Nacken.

»Hände auf den Tisch«, brüllte einer.

Sie hörten nicht.

»Hände auf den Tisch!« Keine Reaktion. Ich sah zu den beiden, dann zu Valdez, er lächelte nur, als hoffte er auf eine Eskalation.

»Eure letzte Chance … eins … zwei …«

»Tut verdammt noch mal, was er sagt!«, schrie plötzlich Amado die beiden an. In Zeitlupe holten sie die Hände unter dem Tisch hervor und legten sie auf den schwarzen Marmor.

»Señor Valdez«, sagte Amado, »bitte lassen Sie meinen Cousin darüber nachdenken, er handelt gerade emotional.«

»Dann soll er darüber nachdenken, aber die Anzahlung gibt es nicht zurück.«

»Alles klar«, sagte Amado, »wir besprechen das, wir melden uns.«

Valdez nickte.

»Von wie viel Ware sprechen Sie?«

Don Valdez grinste schelmisch. »Angefangen wird mit 50 Kilo«, sagte er, »dann 100, ab dem dritten Mal routinemäßig 150 bis 200. Ich habe Leute hier in der Heimat an den Häfen für Seecontainer und an den Flughäfen für Luftfracht, die dafür sorgen, dass die Ware das Land sicher verlässt, und auch Männer an Häfen in Europa, um die Ware aus dem Container zu fischen oder durchzuwinken.«

»Was springt für uns dabei rum?«, fragte Amado. »Wir gehen ein großes Risiko ein.«

Was machst du da, Amado, dachte ich, *ich will das nicht tun. Keine Drogen! Das ist eine meiner Regeln, das weißt du doch.*

»Wenn die ersten drei Lieferungen glattgehen, dann könnt ihr bei mir die Ware kaufen. Zuerst zehn Kilo, 10 000 Dollar das Kilo, die Pakete werden mit meinen Paketen verschickt. Wenn es läuft, bekommt ihr Material sogar zusätzlich auf Provision, ihr seid aber dafür verantwortlich, ich bekomme meinen Anteil – auf die eine oder andere Weise.«

»Hört sich sinnvoll an.«

Scheiße, Amado, hört sich überhaupt nicht sinnvoll an, dachte ich. Vom Dieb zum Drogenbaron zu wechseln, lag nicht in meiner Absicht, doch ich verzichtete darauf, es laut auszusprechen.

»Wenn ihr eigene Leute besorgt«, fuhr Valdez fort, »um die Ware aus dem Container herauszuholen, dann bezahle ich euch mit Material. Dann seid ihr die Tür. Und es gibt genügend Abnehmer für uns alle.« Valdez breitete seine Arme aus. »Señor Rodríguez, denken Sie darüber nach, ich mache Sie zum Multimillonario.« Er zwinkerte mir zu.

Ich presste meine Lippen zusammen. *Du darfst nie einen Menschen, der nicht zur Familie gehört, merken lassen, was du denkst.* Dies schrieb einst Mario Puzo und ließ es Don Corleone sagen, noch nie zuvor in meinem Leben war diese Weisheit so wichtig gewesen. Dann nickte ich.

»Lassen Sie mich darüber nachdenken, Señor Valdez.«

Auf der Rückfahrt zum Hotel zählte Amado mir drei Szenarien auf. »Erstens: Verzichte auf das Geld und das Grundstück. Zweitens: Nimm das Angebot an. Oder drittens: Bestehe auf dein Geld und zieh in den Krieg. Wir trommeln ein paar Jungs aus dem Barrio zusammen und vielleicht ein paar Polizisten. Unser Cousin Marco hat bei der Polizei was zu sagen, aber das wird nicht billig.«

»Und dann?«

»Feindliche Übernahme nach dem Gesetz der Straße. Tote garantiert.«

* * *

Gegen Mitternacht saß ich noch auf der Terrasse und dachte nach. Das Angebot anzunehmen, war für mich keine Option. Es gibt klare Unterschiede zwischen einem Narco und einem Dieb. Der Narco verdient daran, dass Männer, Frauen oder Jugendliche ihren Verfall – und damit den Tod – auf Raten kaufen. Fast jeder versucht, sein Handeln zu rechtfertigen, auch ich. Der Dealer sagt: »Wenn ich es nicht mache, dann tut es ein anderer.« Oder: »Ich zwinge doch niemanden, mein Zeug zu kaufen.« Ich kannte viele Drogendealer, auch in Deutschland, die so redeten. Ich verteufele niemanden. Ein Dieb bestiehlt Banken, Konzerne, er rebelliert gegen die Eliten. Wer Handtaschen raubt, per Enkelkindmasche oder als falscher Polizist Senioren betrügt, ist Abschaum, das sind keine Diebe. Was ich tat, wollte ich nicht für immer tun, aber ich tat es damals aus voller Überzeugung. Einige wenige besitzen und häufen immer mehr an, als wir alle jemals durch normale Arbeit verdienen könnten, sie verschanzen sich mit dem ganzen Kuchen in ihren Palästen, obwohl es dieser Elite nicht wehtun würde, ein Stückchen auf dem Teller für uns zu belassen – oder wenn schon kein Stück vom Kuchen, dann zumindest ein wenig Sahne. Krümelchen? Nein, auch nicht? Scheiße! Gebt uns doch wenigstens die Kirsche. Im Jahr 2016 besaßen die 62 reichsten Menschen genauso viel wie die ärmere Hälfte der Weltbevölkerung! Der Dieb ist davon überzeugt, dass er für ein wenig mehr Gleichgewicht sorgt, doch kämpft er gegen rasende Windmühlen.

Kommen wir wieder zum eigentlichen Thema: Valdez junior hatte mich in eine verzwickte Lage gebracht. Ich wollte keinen Krieg und die Regeln der Diebe durfte und wollte ich nicht brechen. Ein Dieb verkauft keine Drogen. Mich einfach abziehen zu lassen, auf meine Anzahlung zu verzichten, damit konnte ich nicht leben. Ich benötigte Rat. Also musste ich den Mann anrufen, der mich die Mentalität der Diebe lehrte. Der Könige des Verbrechens. In das neue Handy steckte ich eine neue SIM-Karte und wählte eine der wenigen Nummern, die es wert waren, sie auswendig zu kennen. Es klingelte. In der Dominikanischen Republik war es gegen Mitternacht, also früh am Morgen im Norden Spaniens. Zwischen San Sebastián und Bilbao in seiner Heimat im Baskenland hatte er sich zur Ruhe gesetzt. Er ging ran und wusste, dass ich es war, denn die Nummer gehörte zu einem Handy, das er nur für Telefongespräche mit mir nutzte.

»*Hola hijo* – hallo, Sohn.«

»*Hola aita.*« Auch wenn er die meiste Zeit meines Lebens nicht da gewesen war, begrüßte ich ihn aus Respekt mit dem baskischen Wort für Vater.

Nachdem wir die üblichen Floskeln ausgetauscht hatten, erzählte ich meinem Vater, in welch misslicher Situation ich mich befand. Dann antwortete er: »Dummkopf, mach, was du am besten kannst. Hast du nichts gelernt?«

»Doch, aber …«

Sein Gelächter unterbrach mich, plötzlich verstummte er, ich hörte das Klicken seines Feuerzeuges, es folgte ein Rauschen, verursacht durch die Flammen. Dann zog er an einem seiner Cohiba-Zigarillos, redete nicht, behielt wahrscheinlich den Rauch eine Weile im Mund, wie er es immer tat, um die besonderen Stoffe des Tabaks zu genießen. Nachdem er den Rauch ausgestoßen hatte, sagte mein Vater:

»Nimm, was er liebt, und komme damit davon!«

Zeit für einen Plan

Es ging mir damals nicht nur um die Anzahlung, sondern vor allem darum, wie Valdez junior uns behandelt hatte. In der Vergangenheit hatte ich mich immer gerächt, wenn mir jemand Unrecht tat, warum sollte ich es diesmal nicht tun? Weil er gefährlicher und mächtiger war als die anderen? Nein, gleiches Recht für alle. Aber ich musste strategischer denken, um niemanden aus meiner Familie zu gefährden. Ich musste ihn schachmatt setzen, ohne dass er sich darüber im Klaren war, dass ich dahintersteckte. Doch wie?

Ich wusste, wie man mit Geldtransportern oder Banken ringt, wie man Autos klaut, Schlösser und Tresore knackt. Aber eine kriminelle Organisation um etwas zu erleichtern, das war eine andere Nummer. Im schlimmsten Fall landete man nicht hinter Gittern, sondern wurde zerstückelt oder in Säure aufgelöst. Daher musste man mit viel Fingerspitzengefühl an die Sache herangehen. In der Morgendämmerung joggte ich den Strand entlang – in der Hoffnung, dass mein Gehirn besser durchblutet würde. Was liebte jemand wie Valdez junior? Die Antwort lag auf der Hand. Macht. Er liebte es, mächtig zu sein. Geld ist Macht, nur die wenigsten bleiben an deiner Seite, wenn du kein Geld mehr hast. Geld kommt und geht, so wie Ebbe und Flut. Was wirklich schmerzt, ist, wenn du keinem mehr vertrauen kannst, wenn du alleingelassen wirst. Ich erinnerte mich, dass Valdez eine edle Uhr an seinem Handgelenk trug. Eine Patek Philippe. Die kaufen sich Uhrenliebhaber, deren Portemonnaie gut gepolstert ist. Aber eine Uhr zu stehlen, wäre nichts, was ihm wirklich schadete. Wer sich eine Patek Philippe leisten kann, leistet sich locker eine zweite oder dritte. Nein, es musste etwas anderes sein. Ich spurtete weiter den Strand entlang, rechts lag das Resort und von links vernahm ich das Getöse der in sich zusammenfallenden Wellen. Geld, es musste das Geld sein. Geld war der Treibstoff, der seine Maschinerie am Laufen hielt. Ich sprintete schneller, schneller, nun näher am Meer, meine Beine wurden nass, aber ich brauchte die Abkühlung. *Finde heraus, wo Valdez viel Geld lagert.* Don Valdez zu observieren, bis ich herausfand, wo sein Geld lag, könnte fruchtlos enden, denn genau wie ich musste er dafür sorgen, dass niemand die Spur seines Geldes witterte. Zeit blieb mir auch nicht, ich musste schnellstmöglich an die Information gelangen und war auf mich allein gestellt. Klar würden mir Ricky, Omar und Amado helfen, aber sie waren keine Diebe – die würden ihre Botschaft lieber in Bleiform ausdrücken. Keine Generäle und nur wenige Soldaten. Also benötigte ich einen Spion. Seit mehr als 2000 Jahren glänzt das Buch *Die Kunst des Krieges* von Sun Tzu mit der Erkenntnis, dass nur kluge Herrscher und weise Generäle in der Lage sind, zu erkennen, dass das höchste Wissen den Spionen zu verdanken ist und dass nur durch sie der größte Erfolg errungen werden kann.

Einen Spion aus Valdez' Reihen anzuwerben, könnte allerdings das letzte Mal sein, dass ich jemanden anwarb. Das war nicht das Gleiche wie bei einer Bank oder einem Geld- und Wertunternehmen. Eine Person einzuschleusen, war unrealistisch, das hätte zu viel Zeit gefressen – und am Anfang wäre der auch nur ein Laufbursche. Es musste ein stummer Spion sein, ein unbestechlicher Spion. Das war es! Mich durchfuhr ein Geistesblitz. Ich stürmte mit Klamotten am Leib ins Meer, schritt gegen die Wellen, schleuderte meine Hände durch das Wasser, warf die rechte geballte Faust in die Luft wie ein Boxer, der gerade seinen Gegner k. o. geschlagen hatte.

»Ich hab's!«, schrie ich. Zum Glück war der Strand um sechs Uhr morgens leer. »Erst geben, dann nehmen.«

Wenigstens wusste ich, dass Valdez in Santo Domingo wohnte. Also sagte ich meiner Frau, ich müsse für ein paar Tage in die Hauptstadt.

Sie fragte: »Warum?«

»Wegen des Kakaos, ich brauche Kontakte zum Hafen.«

Sie blickte mich zweifelnd an. »Vergiss nicht die Therapie deiner Tochter, die an deinem Geburtstag beginnt, bis dahin musst du wieder bei uns sein.«

»Das bekomme ich hin.«

»Versprichst du es mir?«

Ich zögerte.

»Asier, versprich es mir!«

»Versprochen.«

Oje, dachte ich, *das wird knapp*. Mir blieben nur sechs Tage.

Santo Domingos Barrio Chino liegt direkt nördlich der Kolonialstadt und ist eines von nur zwei chinesischen Vierteln in der Karibik. Die chinesischen Torbogen markieren den Anfang und das Ende des Stadtviertels, dort wimmelt es von Restaurants, Lebensmittelläden und Geschäften, in denen Haushaltswaren und Kleidung verkauft werden. Ich benötigte nichts davon, doch die Chinesen sind wirkliche Stars, wenn es um Besorgungen jeglicher Art geht.

»Asier, was willst du im Barrio Chino?«, fragte Amado. »Möchtest du Kung-Fu-Unterricht nehmen, um Valdez zu verprügeln?« Er lachte.

»Ha ha, du Clown! Komm einfach mit und lass mich machen.« Er zuckte mit den Schultern, und wir liefen durch ein chinesisches Tor in das Viertel, in dem mir kunstvoll gestaltete Mönchsfiguren und lebensgroße Löwenstatuen ins Auge fielen. In den ersten beiden Elektronikgeschäften konnte man mir nicht weiterhelfen, aber als ich dem Verkäufer des dritten Geschäfts das Foto auf meinem Handy zeigte, nickte er. Das zweite elektronische Gerät, das ich benötigte, kaufte ich in einem Spy-Shop, den mir mein Polizistencousin Marco empfohlen hatte. Onkel Pablo, der Künstler ist, borgte mir seine Airbrushpistole. Wir fuhren damit zu Amado nach Hause. Phase eins konnte beginnen.

* * *

Diesmal traf ich mich mit Valdez junior an einem öffentlichen Ort, um so ein Debakel wie auf seiner Hazienda zu vermeiden. Ganz sicher war es selbst in der Öffentlichkeit nicht, denn Schießereien sind in Santo Domingo keine Seltenheit. Im Zentrum des belebten Kolumbus-Parks steht eine Bronzestatue von Christoph Kolumbus. Dort saß ich auf einer Bank und sah, wie zwei schwarze SUVs auf der Straße stehen blieben und den Verkehr behinderten. Keiner wagte zu hupen. Dann stieg Don Valdez mit dreien seiner Männer aus, einer davon war Martínez – der Typ, der auf der Hazienda die Drogen geholt hatte, um uns zu zeigen, worum es ging. Sie liefen über den Platz zu mir. Die Autos hinter den SUVs mussten über den Bordstein fahren, um vorbeizukommen, weil Valdez' Truppe mitten auf der Straße parkte.

»Señor Rodríguez!«, rief Valdez aus der Entfernung und breitete seine Arme aus. Er trat auf, als gehörte ihm die Welt.

Ich stand auf und reichte ihm die Hand. »Señor Valdez.«

»Hast du dich schon entschieden?«

»Mein Entschluss steht noch nicht fest. Wissen Sie, ich bin ein Mann, der mit Kleinigkeiten anfängt, bevor er mit jemandem etwas Großes umsetzt.«

»Gut! Womit möchtest du beginnen?«, fragte Valdez und stemmte seine Hände in die Hüften.

»Ich benötige kurzfristig Bargeld.«

»Wofür?«

»Bitte fragen Sie mich nicht. Ich komme nicht, um zu betteln, sondern lasse Ihnen so lange ein Pfand da.«

Ich öffnete eine kleine Tüte, die ich von einer Parfümerie erhalten hatte, und zeigte Valdez einen 1000-Gramm-Goldbarren, der sich in einer »Certicard« befand, einer Verpackung, auf der in Grün geschrieben stand:

C. HAFNER, Edelmetall-Technologie, LBMA Good Delivery Refiner. Auf der Rückseite standen auch noch ein paar Wörter, doch das Wichtigste war, dass der Barren in der Verpackung ausgezeichnet aussah und glänzte.

»Don Valdez, der Goldkurs liegt momentan bei circa 40 000 Dollar das Kilo, ich brauche von Ihnen jedoch nur 20 000 für ein paar Tage, danach gebe ich Ihnen das Geld zurück – und Sie mir bitte meinen Barren.«

»Ich gebe dir die 20 auch ohne den Barren.«

»Nein, ich bestehe darauf, ansonsten nehme ich Ihr Geld nicht an.«

Er kam mir einen Schritt entgegen. »Denkst du, ich würde dich nicht finden, wenn du mich bestiehlst?«

»Señor Valdez, daran zweifle ich nicht, aber ich würde mich besser fühlen, wenn ich Ihnen etwas als Pfand gebe.«

»Na gut, wenn du unbedingt möchtest. Doch eine Sache: Ich gebe dir die 20, aber ich möchte 25 zurückhaben.«

Ich schmunzelte. »Das ist akzeptabel.« Er drehte sich um und ging, ich übergab seinem Handlanger Martínez die Tüte.

»Ich rufe dich heute Abend an«, kündigte Martínez an, »dann sage ich dir, wo du das Geld abholen kannst.«

»Alles klar.«

Die Narcos fuhren davon, ich drehte mich um und lief in die andere Richtung, bis ich an einer Straße ankam, an der Amados Cadillac parkte. Ich stieg ein. Amado, Ricky und Omar saßen drinnen und lächelten.

»Und? Wie läuft es?«

»Schau selbst«, sagte Ricky.

Er drehte den Laptop zu mir. Ich sah einen blauen Punkt, der sich durch eine Karte der Straßen von Santo Domingo bewegte.

Der von dem Chinesen besorgte 3-D-Drucker druckte zwei Replikateile eines C.-Hafner-Goldbarren aus Plastik, eine ausgezeichnete Requisite, außerdem die Verpackung für den falschen Barren. Ich musste die Goldbarrenteile mit Goldfarbe besprühen, dann den GPS-Sender und kleine Bleigewichte hineinlegen, damit der Barren genau 1000 Gramm auf die Waage brachte. Dann konnte ich die zwei Barrenstücke aneinander stecken, in der »Certicard« verpacken und zukleben. Auf die Verpackung kam dann die ausgedruckte Folie. Der gefälschte Barren von C. Hafner mit integriertem GPS-Sender war geboren. Heute Abend würde ich das Geld bekommen, hatte mir Martínez gesagt. Das hieß, er musste es an einem anderen Ort abholen. Ich hoffte, es war keine Bank, und ich hoffte, er würde meinen Spion genau da belassen, wo das Geld von Valdez lag. Ich ließ den blauen Punkt auf der Karte nicht mehr aus den Augen. Mein Spion sendete mir 24/7 die Informationen, die ich benötigte – und das könnte er die nächsten 20 bis 30 Tage fortführen. Doch ich hatte nicht vor, so lange zu warten. Es folgte Phase zwei.

Der blaue Punkt auf der Karte bewegte sich nicht mehr, nachdem er eine Stadtrundfahrt unternommen hatte, 30 Minuten später übergab mir Martínez das Geld. Danach fuhren wir zum GPS-Standort des gefälschten Barrens. Auf der Karte sah ich, wo der Spion deponiert worden war: in einer Cabaña. Da fiel mir wieder ein, dass Valdez senior mir erzählt hatte, dass er mehrere davon besaß.

Eine Cabaña ist eine Art Sexmotel: Man fährt mit dem Auto in eine Garage, ein Angestellter, der in einem Häuschen sitzt, sieht es und funkt die Zentrale an. Dann steigt man aus dem Auto, drückt einen Knopf, das Garagentor fährt runter und man geht ins Zimmer. Es gibt keine klassische Rezeption, alles läuft anonym ab, man bekommt einen Anruf auf das Zimmertelefon, und jemand fragt, wie lange man das Zimmer mieten möchte und was man benötigt. Eine Serviceluke öffnet sich, dahinter stehen ein oder zwei Angestellte, sichtbar sind lediglich ihre Hände. Meistens bezahlt man in Cash, nur mutige Ehegatten zahlen mit Karte. Speisen, Getränke und Kondome erhält man ebenfalls durch die Luke. Ideal, um es anonym krachen zu lassen, aber auch ein perfektes System, um Geld oder Drogendeals abzuwickeln und Dinge sicher zu deponieren. Sofern da nicht mein Barren wäre.

Auf der Hinfahrt zu der Cabaña achtete ich weiter auf das Signal, das ich über meinen Laptop verfolgen konnte. Der blaue Punkt hatte sich lediglich ein wenig verschoben, war aber immer noch dort. Wir parkten auf der anderen Straßenseite und liefen los. Das Signal verfolgte ich mit meinem Handy weiter. Das Signal war nicht mehr direkt in einer der Cabañas, sondern in einem anliegenden Gebäude.

»Was ist das für ein Haus?«, fragte ich Amado.

»Das ist die Rezeption«, antwortete er. »Die Zentrale, von dort wird alles betrieben.«

»Wir müssen da rein.«

»Aber wie?«

Ich zeigte auf die einzige Tür. »Das muss der Personaleingang sein. Siehst du den kleinen schwarzen Kasten neben der Tür?«

»Ja!«

»Da halten sie einen Chip oder eine Karte hin, um die Tür zu öffnen.«

»Ach so.«

»Lass uns mal in die Bar da gehen, das ist unauffälliger.«

Wir setzten uns auf die Terrasse der Bar direkt gegenüber des Cabaña-Komplexes. Reggaeton erklang über die Musikboxen, auf der Tanzfläche twerkten die Tänzerinnen mit ihren Hintern in die Leisten der Tänzer, es sah aus wie Sex in Klamotten. Von unseren Sitzplätzen auf der Terrasse konnten wir alles beobachten. Ein Kellner näherte sich unserem Tisch.

»Kein Alkohol, verstanden?«, machte ich klar. Die Jungs machten enttäuschte Gesichter.

»Vier Wasser bitte«, sagte ich. Der Kellner wirkte verwirrt und schmunzelte. Bevor er auf seinen Block schrieb, fragte er mich: »Mit Wasser meinst du Bier?«

»*No queremos cerveza, queremos agua* – wir möchten kein Bier, sondern Wasser.«

Er ging, ich hatte das Gefühl, er müsste erst mal einen trinken, um damit klarzukommen.

»Können wir nicht zumindest ein Bier trinken?«, fragte Amado.

»Nur eins«, fügte Ricky hinzu.

»Nein! Macht danach, was ihr wollt, aber erst mal ist Business angesagt. Schaut mal.« Ich zeigte auf die andere Straßenseite. Wie bestellt ging die Tür auf, jemand kam heraus, rauchte eine Zigarette und warf einen verzweifelten Blick in Richtung Bar. Er schaute auf seine Uhr und rauchte nicht mal die Kippe auf, sondern schnippste sie vor seine Füße und zerstampfte sie. Dann drehte er sich um, lief zurück zur Tür, legte einen Chip an den Scanner, wartete einen Augenblick und zog die Tür auf. Bevor er reinging, warf er noch einmal einen Blick Richtung Bar, schaute zu Boden und schüttelte den Kopf.

»*Coño!* Der Arme«, sagte Ricky, »der wäre lieber rübergekommen, um Party zu machen.«

»Der hat keine Lust zu arbeiten«, kommentierte Omar.

»Hätte ich auch nicht«, sagte Ricky, »schau dir mal die Frauen an.« Er zeigte auf die Tanzfläche.

»*Coño*, guck mal die, wie die sich bewegt.« Er biss sich auf die Lippen.

Ich schnippte mit den Fingern. »Das ist es!«

»Was denn?«

»Wir sorgen dafür, dass die Party zu ihm kommt. Ricky! Omar! Auf die Tanzfläche mit euch, wir benötigen ein paar *Chicas*.«

Das ließen sie sich von mir nicht zweimal sagen. Ricky ging zum DJ und brüllte ihm etwas ins Ohr. Dieser hob den Daumen, woraufhin Ricky ihm ein paar Scheine in die Hemdtasche steckte. Der DJ sprach ins Mikrofon: »*Señoritas y caballeros,* wollen wir mal sehen, ob wir heute echte Tänzer unter uns haben, denn der nächste Song ist nicht einfach irgendeine Salsa, sondern Kunst. Schnappt euch jeder eine Partnerin oder einen Partner und zeigt mir, wie ihr die Tanzfläche zum Brennen bringt. *Dale* – los!«

Dann erklangen die ersten Töne des angekündigten Songs und alle, verdammt wirklich alle jubelten. Es ertönte das Salsalied »El cuarto de Tula« von Buena Vista Social Club. Dann ging es los. Elegante Vorwärts- und Rückwärtsbewegungen, jeder Schritt auf den Fußballen. Die Hüften schwangen, Paare waren mal eng umschlungen, mal einen Schritt auseinander, jedoch stets durch die Hände verbunden. Im Rhythmus schnell-schnell-langsam, dann folgten zwei weitere schnelle Schritte und wieder ein langsamer Schritt, genauer gesagt eine Pause. Schnelle Drehungen und Wendungen, die Meute tanzte, als gäbe es kein Morgen. Ricky und Omar hatten damals im Auto nicht gelogen, sie führten ihre Partnerinnen nicht nur exzellent und setzten grandiose Schritte, nein, sie wurden eins mit ihnen, sie tanzten ihre Partnerinnen in Ekstase. Ich wunderte mich daher nicht, dass die beiden Chicas, vom Tanzen berauscht, Ricky und Omar zu unserem Tisch begleiteten. Mich wunderte auch nicht, dass sie auf mein Angebot eingingen, denn in meiner Heimat wird harte Arbeit schlecht bezahlt – und ich bezahlte sie für leichte Arbeit gut. Eine Hälfte im Voraus, die andere gäbe es danach.

»Spielt mit ihm, macht ihn heiß. Wie weit ihr gehen wollt, ist euch überlassen. Ich brauche nur zwei Sachen von ihm.«

Die Raubkatzen nickten. Es dauerte nicht lange, da stand der frustrierte Angestellte der Cabaña wieder vor der Personaltür, um eine zu rauchen. Doch diesmal warf er keinen Blick zur Bar. Wozu auch, die Party war ja geradewegs zu ihm gekommen. Die beiden Mädels flirteten ihn an. Sie waren wie zwei Leopardinnen, die sich auf ihre Beute stürzten. Ihm blieb keine andere Wahl. Er ergab sich seinem Schicksal, öffnete die Tür und ging dann mit seinen Händen an ihren Hüften und ihren Tatzen an seinem Hals, seiner Brust und seinem Hintern durch die Personaltür ins Gebäude. Nach nur fünf Minuten erschien eine der Frauen und öffnete mir die Tür. »Wo ist er?«, fragte ich.

»Meine Freundin ist mit ihm in eine Cabaña gegangen«, sagte sie. »Hier hast du die Karte und seine Kleidung.«

»Okay, danke, haltet ihn noch hin.«

»Machen wir.«

Ich trug eine Basecap, senkte meinen Kopf und schaute niemals nach oben, damit keine Kamera mein Gesicht erfasste. Äußerst vorsichtig bewegte ich mich durch die Flure von Etage zu Etage. Ich öffnete einige Türen, und es dauerte ein wenig, bis ich am Ziel war. Ich hatte mich von oben nach unten durchgearbeitet, gelegentlich sah ich andere Angestellte, aber diese beachteten mich dank meiner Kleidung nicht. Ein Zimmer blieb noch übrig. Ich öffnete die Tür und warf einen Blick hinein. Das Büro hatte keine Fenster, ein alter Monitor stand auf dem Tisch, ein Kalender hing an der Wand, ein Deckenventilator drehte sich und brummte. Dann ging ich einen Schritt hinein. Plötzlich stand er vor mir. Meine Augen scannten ihn von oben bis unten.

»Auf dich habe ich gehofft.«

Ich nahm mein Handy in die Hand. Der blaue Punkt war genau da, wo ich stand. Da ich in den oberen Etagen keinen Tresor gefunden hatte, musste ich richtigliegen.

Er war etwa 1,30 Meter hoch und musste um die 200 Kilo wiegen. Der Tresor war nicht im Boden verankert, denn ich konnte ihn ein kleines Stück anheben. Ich zückte mein Smartphone und fotografierte ihn. Phase drei konnte beginnen.

* * *

Die Sonne ging auf und aus den Nachbarhäusern erklangen bereits die ersten Reggaeton-Lieder. Das ist die Karibik, die Leute sind immer gut drauf, egal, wie beschissen es eigentlich ist. Wir waren in der Garage von Amado.

»Nimm den Hammer und schlag zu. Da, nein warte, ein wenig weiter nach links.«

»Hier?«

»Ja, perfekt. Und jetzt noch ein wenig Schmutz, da – und genau hier.«

»Zeig mal.« Ich gab Amado mein Smartphone.

»Perfekt.«

»Jetzt auf die Kiste und hochklappen, dann mit dem Hubwagen in den Transporter.« »Zum Glück konnten wir den gleichen finden«, sagte Amado.

»O ja! Keine Ahnung, was sonst wäre.«

»Die kommt auch rein.« Ich hatte eine Sauerstofflanze mit Tank, den ich mir wie einen Rucksack aufsetzen konnte, von einem Bauunternehmer gekauft. »Amado, damit schneide ich den Tresor auf wie mit einem Laserschwert.«

Wir warteten in der Nähe der Cabaña in Santo Domingo. Die beiden Leopardinnen lauerten wieder an der Personaltür auf den nächsten Angestellten. Ich ging davon aus, dass es diesmal genauso einfach klappen würde wie letztens, weil kein Angestellter der Cabaña den beiden Frauen widerstehen könnte. Amado und ich saßen im grauen Transporter, die anderen im Cadillac. Wir beobachteten gespannt die Szenerie. Die Personaltür schwang auf, und ein langer schmaler Typ mit Glatze trat heraus, um zu rauchen. Derjenige, den die Chicas bereits verführen konnten, hatte frei, die Mädels standen mit ihm in Kontakt. Die beiden stürzten sich flirtend auf ihr neues Opfer. Doch er winkte lächelnd ab. *Scheiße, nein, was ist da los?* Nachdem er seine Kippe geraucht hatte, ging er wieder hinein. Die beiden Mädels eilten auf ihren High Heels zu uns. Ich kurbelte das Fenster runter.

»Was ist los? Ist der verheiratet?«

»Nein«, sagte eines der Mädels. »Er steht auf Männer.« Sie kicherte. »Einer von euch muss gehen.« Beide kicherten.

Ich drehte mich zu Amado um. »Er ist schwul.«

»Oh, was machen wir jetzt?«

»Dürfen wir die eine Hälfte des Geldes behalten?«, fragte die eine.

»Ja.«

»Gracias, Papi.« Sie warf mir einen Kuss zu.

Die andere hielt sich ein imaginäres Telefon ans Ohr. »*Call me*«, sagte sie zu Amado. Dann verschwanden beide. Ich blickte ihn an. Er schmunzelte.

»Wann hast du ... ahh, ist auch egal.« Wir stiegen aus dem Auto, ich schlug die Tür zu. Die anderen stiegen aus und kamen zu Amado und mir.

»Was ist los?«, fragte Ricky.

»Er ist schwul.«

»Oh. Und jetzt?«

»Lass mich nachdenken.« Mir blieb keine Zeit mehr, ich hatte es meiner Frau versprochen. Ich musste eine Lösung finden. Wie konnten wir den Plan verwirklichen? Ich hatte alles perfekt durchdacht.

»Wir müssen einfach da rein, verdammt!« Ich trat gegen den Reifen des Transporters. Die Sonne ging unter, aus der Bar gegenüber erklang wieder Reggaeton-Musik. Am nächsten Tag würde die Delfintherapie meiner Tochter beginnen und ich musste Don Valdez das Geld wiedergeben.

Ich fasste mir an die Stirn, stieg in den Wagen, öffnete das Handschuhfach und nahm das Buch heraus, das mir mein Vater geschenkt hatte. *Die Kunst des Krieges.* »Nimm dieses Buch«, hatte er damals gesagt, »das wird dir im Leben weiterhelfen.«

Als ich den Titel las, glaubte ich nicht daran. »Was habe ich mit Krieg zu tun?«

»Es geht um Strategie. Das Leben ist ein Schachspiel, mein Junge.«

Er hatte recht. Seitdem ich dieses Buch gelesen hatte, behielt ich es immer in meiner Nähe. Wenn ich mal keine Lösung fand, schlug ich es auf. So auch an diesem Tag in Santo Domingo.

»Ist das dein Ernst? Du liest jetzt ein Buch?«, fragte mich Amado kopfschüttelnd.

»Geduldet euch.« Ich las und suchte, bis ich fündig wurde. *Krieg ist Täuschung.* »Amado, wir benötigen Jungs aus dem Barrio – und unseren Cousin Marco.«

»Endlich kommst du zur Vernunft, ich habe dir von Anfang an gesagt, wir müssen radikal zuschlagen.«

Action

Es war vier Uhr nachts am 24. November 2016. Drei weiße Toyota-Pick-ups bildeten eine Kolonne. Auf der Ladefläche saßen jeweils drei Männer mit kugelsicheren Westen, schwarzen Uniformen und Ballistikhelmen. Die drei Wagen waren von der Polizei, ihre Folierung bestand aus blauen Streifen, dem Schriftzug »Policía National« und dem Wappen der dominikanischen Polizei. Das Martinshorn blieb stumm, doch blaue Blitze schlugen um sich. Die Kolonne bretterte in die Einfahrt der Cabaña und bremste ab. Die Truppen sprangen von der Ladefläche, die Männer, die in der Autokabine saßen, stiegen aus und schmissen die Türen zu. Sie schnappten sich die Angestellten, die im Häuschen saßen, zerrten sie zum Personaleingang und ließen sie die Tür öffnen. Ein paar Polizisten blieben bei den Pick-ups. Kunden der Cabaña, die bereits fertig waren mit ihrem Geschäft und aus der Garage fahren wollten, rollten im Rückwärtsgang wieder hinein, als sie die Polizei sahen, und verschlossen die Garagen. Es dauerte fünf Minuten, dann bekamen wir über Funk Bescheid. Amado, Omar und ich saßen im schwarzen Transporter und beobachteten alles. »Kommt rein«, sagte Ricky über Funk. Er stand als Polizist verkleidet am Personaleingang, mit dem Funkgerät in der Hand, und winkte uns zu sich. Wir stiegen aus und rollten mithilfe des Hubwagens eine schwere silberne Kiste aus Metall über die Straße durch den Personaleingang ins Gebäude.

»Das ganze Personal ist in der Küche, ihr habt freie Fahrt.«

»Alles klar«, sagte ich, »kümmer du dich um die Videoaufnahmen, lösch alles!«

»Mach ich«, sagte Ricky, »ihr habt noch sieben Minuten.«

Nach sechs Minuten rollten wir mit dem Hubwagen aus der Personaltür über die Straße zurück zum Transporter und luden alles wieder ein. Omar und ich zogen uns die Uniform an, Masken, Ballistikhelme und kugelsichere Westen, dann zog er seine Waffe. Ich schnallte mir den Tank auf den Rücken und nahm die Sauerstofflanze in die Hand. Wir beide liefen über die Straße, während Amado mit dem Transporter wegfuhr. Aus der anderen Fahrtrichtung sah ich eine Kolonne von SUVs in Richtung Cabaña rasen. Da hatte wohl jemand Don Valdez schneller informiert als geplant.

Omar und ich standen neben dem Tresor im Büro der Cabaña. Zwei Jungs aus dem Barrio wachten auf dem Flur. Ricky saß auf dem Bürostuhl und hatte die Füße auf dem Tisch. Allesamt waren wir vermummt und verkleidet als Spezialkräfte der dominikanischen Polizei. Die anderen Truppen waren taktisch so verteilt, dass, wenn es Ärger geben sollte, sie Valdez' Leute sofort überwältigen könnten. Sie bewachten die Ecken sowie die Ein- und Ausgänge. Mit weit aufgerissenen roten Augen, ungekämmter Mähne und geballten Fäusten trat Valdez wutentbrannt in das Büro.

»Was ist hier los?«, brüllte er. Martínez war bei ihm, seine anderen Männer wurden von unseren Leuten daran gehindert, das Gebäude zu betreten. Ricky war der Wortführer.

»Sind Sie hier der Chef?«

»Ja natürlich, ich bin Don Valdez.«

Ricky nickte, erhob sich vom Stuhl und baute sich mit dem Gewehr in der Hand vor Valdez und Martínez auf. »Wir suchen nach Drogen, bis jetzt haben wir allerdings nichts gefunden.«

»Was für eine Frechheit, natürlich nicht«, schrie Valdez, »wir haben mit Drogen nichts zu tun.«

»Dann öffnen Sie doch bitte den Tresor, wenn Sie nichts zu verbergen haben – oder wir öffnen ihn selbst.« Ricky zeigte auf mein maskiertes Ich.

Valdez grinste. »Martínez, aufmachen.« Dann trat er einen Schritt näher an Ricky heran. »Ich werde euch alle verklagen.«

»Ich tue nur, was man mir befiehlt, Señor Valdez«, sagte Ricky.

»Patron, es geht nicht, er geht nicht auf«, meldete sich Martínez zu Wort.

Valdez funkelte ihn böse an. »Was, wieso nicht?«

»Ich gebe den Code ein, aber es tut sich nichts.«

»Weg da!« Valdez zerrte seinen Handlanger zur Seite und gab selbst den Code ein. Es tat sich nichts. Er probierte es noch einmal. Nichts. Noch einmal, wieder nichts. Valdez schlug sich auf die Wangen, als würde er träumen. »Was geschieht hier?«

»Es reicht!«, schrie Ricky und rammte Don Valdez seinen Gewehrkolben in die Kniekehlen. Valdez schrie, stürzte zu Boden und konnte sich gerade noch mit den Händen abstützen.

Ricky deutete auf mich. »Aufmachen.«

Alle außer Ricky, Don Valdez und mir stellten sich in den Flur. Valdez weigerte sich hinauszugehen. Er wollte alles sehen und setzte sich auf einen Stuhl. Ich machte mich ans Werk. Tresore öffnet man entweder beschädigungsfrei oder brachial. Wenn man keinen Schaden anrichten will, manipuliert man das Schloss. Man bohrt ein Loch in den Tresor, schaut mit einem Endoskop hinein und bearbeitet die Mechanismen des Schlosses. Elektroschloss, Zahlenschloss oder Schlüsselschloss, jedes wird auf seine eigene Art geöffnet. Was ich jedoch mit der Sauerstofflanze machte, hatte mit »beschädigungsfrei« nichts zu tun. Wie angekündigt schnitt ich ein rechteckiges Loch in den Tresor. Funken stoben umher, es qualmte und die Temperatur im Zimmer stieg an. Als ich fertig geschnitten hatte, verbog ich das noch glühende Metall mit einem Eisen und trat zur Seite. Valdez wollte aufspringen, doch Ricky schleuderte seinen Zeigefinger auf ihn zu.

»Sitzen bleiben!«

Valdez junior gehorchte und kaute an seinen Nägeln. Ricky trat an den Tresor heran und leuchtete mit seiner Lampe in das rechteckige Loch.

»Señor Valdez, hier sind keine Drogen.«

Valdez fing an zu brüllen: »Das weiß ich! Und ich werde euch …«

»Señor Valdez«, rief Ricky aus und unterbrach ihn. »Ich frage mich nur, wozu Sie einen Tresor haben, wenn nichts darin liegt.«

»Waaaas?« Valdez sprang vom Stuhl auf, stürzte zu seinem Tresor und blickte hinein. »Das kann nicht sein, das kann nicht sein!« Er raufte sich die Haare.

»Also war da doch etwas drin?«, fragte Ricky.

»Natürlich!«

»Mmhhh. Wer kannte außer Ihnen den Code?« Don Valdez drehte sich zu Martínez und warf ihm den Blick eines Folterers zu.

Es stellte sich heraus, dass Martínez doch nicht so unterwürfig war, wie es schien. Er bot Don Valdez die Stirn. Als Valdez ihn beschuldigte, hielt er ihm die ganzen Taten vor, die er für ihn vollbracht hatte. Amüsiert zogen wir uns die Show rein und hielten Valdez sogar zurück, als er Martínez attackieren wollte und einen Bürolocher nach ihm schmiss. Dann ließen wir die beiden Parteien allein und fuhren die Polizeiautos zurück, die uns mein Polizistencousin Marco besorgt hatte. Wir gaben die Klamotten wieder ab und trennten uns. Ricky, Omar und ich fuhren zu Amado. Er öffnete uns mit einem breiten Grinsen die Tür. Als Don Valdez immer wieder versucht hatte, den Code in den Tresor einzugeben, hatte ich mir die Zahlenkombination merken können. In der Garage, in der Amado den schwarzen Transporter geparkt hatte, entluden wir die Metallkiste und öffneten die Verschlüsse, sodass die Wände aufklappten und einen dumpfen Knall verursachten, als sie zu Boden fielen.

»Ich präsentiere euch den Tresor von Valdez junior«, sagte ich zu den Jungs, als führte ich ihnen ein Kunstwerk vor. Wir hatten die Tresore ausgetauscht. Als ich das erste Mal in das Büro gelangt war, in dem der Tresor stand, hatte ich Fotos gemacht. Danach kauften wir den gleichen Tresor, hämmerten die gleiche Macke in den gekauften hinein, wie der von Don Valdez sie hatte, und beschmierten ihn ungefähr an den gleichen Stellen mit Dreck. So glaubte Don Valdez, es sei sein Tresor gewesen, den ich als verkleideter Polizist aufgeschnitten hatte, und er glaubte, es sei sein Tresor, in dem sich kein Dollar mehr befand. So wollte ich Valdez dazu bringen, Martínez zu verdächtigen, ihn bestohlen zu haben – oder jemand anderen aus seiner Organisation. Ich tippte den Code ein und öffnete die Tresortür. Jackpot.

* * *

Wir hatten es in Deutschland mit anderen Therapien versucht: mit Pferden, Hunden und sogar mit Eseln. Leider brachten sie keinen Fortschritt in der Sprachentwicklung meiner Tochter. Als wir dann auf die Delfintherapie stießen, schöpften wir Hoffnung. Am selben Tag, nur wenige Stunden nachdem wir Valdez um sein Geld erleichtert hatten, begann die erste Therapiestunde. Meiner Tochter gefielen diese bezaubernden Wesen. Sie lachte bei jeder Bewegung der Delfine. Doch das Wunder, auf das wir hofften, kam nicht. Auch bei den nächsten Therapiestunden würde sich nichts tun. Doch das wussten meine Frau und ich an diesem Tag, meinem Geburtstag, noch nicht. Was ich auch noch nicht wusste, war, wie Valdez reagieren würde. Hatte er mich intuitiv in den Kreis der Verdächtigen genommen? Was würde er tun, wenn ich ihm seine 25 000 zurückgab und meinen Barren verlangte, von dem ich wusste, dass er ihn mir nicht mehr wiedergeben konnte? Die Antworten auf diese Fragen mussten noch warten, zuerst genoss ich das Festmahl, das mir meine Familie zum Geburtstag zubereitet hatte. Wieder erlangte ich Ruhe im Kreis meiner Liebsten, doch am nächsten Tag sollte ich erleben, welchen Zug Valdez als Nächstes setzte.

Ich saß erneut auf der Bank neben der Kolumbus-Statue. Drei schwarze SUVs fuhren vor, stoppten auf Fußweg und Straße und behinderten so den Verkehr. Doch niemand stieg aus. Im mittleren SUV wurde ein schwarz getöntes Fenster heruntergelassen, eine Hand kroch heraus und winkte mich zum Fahrzeug. Das erinnerte mich stark an die Drive-by- oder Kidnapping-Methode. Ich schüttelte den Kopf und blieb sitzen. Das Fenster wurde geschlossen. Dann stiegen aus allen drei Fahrzeugen insgesamt sechs Leute aus, Valdez folgte als siebter. Keiner davon war Martínez. Valdez hatte neue Leute um sich. Seine Aufpasser liefen zusammen mit ihm in meine Richtung. Diesmal breitete Valdez seine Arme nicht aus und lächelte nicht. Dann blieben sie auf halbem Wege stehen, ein Mann löste sich aus der menschlichen Mauer, trat an mich heran und tastete mich ab. Er zeigte den Daumen hoch und nach einigen Schritten stand Valdez vor mir.

»Hast du mein Geld?«

»Natürlich.« Ich gab einem seiner Männer eine Tüte von McDonald's. Er zählte nicht nach.

»Wenn was fehlt, finde ich dich.« Dann wollten sie sich umdrehen und gehen.

»Moment! Was ist mit meinem Barren?« Valdez blieb stehen, drehte sich wieder um und seine Leute taten es ihm gleich. Es kam mir vor, als wären sie durch unsichtbare Fäden miteinander verbunden. »Tja, mein Junge, sieh es als Lehrgeld an …«

»Aber Señor Valdez, abgemacht ist abgemacht. Ich habe Ihnen die 25 000 gegeben, also wo ist mein Barren? Ich dachte, wir machen zusammen Geschäfte.«

»*Muchachito*, lerne daraus. Du hast drei Fehler gemacht: Einer war, dass du allein hier hergekommen bist. Ein weiterer: Du hast mir das Geld zuerst gegeben. Obwohl, das ist auch egal, meine Leute hätten es dir auch so abnehmen können.«

»Und was war der dritte Fehler?«

Valdez trat näher an mich heran, seine Leute auch. Da sah ich, dass er sogar eine Schutzweste trug. Es schien also ordentlich Ärger in seiner Organisation zu geben. »Na ja, das konntest du nicht wissen«, sagte Valdez. »Ich habe einfach eine Vorliebe für Gold und habe beschlossen, deinen Barren zu behalten.«

Ich musste mich beherrschen, um nicht zu lachen. Valdez war vom Schach- zum Pokerspielen gewechselt und bluffte wie ein Weltmeister. »Aber Señor Valdez …«

Plötzlich zog einer seiner Leute einen Revolver aus seiner Hose und hielt ihn mir zwischen die Augen. »Verstehst du jetzt?«

Ich nickte, er steckte die Waffe wieder weg, sie drehten sich um, stiegen in ihre Autos und fuhren davon. Ich wandte mich ab und lief ein paar Meter, bis ich mich nicht mehr zusammenreißen konnte. Dann lachte ich, bis mein Bauch sich verkrampfte. Das Gesetz der Reziprozität ist das Gesetz der Verpflichtung, Gleiches mit Gleichem zu vergelten. Valdez hatte mich um die Anzahlung von 30 000 betrogen, es wäre nur fair gewesen, wenn ich ihm die gleiche Summe gestohlen hätte. Schande über mich, denn ich war nicht stark genug gewesen, um Nein zu sagen zu den ungefähr 840 000 Dollar, die in Valdez' Tresor lagen. Doch rechnen wir die Beleidigungen zu dem, was Valdez mir gestohlen hatte, die Drohungen und den Wortbruch, dann passte das schon. Außerdem mussten wir die Leute bezahlen, die uns geholfen hatten. Die Jungs aus dem Barrio, die sich als Polizisten verkleidet hatten, es waren insgesamt 18 Mann, bekamen 20 000 Dollar pro Person. Das waren schon 360 000 weniger. Mein Polizistencousin und sein Vorgesetzter – ohne die beiden hätten wir das niemals durchziehen können – teilten sich 60 000; 10 000 zog ich ab für meine Kosten. Den Rest teilten Omar, Ricky, Amado und ich unter uns auf. Wir hatten es geschafft. Valdez würde vorerst nicht bankrottgehen, das war klar. Aber er hatte etwas anderes verloren, etwas viel Wertvolleres: das Vertrauen in seine Leute. So etwas würde mir niemals passieren, für meine Leute konnte ich beide Hände ins Feuer legen, so fühlte und dachte ich damals.

Doch es sollten nur ein paar Wochen vergehen, da würde ich den gleichen Verlust wie Valdez erleiden. Der berühmte Flügelschlag des Schmetterlings war bereits erfolgt – und seine Wirkung breitete sich unaufhaltsam aus.

Zwischenspiel

Polizeipräsidium Essen, 04.12.2018.

Mit Dutzenden Plänen, Träumen und Alternativen hatte ich mich am Abend vor der Festnahme in das Kingsize-Bett gelegt, ohne zu ahnen, dass einige Stunden später ein Sondereinsatzkommando das Hotelzimmer stürmen, mich wie ein Paket zuschnüren und im Polizeipräsidium der Stadt Essen abliefern würde. Meine Pläne zerfielen zu einem Trümmerhaufen. Ein paar Fahrstreifen und zwei Bahnschienen trennen das Polizeipräsidium Essen vom Landgericht und der Staatsanwaltschaft. Die JVA Essen ist einen Steinwurf entfernt. Der Wagen, in dem ich und die drei maskierten Beamten saßen, fuhr durch eine Unterführung und parkte auf dem Innenhof des Präsidiums. Die drei Beamten waren Gentlemen, sie schnallten mich ab und öffneten mir die Tür. Dann gingen wir hinein, weiter durch einen Flur bis zu einem Fahrstuhl. Nach kurzer Aufwärtsfahrt öffnete sich der Fahrstuhl, wir traten hinaus und standen direkt vor einer Art Holztresen – ohne Hocker oder Zapfhahn. Auf der anderen Seite saß ein Polizist mit grauem Haar und Schnurrbart hinter dem PC.

»Wen habt ihr da?«, fragte er.

»Rodríguez Santos, Asier«, sagte einer meiner Begleiter und kramte aus einer Tüte meinen spanischen Reisepass hervor sowie den Roman *Der Graf von Monte Christo*, den ich hatte lesen wollen. Bald würde ich wahrscheinlich reichlich Zeit dafür haben. Zudem zog er meinen schwarzen Jogginganzug plus Schuhe aus der Tüte. Ich hatte im Hotelzimmer nicht mitbekommen, wie die Sachen gepackt worden waren. Prima Service, aber wahrscheinlich hatten sie das nur getan, damit ich nicht in Pantoletten und Mantel vor den Haftrichter trat. Ich kannte mich mit diesem beschissenen Prozedere aus. Als Erstes durfte ich mich umziehen, dann musste ich in den Raum für die erkennungsdienstliche Behandlung, zur Erfassung von biometrischen Daten. Zwei Beamte in Zivil empfingen mich, es standen alle möglichen Geräte herum: Computer, Laptops, Fingerabdruckscanner und Fotoapparate. An diesem Morgen war ich nicht in Fotoshootinglaune. Die Polizei besaß genug Fotos von mir.

»Keine Lust auf diesen Mist hier«, murrte ich daher.

»Wenn du keine Lust hast, dann geh doch dahin, wo du hergekommen bist.« Ich runzelte die Stirn. Mal abgesehen davon, dass ich eigentlich nirgendwohin gehen konnte, passte diese politisch nicht sehr korrekte Äußerung nicht in die Situation. »Deutschland hat doch nichts mit dem zu tun, was Sie hier mit mir vorhaben oder was Sie hier sagen. Sie sind doch nicht Deutschlands Stellvertreter.« Dann fügte ich hinzu: »Außerdem, dahin, wo ich herkomme, fliegst du gern in den Urlaub.« Ich grinste ihm zu.

Er presste seine Lippen zusammen, lehnte sich an den Bürotisch und verschränkte seine Arme. Sein Kollege sagte, ich solle mich erst hinsetzen und dann an die Leinwand stellen, damit er von mir Fotos schießen könne.

»Mach Sitz«, sagte der Bulle. Also blieb ich stehen.

»Okay, dann machen wir zuerst die Fotos im Stand. Einmal in die Kamera schauen, bitte.«

Ich schloss die Augen.

»Ey! Was soll das?«, blaffte der Typ mich an.

»Ich möchte nicht in die Kamera sehen, was wollt ihr machen?« Der Cop zeigte mir, was er machen konnte: Er packte mich, trat mir in die Kniekehle, drückte mich auf den Stuhl und versuchte mit seinen Händen, meine Augenlider aufzureißen. Sein Kollege schoss einfach die Fotos. Also kniff ich die Augen fester zu. Dann zog er mich an den Haaren, ich hielt die Augen weiter zu. Sein Kollege knipste noch ein paar Fotos, bis er sagte: »Komm, lass ihn, der entwischt uns sowieso nicht mehr, bring ihn runter.«

Wenn man heute den Namen Asier Rodríguez Santos bei Google eintippt, erscheint eines dieser schicken Fotos. Eine Bildbeschreibung würde ich ungefähr so formulieren: »Rodríguez, Augen geschlossen, Hand des Cops am Kopf.« Wir fuhren mit dem Fahrstuhl in das unterste Geschoss, in den Polizeigewahrsamstrakt. Der Beamte öffnete die Zelle, in der mich kein Kingsize-Bett, sondern eine Pritsche aus Holz mit einer Baumwolldecke erwartete. »Schuhe aus und rein!«

Ich gehorchte. »Wann geht's zum Haftrichter?«

»Gleich«, sagte er, schmetterte die Tür zu und schloss ab.

Ich legte mich auf die Pritsche und zog die Decke über mich. Meine Gedanken kreisten um mein Leben und um die Familie. Ob es ihnen wohl gut ging? Waren die Polizisten nett zu ihnen? Zumindest wurde die Tür nicht aufgesprengt. Wie ging es den anderen und ihren

Familien? Woher hatte die Polizei die ganzen Informationen? Welchen Fehler hatten wir gemacht, wann war alles außer Kontrolle geraten? In den letzten Wochen hatte ich Dutzende Fehler begangen und die Regeln gebrochen. Eine dunkle Vorahnung breitete sich in mir aus, doch ich verdrängte sie und schlief ein. Das Klirren und Knacken des Schlüssels im Schloss der Stahltür weckte mich.

»Rodríguez Santos, auf geht's zur Haftrichterin.« Diesmal war es ein anderer Polizist in Uniform. Wir fuhren mit dem Fahrstuhl hoch, stiegen aus und traten in den Innenhof. Vor einem Zivilwagen mit offenen Türen warteten zwei Polizisten. Einer mit Brille, der andere mit kurzem Haar. Der mit der Brille lächelte und wirkte auf Anhieb sympathisch. Ihm wurden meine Habseligkeiten übergeben. Der mit den blonden kurzen Haaren legte mir Handschellen an und steckte den Schlüssel in die Tasche seiner Kapuzenjacke. Dann stiegen wir ins Auto. Officer Brille war der Fahrer, der andere – nennen wir ihn Kommissar Kurzhaar – saß neben mir. Um zum Gericht zu gelangen, hätten wir einfach über die Straße laufen können, aber es gab wohl einen anderen Plan. Sie fuhren aus der Unterführung auf die Straße. In diesem Stadtteil von Essen kannte ich mich nicht aus, aber mir entging nicht, dass sie sich noch weniger auskannten, denn wir fuhren zweimal an der JVA Essen vorbei.

»Mist, hier sind wir doch schon gewesen. Hör mal, weißt du, wie wir zum Gericht kommen?« Ich dachte, er fragte seinen Kollegen, aber Brille meinte mich.

»Ähm. Ja, da vorne links, glaube ich.« Er fuhr tatsächlich nach links.

»Nee, ich glaube, du täuschst dich, hier waren wir auch schon.«

»Sind Sie nicht von der Essener Polizei?«

»Nein, wir sind woandersher. Bist du der, den sie im Hotel verhaftet haben?«

»Ja. Kennen Sie Herrn Schmitz?«

»Ja klar, du auch?«

»Ja.«

Er sah mich durch den Rückspiegel an, schmunzelte und fragte: »Beruflich oder privat?«

Wir beide lachten. Brille war sympathisch. »Bestimmt teuer, so eine Nacht in der Engelsburg.«

»Manchmal muss man sich was gönnen.«

»Ich ruf mal jemanden an«, sagte Officer Brille. Ich schaute aus dem Fenster, sah die Häuser und Straßen und fragte mich, wie lange ich mit meiner Tochter im Besucherraum einer JVA würde spielen müssen, anstatt mit ihr über Bürgersteige zu spazieren. Was ich dann tat, war intuitiv. Meine Handgelenke waren zwar gefesselt, doch ich konnte meine Finger an den Türgriff legen und die Tür öffnen.

»Eeeeyyyyy!«, brüllte Kommissar Kurzhaar. Er lehnte sich über mich und meine gefesselten Hände, um die Tür wieder zu schließen. Das war sein Fehler, denn ich griff unbemerkt in seine Tasche.

»Scheiße, warum hast du die Kindersicherung nicht reingehauen?«

»Ich dachte, du hättest das erledigt.« Kommissar Kurzhaar fuchtelte mit seinem dürren Zeigefinger vor meinem Gesicht herum. »Lass den Scheiß.«

Ich lächelte, nickte und versteckte etwas in meiner Hand.

»Ah, da haben wir es ja.« Vor uns erschien das Gerichtsgebäude, das durch eine Brücke mit der Staatsanwaltschaft verbunden ist. Ich schüttelte meinen Kopf, bestimmt teilten die sich dieselbe Kantine. Von wegen unabhängige Behörden. Einer meiner Anwälte, der früher mal selbst bei der Staatsanwaltschaft Essen gearbeitet hatte, sagte: »Gerechte Urteile in Essen? Pah! So etwas findest du da selten.«

Ich erinnerte mich daran – und auch daran, was ich selbst im Gefängnis erlebt hatte. Menschen, die kleine Kinder oder Frauen vergewaltigt hatten, wurden zu weniger Haftjahren verurteilt als Diebe, Räuber oder Narcos. Zu diesem Zeitpunkt war sogar der Besitz von Kinderpornos noch kein Verbrechen, sondern ein Vergehen. Als wäre das so etwas wie Kaugummis klauen.

Ich erinnerte mich an das vergangene Jahr, in dem ich unschuldig im Gefängnis gesessen hatte – und wieder freikam, aber erst nach fünf Monaten, obwohl schon viel früher absehbar war, dass die Justiz im Unrecht war. Als Entschädigung zahlten sie mir ein paar Tausender, als ob das Geld es wiedergutmachte, dass sie mich meiner Freiheit beraubt hatten. Sie hatten meiner Mutter den Sohn, meiner Frau den Mann und meiner Tochter ihren Vater genommen. Ich musste etwas tun, ich durfte nicht wieder für meine Familie zur Last werden. Das Lächeln meiner Tochter erschien vor meinem inneren Auge und bestärkte meinen Entschluss.

»So, Rodríguez Santos, keine Faxen, kapiert?«, sagte Officer Brille. Er hatte direkt vor dem Eingang des Gerichts geparkt. Der nächste Kavalier, Kommissar Kurzhaar, öffnete mir die Tür und ich stieg aus. Kurzhaar packte mich am rechten Arm, und Brille sortierte noch Papiere im Auto. Es war kühl, aber die Sonne schien. Ich sah das Gerichtsgebäude und die Schleuse direkt vor mir. Kurzhaar achtete nicht wirklich auf mich. Seine Augen scannten unsere Umgebung. Wahrscheinlich sorgte er sich eher darum, dass jemand käme, um mich zu befreien. Ich wollte testen, wie fest Kurzhaar meinen Arm hielt, wenn ich mich bewegen würde. Also tat ich so, als interessierte ich mich für die Umgebung und den Himmel, und drehte mich ein Stück nach links. Hinter uns sah ich eine Straße, die Haltestellen für die Bahn, die Gleise und wieder eine Straße, alles getrennt durch Zäune oder Straßengeländer. Doch das Wichtigste war: Kurzhaar hielt mich ganz locker! Brille schmiss die Autotüren zu und trat an uns heran. Wir drehten uns gemeinsam Richtung Gericht. Ich bemühte mich, konzentriert zu atmen, aber mein Herz raste. In mir wurde es immer heißer, ich drohte wie ein überhitzter Motor zu explodieren. Doch die Umgebung verlangsamte sich, ich erlebte alles in Slow Motion. Einen Augenblick sah ich nach rechts zu Kurzhaar. Danach warf ich Brille, der links von mir stand, einen Blick zu. Dann sah ich zum Gerichtstor. *Wenn du da durchmarschierst, ist es aus und vorbei, Asier. Aus und vorbei!*

Ich wusste, was ich zu tun hatte. Mir blieben nur noch wenige Meter bis zu meinem Ende. Ein Schritt auf das Eingangstor zu: der Schlüssel steckte, zweiter Schritt:

der Schlüssel war gedreht – noch zwei Schritte und es wäre aus –, dritter Schritt: Handschellen auf, ein Handgelenk reichte vorerst. *Der letzte Schritt. Jetzt oder nie! Wenn du es nicht zumindest versuchst, wirst du es jahrelang bereuen.* Mein Herz schrie, brüllte, ratterte, explodierte, ich schleuderte meinen Körper herum, stieß Kurzhaar von mir, entriss meinen Arm der Gewalt des Staates und rannte bei fließendem Verkehr blindlings auf die Straße. Tod oder Entkommen! Die Autos hupten und bremsten. Im vollen Lauf überquerte ich die Straße, sprang über das erste Straßengeländer, rannte über den Bahnsteig, trat hart auf die Schienen, stürmte weiter, kletterte über einen Zaun, trat noch härter auf die nächsten Schienen, dann hörte ich eine Bahn hupen. Ich sah mich nicht um und blickte auch nicht zur Seite, es gab nur ein Ziel – und das hieß vorwärts. Also schwang ich mich über das nächste Straßengeländer und fand mich auf der Straße wieder, vor mir schnell fließender Verkehr. Diesmal stürmte ich nicht direkt los, sondern lief links am Rand entlang. Ich warf meinen Kopf eine Millisekunde nach hinten und sah plötzlich Brille, er war genauso verrückt wie ich und über jedes Hindernis gesprungen. Jetzt war er nur noch wenige Meter entfernt und holte auf. Als wenn meine Situation nicht schon beschissen genug gewesen wäre, sah ich ein Stück weit die Straße hinunter auch noch einen Streifenwagen. Ich erschrak, doch dann fiel mir ein, dass die noch nichts wissen konnten. Meine Flucht hatte erst vor wenigen Augenblicken begonnen. Also blieb ich cool, und die Pkws verlangsamten sich Gott sei Dank so weit, dass ich über die Straße huschen konnte. Auf der anderen Seite angekommen, rannte ich wieder. Der Streifenwagen fuhr weiter, aber ich musste damit rechnen, dass Officer Brille ihn zur Unterstützung rufen würde. Das nächste Problem lag bereits vor mir: ein gerader Fußweg. Auf langer Strecke würden sie mich schnappen. Ich brauchte Hindernisse und Schlupflöcher. Links von mir lagen die Straße, der Bahnsteig und das Gericht, hinter mir hetzte Brille. Die Streifenpolizisten müssten sich ihm bald anschließen und kurz darauf würden die Cops aus allen Himmelsrichtungen über mich herfallen. *Wie komme ich bloß hier weg?* Rechts von mir reihten sich Häuser ohne Gassen oder Winkel, sie standen da wie eine Mauer, Haus an Garage, Garage an Haus. Mir blieb nur eine Chance, ein letzter Schachzug.

Wie hatte es nur so weit kommen können? Das war die Frage, die ich mir viele Tausend Male gestellt hatte. Ich musste immer wieder die vergangenen Jahre Revue passieren lassen, um zu verstehen, dass es so weit kommen musste.

Zurück nach Deutschland

Ende November 2016 war ich noch in der Dominikanischen Republik. Das Problem mit Valdez war aus der Welt geschafft. Ich konnte allerdings keine andere Investition mehr tätigen, denn ich hatte beschlossen, die letzten Tage in der Karibik mit meiner Familie zu verbringen. Glücklicherweise gibt es ein paar Banken in der Dominikanischen Republik, die nicht viele Fragen stellen, wenn es um die Herkunft von Bargeld geht, insbesondere nicht, wenn der Bankdirektor einen Obolus erhält und ein Notar schriftlich darlegt, dass die Gelder aus diversen Immobilienverkäufen stammen. Bevor ich nach Deutschland einreiste, würde der Freund eines Freundes, der Polizist war, überprüfen, ob gegen mich ein Haftbefehl vorlag. Nachdem ich ihm Bescheid gegeben hatte, dass ich in zwei Tagen Auskunft benötigen würde, fiel mir ein, dass ich Vollidiot bei dem ganzen Trubel komplett vergessen hatte, in den Entwurfsordner des E-Mail-Accounts zu schauen. Also fuhr ich mit einem Taxi zum nächsten Internetcafé, drückte dem Besitzer ein paar Pesos in die Hand, lief zum Computer und loggte mich ein, um zu lesen, was Ibo mir geschrieben hatte:

Wir müssen uns treffen! Die Halde ist nicht sicher. Alte Pferderennbahn. 23.11. 20:00 Uhr.

Wo warst du?

Melde dich!

Und die letzte Nachricht: *Polizisten waren bei mir zu Hause, müssen reden!*

Fuck! Warum tauchte die Polizei bei ihm zu Hause auf? Was würde mich dieser Fehler kosten? Ich hinterließ Ibo eine Nachricht: »Bin in zwei Tagen da, melde mich dann bezüglich Treffpunkt und Zeit. Alles wird gut, halte dich an die Regeln!«

Am nächsten Tag rief mich Amir an.

»Hey, Amir, wie geht's dir?«

»Gut, danke. Ich habe ihn.«

»Wo ist er?«

»Na ja, ich habe ihn nicht direkt. Noch nicht, aber zwei Mädels sind mit ihm über Facebook in Kontakt und haben ihn für das kommende Wochenende eingeladen, um ein wenig Party zu machen.«

»Alles klar, ich bin am Donnerstag wieder da. Wir schnappen ihn uns am Freitag.«

»Okay«, sagte Amir, »aber kein Wort zu Hamza.«

Ich überlegte, ob ich Amir besser widersprechen und Hamza über dieses Dilemma aufklären sollte, entschied mich jedoch dagegen. »Perfekt. Amir, wir klären das schon. Danke dir, also, bis die Tage.«

»Bis dann.«

Was sollte schon passieren, dachte ich, wir würden uns den Jungen schnappen und ihm eine oder maximal zwei Ohrfeigen verpassen. Wenn er wieder bei Sinnen wäre, würden wir gemeinsam mit ihm überlegen, wie er das Geld zurückzahlen könnte. Denn ich ging davon aus, dass das meiste davon bereits seine Nasenschleimhäute passiert hatte.

Die Standardpolizeidatenbank ist für jeden Polizisten zugänglich. Was für mich interessant war, war jedoch das System INPOL, worauf im Normalfall nur einige Behörden Zugriff haben. Dazu gehören das BKA, die Landespolizeidienststellen, die Bundespolizei, die Polizei des Deutschen Bundestags und die Zollbehörden. INPOL gibt verlässlich und schnell Antwort. Wer wird gesucht? Wonach wird gefahndet? Besteht ein Haftbefehl? Fahndet das Ausland? Liegt der Verdacht der Zugehörigkeit zu einer kriminellen Organisation vor? Ist der Wagen gestohlen? Der Polizist, der Freund meines Freundes, arbeitete in einer dieser Abteilungen. Er gab grünes Licht für meine Einreise nach Deutschland. Doch gab es noch eine Sorge. Wenn eine EK – also eine Ermittlungskommission – gegen einen ermittelt, gibt es eine verschlossene Akte. Auf diese haben nur die Mitglieder dieser Kommission Zugriff und jegliche Haftbefehle werden bis zum Moment des Zugriffs geheim gehalten. Warum ist das so? Weil die Ordnungsmacht weiß, dass es in ihren Reihen genug schwarze Schafe gibt. So stieg ich in Punta Cana in den Flieger, der mich nach Deutschland bringen sollte, ohne zu wissen, wer oder was mich dort erwartete.

Die Einreise verlief reibungslos. Für meinen Geschmack zu einfach. Auf dem Heimweg spukte es wieder in meinem Hirn. Der Zoll hatte uns und unsere Koffer nicht durchsucht. Das konnte ein Zeichen sein. Wenn die Ermittlungskommission der Polizei das große Netz auswirft, dann wartet sie, bis alle Fische – hoffentlich die dicksten – ins Netz schwimmen und sich sicher fühlen. Erst dann wird das Netz ruckartig eingeholt. *Asier, reiß dich zusammen. Zieh keine voreiligen Schlüsse.*

* * *

Daheim angekommen, nahm ich eine Dusche. Wir leerten die Koffer. Die ganze Zeit plagte mich der Gedanke an Ibos Nachricht. Ich konnte nicht länger warten. Im Schutz der Abenddämmerung schlich ich zu seinem Haus. Doch die metallene Tür des hohen Gartenzauns war verschlossen. Ich wollte nicht hinüberklettern. Wenn ein Nachbar mich dabei erwischte, könnte er die Polizei rufen – und wenn die mich hier bei Ibo anträfen, hätten wir ein Problem. Also ging ich wieder nach Hause und nahm aus meinem Werkzeugkasten einen großen Schlitzschraubenzieher mit hölzernem Griff. Damit schlich ich zurück zu Ibos Gartentor, setzte den Schraubenzieher in den kleinen Spalt zwischen Schloss und Rahmen und hielt die Tür fest an der Türklinke, damit sie nicht direkt aufschwingen konnte. Dann hebelte ich. Holz ist schwieriger aufzuhebeln, weil es splittert, doch bei der Metalltür zu Ibos Garten ging es wunderbar. Zack! Die Tür sprang auf. Wie in alten Zeiten. Ich betrat seinen Garten. Durch die längliche Fensterfront sah ich Ibo allein im Wohnzimmer vor dem Fernseher sitzen. Er hatte einen Scheinwerfer mit Bewegungsmelder an der Ecke seines Hauses angebracht. Damit der mich nicht erwischte, lief ich seitwärts mit dem Rücken am Zaun entlang, um nicht in den Radius zu gelangen. Als ich unter dem Scheinwerfer stand, drückte ich mit meinen Fingern von unten gegen den Sensor und verstellte seinen Radius. Jetzt würde er wahrscheinlich nur noch auf Vögel oder Riesen anschlagen. Ich stand vor der Terrassentür. Über Ibos Schultern lag eine Decke, er hielt eine Tasse in der Hand und hatte sichtbare Augenringe. Die Tränensäcke schienen angeschwollen. Ich hatte Mitleid mit ihm, der Mist war ihm wohl über den Kopf gewachsen. Ich tippte mit meinen Fingern an die Scheibe. Nichts. Dann klopfte ich. Doch er rührte sich nicht. Als ich anschließend mit der zusammengepressten Faust ein dumpfes Geräusch verursachte, erschrak er. Mit aufgerissenen Augenlidern und gestrecktem Hals starrte er wie eine Eule in die Dunkelheit. Also presste ich mein Gesicht gegen seine Scheibe, bis meine Nase platt war. Endlich sah er mich und öffnete die Tür.

»O nein! Nein, nein, nein, nein. Was machst du denn hier?«

»Ich habe deine Nachricht gelesen und mache mir Sorgen.«

»Wo warst du denn? Warum hast du nichts geschrieben? Die Polizei war hier!« Ibo starrte mich vorwurfsvoll an.

»Lass mich erst mal rein.«

»Du dürftest gar nicht hier sein. Was ist, wenn sie mein Haus überwachen? Was ist, wenn mein Sofa verwanzt ist? Und wenn dir jemand gefolgt ist?«

»Ibo!«

»Was ist, wenn ...« Er war völlig außer sich.

»Ibrahim!«

»Ja?«

»Lass mich rein.« Er trat zur Seite, ich ging hinein.

»Was wollten die?«, fragte ich.

»Wissen, warum ich in der Branche arbeite, wie meine Ehe läuft, wie lange ich in der Firma noch arbeiten möchte.«

»Einen Durchsuchungsbefehl hatten sie nicht, oder?

»Nein. Die sind auch zu anderen Angestellten gefahren.«

»Okay, dann ist ja nichts. Aber trotzdem gut, dass du dich gemeldet hast.«

»Das hat ja nichts gebracht, du warst nicht da.«

»Ibo, jetzt bin ich ja da.«

Er umklammerte seine Schultern. »Lass uns bitte den nächsten und hoffentlich letzten Job durchziehen.«

»Das machen wir. Hast du neue Informationen?«

»Ja! Es gibt ein neues Zeitfenster. Wir haben einen neuen Kunden auf der Route, einen Kunden davor, noch vor K+K.«

»Das bedeutet was genau?«

»Du hast 20 Minuten, wenn du es so machen möchtest, wie du es sagst. Aber wenn du es so machst, wie ich es vorgeschlagen habe, dann habt ihr drei bis vier Millionen plus noch ungefähr eine Million aus dem Geldtransporter. Natürlich nur in der Weihnachtszeit.«

Das hörte sich verdammt verlockend an. Fünf Millionen Euro.

»Aber Ibo, das würde heißen, ich müsste eine Regel brechen. Es könnte jemand zu Schaden kommen.«

Ibo sah mich eindringlich an. »Eine Million mehr! Eine ganze Million.«

»Ich melde mich die Tage bei dir.«

»Lass mich nicht mehr im Stich«, sagte Ibo.

»Das werde ich nicht.«

»Das hoffe ich auch. Es gibt andere, die würden den Job blind durchziehen.«

Ich schwieg und schaute Ibo tief in die Augen. Er starrte zurück und verzog die Lippen.

»Übrigens, ich habe den Bewegungsmelder deines Lichtstrahlers im Garten verstellt und deine Gartentür aufgehebelt. Also nicht wundern. Ich melde mich.«

Er lächelte. »Wolltest du mit mir reden oder dir meinen Anteil schnappen?«

Ich zwinkerte ihm zu und verschwand durch die Terrassentür in die Dunkelheit. Es war an der Zeit, mit Hamza zu sprechen und in die Planungsphase überzugehen. Aber zuerst wollte ich die Angelegenheit mit Amir klären.

* * *

Am nächsten Abend traf ich mich mit ihm in Marl. Es war gegen 23 Uhr. Ich parkte meinen Wagen und lief auf den Spielplatz, auf dem er auf mich wartete. Amir war nicht allein dort. Wir begrüßten uns und Amir stellte mir seinen Bekannten vor. Ich reichte ihm die Hand.

»Ich bin Asier.«

»Dennis«, sagte er. Als er sich vorstellte, sah er mir nicht in die Augen und gab mir keinen richtigen Handschlag, sondern einen schlaffen Händedruck. Dabei wirkte er kräftig, hatte breite Schultern und auffällig rotes Haar.

»Entschuldige uns für einen Moment.« Er nickte. Ich legte meinen Arm über Amirs Schulter und lief mit ihm ein Stück.

»In welchem der Häuser ist er?«

Amir zeigte auf ein Mehrfamilienhaus in einer Reihe von mehreren Häusern.

»Welches Stockwerk?«

»Dachgeschoss.«

»Ist er allein?«

»Nein, sein Kollege ist dabei.«

»Welcher Kollege?«

»Niemand Wichtiges.«

»Amir, was macht dieser Typ hier? Warum hast du ihn mitgenommen?«

»Wieso, was ist denn?«

»Wir brauchen den nicht. Ali hat doch sowieso Respekt vor uns, wenn wir kommen.«

»Denkst du, ich weiß das nicht?« Amir zuckte mit den Achseln. »Dennis ist einfach so da, er kennt Ali und wollte mitkommen.«

»Aber warum?«

»Ich weiß es nicht genau, aber ich glaube, die haben noch eine Rechnung offen.«

»Alles klar. Er soll sich zurückhalten. Wir sind nicht hier, um den Jungen zu ficken, es geht nur um das Geld.«

»Ja, ich weiß.«

»Damit eins klar ist: Ich sage, wie es läuft. Einverstanden?« Er nickte.

Wir gingen zurück zu Dennis und ich erklärte unser Vorgehen: »Wir gehen da jetzt hoch und sagen Ali, dass er bitte mitkommen soll. Ein, zwei Klatscher sind legitim, danach überlegen wir uns, wie er das Geld zurückzahlen wird. Verstanden?« Beide nickten.

»Sag den Mädels, sie sollen die Tür aufmachen.« Die Haustür summte. Ich öffnete sie mit meiner behandschuhten Hand.

»Lasst das Licht aus.« Wir liefen leise von Stockwerk zu Stockwerk, bis wir ganz oben ankamen. Aus der Wohnung hörte ich Musik und Gelächter, es roch nach Weed. Die Wohnungstür war einen Spalt weit geöffnet. Ein Lichtstreifen schien in den Flur. Ich drehte mich noch einmal um und erschrak. Dennis' Zähne leuchteten im Dunkeln, er grinste.

»Jungs, denkt daran«, sagte ich flüsternd, »ein, zwei Klatscher.« Beide nickten. Ich öffnete die Tür und sah ein Schuhregal, einen Teppich, einen Spiegel an der Wand und mir gegenüber eine verschlossene Tür. Dann schlichen wir hinein und gingen nach links. Einige Schritte weiter standen wir vor der Tür, aus der die Geräusche erklangen: Deutschrap und das Gelächter der Mädels. Außerdem hörte ich einen Typ, der lachte und sprach.

Ich wandte mich an Amir. »Hast du nicht gesagt, er wäre mit einem Kollegen da?«

»Ja, doch.«

Ich öffnete die Tür, die Mädels saßen auf der L-förmigen blauen Couch. Davor stand ein kleiner Glastisch, beladen mit Wodka-, Sekt- und Jägermeisterflaschen. Zwei schwarze Aschenbecher standen auf dem Tisch, außerdem ein Teller mit einem zusammengerollten 10-Euro-Schein, eine Wilkinson-Rasierklinge, mehrere weiße Linien und ein Häufchen Pulver. Vor mir stand ein schmächtiger Typ mit dem Rücken zu uns. Er war am

Rappen. »Digga, yeah yeah yeah, pushe für mein Leben gern.« Die Mädels schauten an ihm vorbei und auf uns. Er drehte sich um und sein Lächeln erstarb.

»Ey Digga, wer seid ihr denn?«

Ich ignorierte ihn. »Wo ist Ali?«, fragte ich eines der Mädchen.

»Auf der Toilette.« Sie zeigte in die Richtung, aus der wir gekommen waren. »Die Tür direkt gegenüber der Wohnungstür«, fügte sie hinzu.

»Ey, was wollt ihr von Ali?«, fragte der Rapper. Plötzlich schob sich Dennis an mir vorbei. Seine Faust knallte gegen das Kinn des Rappers. Der flog nach hinten und landete rückwärts auf dem Tisch mit den ganzen Flaschen. Einige flogen klirrend zu Boden und zersprangen. Die Mädchen kreischten lauthals. Eine brüllte »Amir, ich habe doch gesagt, nicht in meiner Wohnung!«

»Sei leise«, schrie ich zurück. Ich drehte mich zu Dennis, packte ihn am Kragen und drückte ihn gegen die Wand.

»Warum machst du das?« Er grinste. Amir hielt mich zurück. Dann spürte ich einen starken Luftzug. Die Tür! »Er haut ab!« Ich rannte aus der Wohnung. Im Treppenhaus angekommen, hörte ich laute flüchtende Schritte. Das musste Ali sein. Plötzlich donnerte jemand die Treppe hinunter. Es polterte und rumpelte. Dann war Ruhe. Keine Schritte, nichts. Wir standen alle mittlerweile im dunklen Flur. Ich schaltete das Licht an. Wir gingen zügig die Treppen hinab. Unten sahen wir dann, wie Ali in der Ecke lag, mit einer Platzwunde an der Stirn. Er war benommen oder bewusstlos, sein Kinn ruhte auf seiner Brust. Ich hielt mir die Hand vor den Mund. »Scheiße,

Jungs. Kommt, tragen wir ihn raus.« Amir und ich packten ihn und ich sah die Treppe hoch. Da stand Dennis und hatte wieder ein breites Grinsen im Gesicht. Was hatte der bloß gegen diesen Ali?

»Komm mal runter und hilf uns. Das hier ist deine Schuld.«

Er trödelte die Treppe herunter und lächelte nicht mehr. Jedenfalls schien er nicht sehr motiviert, dem Jungen zu helfen. Wir trugen Ali bis auf den Spielplatz und legten ihn auf eine Bank. Amir holte Wasser.

»Den hat es übel erwischt.« Er lag einfach auf der Bank, wie eine Leiche. Aber ich sah ihn atmen.

»Ey, was machen wir jetzt?«, fragte Amir.

»Keine Ahnung.«

»Sollen wir ihn ins Krankenhaus fahren?«

»Warte, lass mich nachdenken.«

Plötzlich beugte Dennis sich über den auf der Bank liegenden Ali. »Ey, was machst du da, Dennis, komm da weg.« Er hörte nicht. Ich packte seinen Arm und zerrte ihn vom Bewusstlosen weg. Dann drehte ich mich noch einmal zu Ali, und auf einmal war mir alles klar. Ich konnte es nicht glauben und musste lachen.

»Alles klar«, sagte ich, »hör jetzt auf mit der Show!«

»Mit wem redest du?«, fragte Amir.

»Ali, ich habe gesehen, wie du mich angeschaut und dann deinen Kopf wieder in die andere Richtung bewegt hast.«

Er rührte sich nicht und hielt plötzlich den Atem an. Das konnte ich hervorragend erkennen, denn aufgrund seiner Größe hatte man davor gesehen, wie er geatmet hatte. Ich nahm Amir die Flasche aus der Hand und schüttete Ali Wasser ins Gesicht. Ali erwachte zum Leben und setzte sich auf. Er holte tief Luft, zwinkerte tausendmal mit den Augen, als wäre er aus einem Traum erwacht.

»Wo bin ich, wo bin ich?«, stammelte er.

»Amir«, rief Ali, als hätte er nicht die ganze Zeit gewusst, wer sich hier mit ihm beschäftigt hatte. »Amir, Bruder, ich wollte dich heute noch anrufen, *wallah* – ich schwöre. Bruder, dein Geld. Ja, äh, da ist etwas passiert und, äh, wie soll ich dir das nur erklären? Bei uns zu Hause hat es gebrannt, ich musste neue Möbel kaufen.«

Ich schüttelte den Kopf. »Was willst du jetzt mit ihm machen, Amir? Wie willst du das Geld wiederbekommen?«

»Als Erstes mache ich morgen ein paar Handyverträge auf seinen Nacken. Drei bis vier iPhones springen dabei herum. Und dann miete ich eine Wohnung auf seinen Namen und bestelle Ware. Vielleicht nehmen wir noch einen Mietwagen auf seinen Namen und lassen den verschwinden und ausschlachten.«

Ich musste lächeln. Eines hatte Amir sich gut von uns abgeguckt: Wie man sein Geld von den Leuten zurückerlangt.

Plötzlich kreischte Ali. »Dennis! Was machst du hier?«

»Halt deine Schnauze«, schrie Dennis. Er ballte seine Fäuste und machte Anstalten, auf Ali zuzulaufen.

Ali redete panisch auf ihn ein. »Es tut mir leid, ich wollte sie dir damals nicht ausspannen!« Alles klar, daher wehte der Wind.

»Dennis, lass ihn in Ruhe«, sagte ich und stellte mich zwischen die beiden. »Vorerst gehört Ali Amir. Wenn du kannst, kauf doch seine Schulden, dann gehört er dir.«

Dennis sagte nichts.

»Außerdem hat der Junge schon ausreichend gelitten.«

»Genau!«, sagte Ali. »Ich blute.«

»Halt's Maul, Ali!« Dennis wollte sich auf ihn stürzen. Ich musste ihn zurückhalten.

»Jetzt ist Schluss mit dem Mist, es geht hier nur um das Geld. Amir, kann ich euch allein lassen, bekommt ihr das geregelt? Ich hab mörderischen Jetlag vom Flug und keinen Bock auf euren Mist.«

»Geh nach Hause. Ich kriege das geregelt, danke dir, Bruder.«

Ich kniff Amir in die Wange. »Für dich mache ich alles.«

»Ich hab Hunger«, sagte Ali, »bekomme ich einen Döner? Außerdem ist mein Gürtel kaputt«, fügte er hinzu.

Ich musste schmunzeln. »Gib mal her.« Er gab mir seinen kaputten Gürtel, ich begutachtete ihn. Dann zückte ich einen 50-Euro-Schein und drückte ihn Ali in die Hand. »Ich möchte dir nichts schuldig sein, Ali.«

»Danke«, sagte er.

»Gib dem Jungen seinen Döner.« Ich stieg in den Wagen und sah, wie die drei Jungs in Amirs Auto stiegen und davonfuhren. Mit einem guten Gefühl legte ich mich zu Hause ins Bett.

Katastrophe

Am nächsten Morgen bereitete ich das Frühstück für die Familie vor. Dann besprach ich mit meiner Frau, welche weiteren Therapiemöglichkeiten es für unsere Tochter gab.

»Ich werde später recherchieren«, versprach ich, »da gibt es etwas in Dubai.«

»Mach das, ich werde auch mal nachschauen.«

Dann bekam ich einen Anruf von Hamza. Äußerst komisch, so früh rief er nie an. Ich streckte mich und ging ran. »Guten Morgen.«

»Heute ist kein guter Morgen, Amir wurde festgenommen.«

»Was? Ich komme.«

Hamza schlug mit der geballten Faust auf den Tisch, sodass zwei Tassen vom Tisch flogen und auf dem Boden zersprangen. Wir saßen in einer leeren Shishabar. »Wieso hast du nichts gesagt? Du hättest damit zu mir kommen sollen. Wie konntest du Amir allein lassen?«

»Als ich von dort nach Hause fuhr«, antwortete ich, »war die Situation vollkommen entspannt. Woher hätte ich wissen sollen, dass so etwas passiert?«

»Du kennst doch Amir«, antwortete Hamza.

Er ballte erneut die Fäuste und sagte weiter nichts, also sprach ich: »Hamza! Wie ich dir bereits sagte, die Situation war entspannt. Außerdem wissen wir doch noch nichts, außer dass Ali im Krankenhaus gelandet ist.«

»Genau, und dass mein kleiner Bruder im Knast sitzt, weil du nichts gesagt hast.«

»Gib mir nicht die Schuld.«

»Doch, das tue ich.«

»Ali ist dafür verantwortlich, was redet der mit den Bullen?«

Hamza warf mir einen bösen Blick zu. »Weißt du, wie der Junge aussah? Wir sind ins Krankenhaus gefahren, um mit Ali zu reden und die Sache im Guten zu klären. Doch als wir in das Zimmer gingen, waren da schon zwei Cops. Der eine mit aufgeklapptem Laptop, der andere knipste Fotos von Ali. Der lag im Krankenhausbett – mit einem blauen Auge, angeschwollenem Gesicht und Verbänden an den Händen und Ellenbogen. Der Junge hat keinen anderen Ausweg gesehen, als sich der Polizei anzuvertrauen.«

»Oh.«

»Was heißt denn hier ›oh‹?«

»Ja. Oh. Scheiße gelaufen, trotzdem hätte der die Schnauze halten sollen.«

»Die Schnauze halten? Der Junge hatte Todesangst! Als ich das Zimmer betrat, ist er innerlich zehnmal gestorben. Wer weiß, was der den Cops erzählt hat. Und wie viele Jahre Amir jetzt im Knast verrotten muss. Meine Mutter weint ununterbrochen.«

»Denkst du, ich wollte, dass so etwas passiert?« Ich schlug mit der Hand auf den Tisch. »Nein, verdammt, das wollte ich nicht!«

Hamza warf den Tisch um und sprang auf. »Nein, aber du hättest mir das sagen müssen.«

»Hätte ich ja, aber ...«

»Kein Aber!«

»Amir ist auch mein kleiner Bruder.«

»Wenn er dein kleiner Bruder ist, wie konntest du so etwas nur zulassen?«

Ich sagte nichts. Hamza verpasste dem Tisch einen weiteren Tritt. »Morgen fahren wir zum Anwalt, dann wissen wir mehr«, sagte er.

Wir saßen im Anwaltsbüro und warteten. Dann ging die Tür auf. Der Rechtsanwalt trat herein. »Das sieht nicht gut aus, ganz und gar nicht gut.« Er schüttelte den Kopf, gab uns die Hand, warf sich in den Bürostuhl und schlug die Akte auf. »Lest euch das mal durch.« Er reichte uns ein rotes Schriftstück mit drei Seiten. »Das ist der Haftbefehl.«

Wir lasen gemeinsam. Als ich fertig war, konnte ich es kaum glauben. Das Dokument las sich wie eine Szene aus *Der Pate*.

»Aber so war das doch gar nicht«, sagte ich. Hamza warf mir einen mörderischen Blick zu. Dann wandte er sich an den Anwalt.

»Werden Sie die Haftprüfung beantragen?«

»Das mache ich«, sagte der Anwalt, »aber es wird nichts bringen. Wir müssen auf die Ermittlungsakte warten. Dann wissen wir mehr und können uns eine Strategie überlegen. Außerdem werden die Zeugen noch befragt. Der Junge und die zwei Mädels.«

»Falls wir die Sache hier verlieren«, fragte Hamza, »von wie vielen Jahren sprechen wir?«

Der Anwalt atmete tief aus. »Die Jungs sind einschlägig vorbestraft, das wird vor dem Essener Landgericht verhandelt, also ungefähr sechs bis acht Jahre.«

Die letzten Worte klangen in mir wie ein Echo wider. *Sechs bis acht Jahre, Jahre, Jahre ...*

»Ach ja«, sagte der Advokat, »die suchen wohl noch jemanden, eine dritte Person. Wisst ihr, wen?«

Hamza und ich tauschten Blicke aus. Ich sah den Anwalt an und verschränkte die Arme.

»Ja, mich.« Er warf mir einen erstaunten Blick zu, woraufhin ich fragte: »Was soll ich jetzt machen?«

* * *

Der Anwalt empfahl mir, zunächst nichts zu tun. Er meinte, Ali hätte mich direkt belastet, wenn er gewollt hätte. Dann wäre ich auch schon in Haft. Ich vertraute auf den Anwalt und flüchtete nicht mit der Familie ins Ausland. Wir warteten noch auf die Ermittlungsakte. Ein Monat verging und das Jahr 2017 hatte begonnen. Hamza besuchte seinen Bruder in der JVA Bochum und sagte mir, es gehe ihm gut. Amir hatte uns über seinen Anwalt ausrichten lassen, dass Ali bei seiner Aussage einiges erfunden hatte – einiges, nicht alles. Wir versuchten, Kontakt zu Ali aufzunehmen, über sein Umfeld, um die Angelegenheit außergerichtlich zu klären. Doch dieser Versuch war nicht von Erfolg gekrönt. Wir sprachen mit den Mädels, sie würden bei der Polizei und vor Gericht selbstverständlich die Wahrheit sagen, gaben sie uns zu verstehen. Bislang hatten sie jedoch noch keine Vorladung erhalten. Den Rapperfreund von Ali hatten wir noch nicht gefunden. Ansonsten sprach Hamza nicht viel mit mir. Allerdings hatte er mir erzählt, dass Salvatore kommenden Monat zurückkommen würde. Solange Salvatore als trojanisches Pferd eingesetzt war, kommunizierte er mit Hamza nur über einen E-Mail-Account, so wie ich mit Ibo. Vielleicht könnte er zwischen uns schlichten.

Mittlerweile hatten meine Frau und ich ein neues Ziel: In Dubai gibt es das Dubai Autism Center, in dem eine Vielzahl von Therapiemöglichkeiten für Kinder angeboten wird. Wenn wir das testen wollten, würde es bedeuten, dass wir nach Dubai ziehen müssten, was mir nur recht war. Vielleicht könnten wir dort einen Durchbruch erreichen, vielleicht würden die Therapien unserer Tochter helfen, sodass sie sprechen lernte. Außerdem liefert Dubai nicht aus. Also war das Ziel klar. Doch davor musste ich noch mehr Geld verdienen.

»Was ist mit deiner Umschulung?«, fragte meine Frau mich, als wir die Auswanderung besprachen.

»Ach, das ist kein Problem. Telelearning, mein Schatz. Und der Immobilienmarkt in Dubai boomt, also passt das schon.«

»Na dann. Wann können wir denn nach Dubai?«, fragte sie.

Ich überlegte. In der Weihnachtszeit drei bis vier Millionen, hatte Ibo gesagt. »Ende des Jahres! Bis Ende des Jahres sind wir dort.«

»Versprich es mir.«

»Versprochen.«

»Danke.« Meine Frau umarmte mich. Ich erwiderte die Umarmung und drückte sie fest an mich. Wir lösten uns voneinander und sie blickte mich an. »Kannst du noch was für das Mittagessen kaufen?«

»Klar, mache ich.« Ich fuhr los und kaufte Rucola, Champignons, Omega-3-Öl und Chilipulver – außerdem Eis mit Cookie-Geschmack für meine Tochter. Ich parkte das Auto direkt vor der Haustür, was eigentlich verboten war. Der Weg musste für die Feuerwehr oder für Notfallfahrzeuge frei bleiben. Mein Plan war, nur kurz die Einkäufe hochzubringen und dann zum Internetcafé zu fahren, um mit Ibo einen neuen Termin auszumachen. So schnell würde schon nichts geschehen. Vielleicht hatte Ibo ja noch einen anderen Job als Überbrückung bis zum Winter. Als ich durch die Haustür lief, tappte meine Tochter auf mich zu und zog an meiner Jacke, dann schaute sie in jede Tüte. Das tat sie immer, wenn ich durch die Tür kam, weil sie wusste, dass Papa ihr fast immer etwas mitbrachte. Ich übergab ihr das Eis, sie flitzte damit in die Küche zu ihrer Mutter, als hätte sie eine fette Beute ergattert. Plötzlich klingelte es an der Tür. Ich betätigte die Sprechanlage.

»Das Auto muss hier weg.« Das war der Hausmeister.

»Ja, mache ich jetzt«, antwortete ich. Ich übergab meiner Frau die Tüte. »Ich muss los. Bis später.« Ich verließ die Wohnung und lief die Treppe hinunter. Dann blieb ich für einen Augenblick stehen. Zwei Männer standen im Flur, direkt vor der geschlossenen Haustür. Wir schauten uns an. Ich wusste sofort, dass etwas nicht stimmte.

Trotzdem ging ich hinunter. Als ich gerade durch die Tür wollte, sprangen beide auf mich zu und packten mich. Ich wehrte mich und rang mit ihnen.

»Wer seid ihr?«, brüllte ich.

»Polizei«, antwortete einer. Dann drängten noch zwei weitere durch die Tür in den Flur. Sie überwältigten mich und legten mir Handschellen an. Sie zwangen mich hinaus, draußen sah ich noch drei Mann und einen schwarzen BMW 1er. Im Auto saßen ein Mann und eine Frau. Meine Frau öffnete das Küchenfenster. Sie blieb gefasst. »Wir lieben dich, Asier«, sagte sie, »alles wird gut.« Das gab mir ungeheuerliche Kraft.

»Könnten Sie bitte meiner Frau die Autoschlüssel geben?« Es waren nette Cops. Einer lief hoch, um ihr den Schlüssel zu geben.

»Ich liebe euch auch. Ruf den Anwalt an.«

Dann brachten sie mich in den Wagen. Wie immer war ein Platz auf dem Rücksitz reserviert. Eine blonde Frau saß neben mir. Ich erkannte sie wieder. Sie war bei der Durchsuchung wegen des Goldraubes vor ein paar Monaten dabei gewesen. Der Fahrer drehte sich zu mir um, auch er hatte ein viel zu vertrautes Gesicht. »Hallo, Rodríguez!«

»Hallo, Herr Schmitz.«

Sie fuhren mich direkt zum Amtsgericht in Recklinghausen. Zwei Beamte sperrten mich in eine Zelle mit einer Toilette aus Edelstahl sowie einem Tisch und einem Stuhl, beides am Boden befestigt. Nach einigen Stunden führten mich drei Gerichtsbeamte vor die Haftrichterin – im selben Gebäude. Die Richterin saß in ihrem Büro hinter dem Tisch, auf dem sich diverse Akten häuften. Ich setzte mich. Meine Hände waren gefesselt und lagen in meinem Schoß.

»Guten Tag, Herr Rodríguez Santos, gegen Sie liegt ein Haftbefehl vor.« Sie reichte mir das knallrote Schriftstück. Ich nahm es mit beiden Händen entgegen. »Bitte lesen Sie ihn durch.«

Dieser Haftbefehl sah anders aus als die von Amir und Dennis. Ich überflog den ersten Teil:

HAFTBEFEHL*

Gegen den Beschuldigten

Asier Rodríguez-Santos,
geb. 24.11.1993 in Santo Domingo, Dominikanische Republik,
*** ***
*** ***

wird die Untersuchungshaft angeordnet.

Er ist **dringend verdächtig**, am 17.12.2016 in Marl gemeinschaft lich durch dieselbe Handlung a) einen Menschen der Freiheit beraubt zu haben, wobei sie durch die Tat oder eine während der Tat begangene Handlung eine schwere Gesundheitsschädigung des Opfers verursachten, b) mit Gewalt gegen eine Person oder unter Anwendung von Drohungen mit gegenwärtiger Gefahr für Leib oder Leben eine fremde bewegliche Sache einem anderen in der Absicht weggenommen zu haben, die Sache sich rechtswidrig zuzueignen, wobei sie bei der Tatausführung ein gefährliches Werkzeug verwendeten, sowie c) eine andere Person mit einem anderen Beteiligten gemeinschaftlich, mittels eines hinterlistigen Überfalls sowie einer das Leben gefährdenden Behandlung körperlich misshandelt und an der Gesundheit geschädigt zu haben.

Dem Beschuldigten wird Folgendes zur Last gelegt:

Nachdem der Zeuge ***** sich zuvor einen Geldbetrag in Höhe von 1.000 € von dem gesondert verfolgten **** geliehen hatte,

* Es handelt sich um eine Abschrift des Dokuments inklusive der Fehler des Originals. Lediglich die Namen wurden unkenntlich gemacht.

das Geld in der Folgezeit jedoch nicht zurückzahlen konnte, lockte die Beschuldigte ***, auf Geheiß des gesondert Verfolgten ****, den Zeugen in den Morgenstunden des 17.12.2016 in ihre Wohnung am Platz der Freiheit 3 in Marl.

Als es klingelte öffnete die gesondert Verfolgte dem Beschuldigten, den gesondert Verfolgten **** und ** sowie zwei bislang unbekannt gebliebenen Mittätern die Wohnungstür und gewährte ihnen Einlass. Sodann begab sich der gesondert Verfolgte ****, aufgrund einer dahin gehenden Abrede mit dem gesondert Verfolgten **, dem Beschuldigten sowie den übrigen Mittätern, zu dem Zeugen, hielt ihm ein Messer vor und forderte ihn auf mitzukommen. Zuvor hatte der Beschuldigte dem Zeugen eine Pistole gezeigt, die er im Hosenbund mit sich führte. Im Treppenhaus trat dann der Beschuldigte oder einer der Mittäter dem Zeugen in den Rücken, wodurch dieser zu Fall kam und die Treppe hinunterstürzte. Im Anschluss daran zogen sie den Zeugen an den Füßen durch das Treppenhaus. In einer Ecke des Treppenhauses schlugen und traten sie dann auf den Zeugen ein, währenddessen dem Zeugen sein Mobiltelefon der Marke Bea Fon von dem Beschuldigten aus der Hosentasche genommen wurde.

Vor dem Wohnhaus angekommen wurde der Zeuge unter Vorhalt eines Messers und einer Pistole dazu gezwungen, in einen Pkw einzusteigen, wobei der gesondert Verfolgte **** dem Zeugen das Messer vorhielt. Ferner äußerten der Beschuldigte und seine Mittäter gegenüber dem Zeugen, dass er »Stiche abbekommen werde«, wenn er nicht einsteigen würde. Darüber hinaus versetzte der Beschuldigte dem Zeugen Schläge mit einem Gürtel, um ihn zum Einsteigen zu bewegen. Eingeschüchtert durch die Schläge und Drohungen setzte der Zeuge sich auf den Beifahrersitz des Pkw.

Als der gesondert Verfolgte **** an einer Ampel anhalten musste, nutzte der Zeuge die Gelegenheit und verließ den Pkw. Daraufhin äußerte der gesondert Verfolgte **** gegenüber dem Zeugen, dass er ihm die Finger abschneiden werde, wenn er nicht wieder einsteigen würde. Eingeschüchtert durch diese Drohung bestieg der Zeuge das Fahrzeug erneut. Während der Fahrt äußerte dann der gesondert Verfolgte ** gegenüber dem Zeugen, dass er sich ruhig verhalten solle, da man ihn ansonsten umbringen würde. Dabei konnte der Zeuge sehen, dass der gesondert Verfolgte, der im Pkw hinter ihm saß, bereits ausgeholt hatte, um ihm mit dem Messer in den Hals zu stechen. Daraufhin sprang der Zeuge aus Angst aus dem fahrenden Auto und versuchte zu flüchten. Allerdings verließen die gesondert Verfolgten ebenfalls das Auto, ergriffen den Zeugen und schlugen auf ihn ein. Als Anwohner auf die Geschehnisse aufmerksam wurden, ließen die gesondert Verfolgten von dem Zeugen ab und flüchteten.

Der Zeuge erlitt durch die Gewaltanwendungen ein Schädelhirntrauma sowie ein traumatisches Gesichtshämatom am rechten Auge.

Verbrechen und Vergehen nach §§ 223 Abs. 1, 224 Abs. 1 Nr. 3, 4 und 5, 239 Abs. 1, 3 Nr. 2, 249 Abs. 1, 250 Abs. 2 Nr. 1, 25 Abs. 2, 52, 74 StGB

Der dringende Tatverdacht ergibt sich aus den Angaben des Zeugen *****.

Es besteht der **Haftgrund** der Fluchtgefahr (§ 112 Abs. 2 Nr. 2 StPO)

Der Beschuldigte hat in Hinblick auf die Schwere des Schuldvorwurfs im vorliegenden Verfahren mit der Verhängung einer langjährigen, vollstreckbaren Freiheitsstrafe zu rechnen. Es besteht daher die Gefahr, dass er sich dem vorliegenden Verfahren durch Untertauchen entziehen wird. Dies gilt insbesondere in Hinblick auf die erheblichen Vorstrafen des Beschuldigten. Zuletzt verurteilten ihn das Amtsgericht Marl in dem Verfahren 7 Ls **/** am 17.10.2012 wegen schweren Raubes u.a. zu einer Einheitsjugendstrafe von 4 Jahren und 6 Monaten und das Amtsgericht Recklinghausen in dem Verfahren 23 Ds ***/** am 11.07.2016 wegen Diebstahls zu einer Geldstrafe von 90 Tagessätzen zu je 20 Euro.

Die Haft ist angesichts der Schwere des Schuldvorwurfs und der zu erwartenden Freiheitsstrafe auch **verhältnismäßig**; weniger einschneidende erfolgsversprechende Maßnahmen zur Verhinderung einer Flucht sind nicht ersichtlich.

Essen, 19.01.2017

***

»Das ist alles erstunken und erlogen«, sagte ich, »haben Sie mal die anderen Haftbefehle gelesen?«

»Nein, Herr Rodríguez Santos, Sie etwa?« Ich schwieg, also fügte sie hinzu: »Haben Sie einen Verteidiger?«

Wir erreichten meinen Rechtsanwalt, der mir sofort klare Anweisungen gab: »Du sagst nichts, kein Wort.«

»Die Scheiße ist gelogen, ich habe mir den Haftbefehl durchgelesen. Das stimmt von Anfang bis Ende nicht.«

»Ja, das mag sein«, sagte mein Anwalt, »aber es bringt nichts, egal, was du sagst, die lassen dich heute nicht gehen. Also sag nichts. Ich komme dich die Tage besuchen. In welche JVA bringen sie dich?«

»In welche JVA bringen Sie mich?«

»Wohin geht er?«, fragte die Richterin einen Justizbeamten.

»JVA Essen«, antwortete dieser.

Ich gab die Info an meinen Anwalt weiter.

»Alles klar, ich komme dich besuchen. Kopf hoch, Junge.«

»Okay, danke.« Ich legte auf.

»Möchten Sie sich dazu äußern?«, fragte die Richterin mich. »Oder machen Sie von Ihrem Schweigerecht Gebrauch?«

»Ich schweige.«

Ein paar Stunden später holte mich ein blauer Gefangenenbus ab. Ich stieg hinein. Wir fuhren Richtung Autobahn, an meiner Siedlung vorbei – wo meine Tochter sich bestimmt fragte, um wie viel Uhr Papa nach Hause kam. Und ob er eine Tüte mitbringen würde, in der wieder Eis für sie war oder vielleicht Spielsachen. Doch Papa würde nicht nach Hause kommen. Nicht an diesem Abend – und auch nicht an den darauffolgenden.

* * *

Die JVA Essen wurde auch »das Loch« genannt und stellte wortwörtlich ein Drecksloch dar. Die Zellen waren zumeist alt und schmutzig, die Wände von Häftlingen mit Kugelschreibern beschriftet und mit Popeln beschmiert worden. Die Schaummatratzen waren gelb von Pisse und Schweiß. Die meisten Justizbeamten waren schlecht gelaunt und überfordert, zudem ist die JVA Essen damals unterbesetzt gewesen. Ein einziger Schließer war manchmal verantwortlich für eine Schiene, also ungefähr 50 Häftlinge. Eine Stunde am Tag durfte man hinaus in die Freistunde. Die Freistundenhöfe versetzen einem jedes Mal eine Ohrfeige, wenn man sie betritt. Es gibt zwei Höfe, die für die Freistunde genutzt werden. Beide befinden sich innerhalb des Gebäudekomplexes und sind umschlossen von den Hafthäusern. Um einen herum sieht man also nur die Wände des ungefähr fünfstöckigen Gebäudes samt den vergitterten Fenstern. Das Einzige, was man von der Außenwelt wahrnimmt, ist der Himmel – und hin und wieder ein Flugzeug. In die Freistunde gingen auch die vielen Drogensüchtigen, die mich an die Zombies aus *The Walking Dead* erinnerten. Sie hoben Zigarettenstummel vom Boden auf, rauchten manche und steckten andere ein. Für später.

Meine Zelle lag auf B1. B steht für Hafthaus und 1 für die Etage. Ich absolvierte mein tägliches Trainingsprogramm mit meinem eigenen Körpergewicht und schwelgte in Erinnerungen an zu Hause, dachte an meine Familie. Ich lächelte, ein Moment der Freude, der nicht lange währen sollte. Der Schlüssel knatterte und klirrte im Schloss, ich erschrak. Die Tür wurde aufgerissen, kein Klopfen, kein »Entschuldigung«. Egal, wie oft die Zellentür auf- oder zugeht, man gewöhnt sich niemals an das donnernde Geräusch. Und ebenso wenig an den plötzlichen Eingriff in die Privatsphäre.

»Rodríguez! Besuch«, sagte der Beamte.

»Von wem?«

»Anwalt.«

Der Rechtsanwalt hielt sein Versprechen, er kam mich besuchen und brachte mir direkt die Ermittlungsakte mit. Wir saßen im Besucherraum.

»Was ist mit Hamza, hat er sich gemeldet?«

»Nein.«

Ich senkte meinen Kopf.

»Das ist auch erst einmal nebensächlich«, sagte der Anwalt. »Kopf hoch, Rodríguez, wir müssen uns auf deine Verteidigung konzentrieren.«

Er zeigte auf die Akte. »Ich leg' mal los, okay?«

Ich nickte. »Sehr schlimm?«, fragte ich.

Der Anwalt presste die Lippen aufeinander, runzelte die Stirn. »Es geht, es geht.«

Dann legte er los, und ich merkte schnell, wie sehr der Anwalt mit dieser Aussage untertrieben hatte. Laut dem ersten Vernehmungsprotokoll habe sich Ali abends mit seinem Freund getroffen. Sie hätten beide wohl Alkohol getrunken. Und da beide Langeweile hatten, habe er von dem Handy seines Kollegen ein Mädel angerufen. Eines der Mädels, mit denen Amir ihn in die Wohnung gelockt hatte. Das fand ich ein wenig merkwürdig. Ich wusste, dass das Mädel Ali angeschrieben hatte – und nicht er sie. Aber gut, damit fiel die Lockmethode schon mal als Vorwurf weg.

Gegen Mitternacht seien beide zu der Wohnung des Mädchens gefahren. Dort hätten sie eine weitere Freundin angetroffen. Die Mädchen seien komisch gewesen, gab Ali in seiner Aussage an. Sie entspannten eine Zeit lang in der Wohnung. Später habe es geklingelt. Das Mädel habe die Tür geöffnet und sei wieder zurückgekommen. Hinter ihr erschienen daraufhin fünf bis sechs Personen in der Wohnung. Die hätten Messer in den Händen gehalten sowie Schusswaffen und Pfefferspray. Zwei der Personen konnte er mit Vornamen benennen: Amir, dem er noch Geld schulde, und mich. Amir habe ein Messer in der Hand gehalten und gesagt, dass er und sein Freund mitkommen sollten. Ali solle daraufhin geantwortet haben, dass sein Freundeskreis nichts mit den Schulden zu tun habe. Sein Freund durfte daraufhin in der Wohnung bleiben.

Bis dahin entsprach bereits die Hälfte nicht der Wahrheit, doch was Ali anschließend zu Protokoll gab, sprengte alles: Wir hätten ihn im Hausflur die Treppe hinuntergestoßen, auf ihn eingeschlagen, ihn gegen den Kopf getreten, an den Füßen gefasst und die letzten Stufen hinuntergezogen, dann zum Auto getragen, den Kofferraum geöffnet und ihn dort hineinwerfen wollen. Aufgrund seiner Größe sei uns dies nicht gelungen, weswegen er hinten im Fahrzeug hätte Platz nehmen dürfen. Dann hätten wir ihn im Auto weiter drangsaliert und bei hoher Geschwindigkeit aus dem Auto auf die Straße geworfen und wieder eingesammelt, um ihn diesmal vorne Platz nehmen zu lassen. Auf dem Beifahrersitz. Zu guter Letzt soll jemand von der Rückbank aus versucht haben, ein Messer in seinen Hals zu rammen, woraufhin er freiwillig bei hoher Geschwindigkeit aus dem fahrenden Pkw gesprungen sei. Wir hätten angehalten, um ihn auf der Straße noch einmal zusammenzuschlagen. Dann konnte er plötzlich fliehen. Jemand habe die Polizei gerufen und die hätten ihn aufgegabelt und einen Krankenwagen gerufen. Im Krankenhaus schilderte er der Polizei die Geschehnisse.

Wieder in meinem Haftraum angekommen, legte ich mich hin und starrte die Decke an. Wie sollten wir aus dem Mist nur wieder rauskommen? Mir kam Ibo in den

Sinn. Der starb bestimmt fast vor Sorge, weil ich mich nicht meldete. Ich musste hier raus. *Kopf hoch, Rodríguez.* Ich erinnerte mich an die Worte des Anwalts, stand auf und befahl mir, weiterzulesen. Das Vernehmungsprotokoll umfasste etwa 200 Seiten. Dann fand ich einen ersten Hinweis. Da stimmte doch was nicht. Es blieb nicht bei der einen Aussage. Ali war noch einmal auf das Polizeirevier gefahren und hatte noch etwas ausgesagt. So schlecht konnte es ihm ja nicht gehen, wenn er keine zwei Tage später das Krankenhaus verlassen hatte. Bei der zweiten Aussage bearbeitete bereits unser Freund Schmitz den Fall. Und später war Ali wieder bei Schmitz gewesen, um die nächsten Angaben zu tätigen. Ich verglich die drei Aussagen miteinander, blätterte hin und her. Dann markierte ich die Stellen mit dem Textmarker. Das könnte alles ändern.

Ein Handy im Knast kostet oft das Zehn- oder Zwanzigfache des normalen Preises. Ich besorgte mir eins und rief Hamza an.

»Ja, ich bin es«, flüsterte ich in den Hörer.

»Wer?«

»Ich!«

»Ach so, wie geht's dir?« Er hörte sich nicht begeistert an.

»Na ja, geht so. Aber ich habe gute Nachrichten.«

»Erzähl.«

»Hast du dir die Akte durchgelesen?«

»Nein.«

»Nein?«

»Warum denn? Wofür bezahlen wir denn die Anwälte?«

»Pass auf, Alis Aussagen widersprechen sich ohne Limit.«

»Das weiß ich schon.«

»Nein, nein, er hat bereits dreimal ausgesagt und seine Aussagen widersprechen sich.«

»Was denn für Widersprüche?«

»Lies die Akte, dann siehst du es. Ich möchte das jetzt nicht am Telefon besprechen.«

»Mache ich.«

»Es wäre gut, wenn wir Stellung nehmen würden, damit unsere Aussage gegen seine steht. Amir und der andere sollen auch die Aussage widerlegen, ich sei da angeblich noch mit meinem Wagen hinterhergefahren. Ich bin ja weggefahren. Verstehst du?«

»Was? Pass mal auf, du bist mit schuld. Du hättest zu mir kommen sollen.«

»Ich gebe dir recht, Hamza, aber ich rede doch jetzt von etwas anderem.«

»Du willst dich retten. Ein paar Jungs haben mir erzählt, du hättest Amir aufgehetzt, den Ali unbedingt zu finden.«

»Was laberst du da? Ich habe Amir gesagt, er soll ihn finden, ja, aber denkst du, ich wollte, dass so etwas dabei herauskommt? Mein Ziel ist es nun, Alis Aussage zu widerlegen, lies die Akte.«

»Das mach ich, aber eins sage ich dir: Entweder kommen alle raus – oder keiner. Und jetzt ruf mich nicht mehr an.«

»Was?«

Hamza legte auf. Ich rief ihn zurück, und er drückte mich weg. Für mich brach eine Welt zusammen. Nach so vielen Jahren hätte ich nicht erwartet, dass er sich mir gegenüber so verhalten würde. Nicht nach alledem, was wir erlebt haben. Die nächsten Tage rief ich Hamza an, aber er drückte mich wieder weg. Ich fühlte mich im Stich gelassen. Dann erinnerte ich mich zurück an unsere Kindheit und an den Tag, als wir uns das erste Mal begegneten. Und an die ersten krummen Dinger.

Harte Schule

Marl-Mitte ist ein Stadtteil, der hauptsächlich aus Hochhäusern, einem Bahnhof und dem Marler Stern besteht, einem kleinen Einkaufszentrum. Der Marler Stern sollte eine Anlaufstelle für shoppingfreundliche Mittelklassebürger werden. Eine gute Idee, doch Tatsache bleibt, dass in den Hochhäusern drum herum keine Mittelklassebürger leben, sondern überwiegend Immigrantenfamilien mit finanziellen Problemen: Russen, Araber, Kurden, Sinti, Roma, Albaner, ein paar türkische Familien - und wir. Meine Mutter arbeitete im Movie Park und als Putzkraft in einer Bank. Daher musste ich schon früh lernen, zu kochen und mich um mich selbst zu kümmern. Das war kein Problem, sondern vielmehr ein Muss. Ich hatte meinem Onkel versprochen, auf meine Mutter aufzupassen, dazu gehörte auch, ihr das Leben so leicht wie möglich zu machen und schnell erwachsen zu werden.

Heute weiß ich, dass ich lieber ein wenig hätte warten sollen mit dem Erwachsenwerden. Ich wollte meiner Mutter nicht zur Last fallen, daher erzählte ich ihr auch nie von meinen Problemen. Die meisten Jungs aus Marl-Mitte gingen auf die weiterführende Schule. Darunter gab es Jungs wie mich, die mit 14 Jahren noch davon träumten, ein Fußballstar zu werden. Es gab jedoch auch andere, die schon als Teenager davon träumten, in die Fußstapfen von Milieugrößen zu treten und schwere Jungs zu werden – oder sich bereits für solche hielten. Wir teilten uns denselben Heimweg, und obwohl ich schon seit vier Jahren auf die weiterführende Schule ging, hatte ich damals noch nicht viele Freunde gefunden, dafür umso mehr Feinde. Murat war mein Erzfeind, er jagte mich oft gemeinsam mit zwei anderen Jungs. Unser Hausmeister Vladimir gab mir einen Tipp: »Du musst gehen zu den größten Jungen und hauen auf Schnauze, dann du hast deine Ruhe.«

Seit Monaten hatten sie mich schikaniert und angegriffen, meistens gelang mir die Flucht. Ich vermutete, dass Murat eifersüchtig auf mich war. Murat war in Anastasia verliebt, sie aber nicht in ihn, sondern – wie ich heute weiß – in mich, denn sie ist inzwischen meine Frau.

Es war ein warmer Sommertag, kurz vor den Ferien im Jahr 2008. Ich lief über den Schulhof und hatte mich gerade von meiner Freundin verabschiedet. Sie stieg in das Auto ihrer Eltern. Murat musste uns gesehen haben, denn keine Minute später umzingelten er und seine Jungs mich. Diesmal war ich fest entschlossen, Vladimirs Ratschlag zu befolgen, um endlich meine Ruhe zu erlangen. Als Murat anfing, mich zu beleidigen, was er meistens tat, bevor sie mich zu dritt attackierten, stieg alles in mir hoch. All die Ungerechtigkeit, die sie mir in den vergangenen Monaten angetan hatten. Ich näherte mich Murat, ohne ein Wort zu sagen, und verpasste ihm einen harten Schlag auf die Nase. Ich spürte das Knacken und hörte, wie sie brach, als würde man einen staubtrockenen Ast in zwei Stücke teilen. Im Anschluss schlug ich ihm noch mit meiner rechten Handfläche aufs Ohr. Murat schrie, hielt eine Hand an die Nase, die andere ans Ohr. Das Blut strömte aus seinen Nasenlöchern, er taumelte und ging in die Knie. Es fühlte sich gut an, für einen Augenblick nicht mehr das Opfer zu sein. Doch so schnell, wie die Überraschung gekommen war, wich sie seinem Rachedurst. Er raffte sich wieder auf, schneller als erwartet, und starrte mich mit glühenden Augen an. Ich flüchtete und alle drei jagten mich vom Schulgelände und über befahrene Straßen. Ich war schnell, die anderen jedoch auch. Die Verfolgungsjagd verlagerte sich in unser Viertel. Eine klassische Hochhaussiedlung bietet viele Fluchtmöglichkeiten, doch mir ging langsam die Puste aus. Um davonzukommen, brauchte ich Hindernisse, über die ich klettern konnte.

Heute weiß ich, dass diese Hetzjagden mich dafür trainierten, später etliche Male der Polizei zu entwischen. Ich rannte in Richtung eines Kindergartens, warf mich gegen den Zaun, kletterte hinüber – zum Glück war der Kindergarten ab 16 Uhr geschlossen, sonst hätten die Kinder wahrscheinlich einen Schock erlitten – und rannte über den kleinen Spielplatz an dem Klettergerüst vorbei, durch den Sandkasten, warf erneut einen Blick nach hinten, ich zählte nur zwei Verfolger. Wo war Murat? Egal, keine Zeit zum Überlegen. Ich rannte, rannte, rannte, machte mich bereit, um den nächsten circa drei Meter hohen Zaun anzuspringen, hinaufzuklettern, darüberzuschwingen, mich fallen zu lassen und weiterzurennen, um die Distanz zu vergrößern. *Du schaffst es,* motivierte ich mich innerlich. Ich setzte zum Sprung an.

Mein Problem war, dass es keine Polizisten waren, sondern drei Jungs aus demselben Viertel, die hinter mir her waren. Mein Plan, über den Zaun zu fliehen, platzte. Ich bremste abrupt ab, bretterte jedoch gegen den Zaun und drückte mich mit meinen Handflächen weg, um weiterzufliehen. Mein Schulranzen hinderte mich daran, davonzukommen, einer der Jungs, die mich inzwischen fast eingeholt hatten, hatte einen Riemen erwischt und hielt ihn fest. Ich zog meine Arme aus den Schultergurten, beschleunigte, rannte. Ich hatte mich in diesen Käfig hineinmanövriert. Doch dann erkannte ich eine Gelegenheit. Ich stürmte auf das Kindergartengebäude zu, von dessen Fensterscheiben mich kleine Blumen und Smileys anlächelten. Ich sprang so hoch und weit ich konnte, mein Körper flog durch die Luft und klatschte frontal gegen die Blechwand des Geräteschuppens vor dem Kindergartengebäude. Über den Spielplatz schallte ein Geräusch, als hätte man mit einer Fliegenklatsche zugeschlagen. Meine Hände waren genau dort, wo ich sie haben wollte, meine Arme hatten noch ausreichend Kraft, um mich an der Kante des Blechdaches hochzuziehen. Mit einem Schwung rollte ich meinen schweißüberströmten Körper auf das Dach. Meine Lunge brannte und lechzte nach Sauerstoff, das Blut zirkulierte in meinem Körper. Ich sprang hoch, kletterte vom Geräteschuppen auf das Kindergartendach, flitzte hinüber und blieb am anderen Ende des Daches stehen. Vorsichtig sah ich hinunter. Es waren geschätzte drei Meter bis zum Boden. Mir blieb keine Zeit, eine andere Wahl zu treffen. Ich legte mich flach auf das Dach, hangelte mich daran hinunter und ließ mich fallen, landete hart mit den Füßen auf dem Asphalt. Meine Beine kribbelten, aber nach ein paar Schritten ging es wieder. Von Murat und seinen Jungs war nichts mehr zu sehen. Ich joggte auf die andere Seite des Viertels, vorbei an den Hochhäusern, die wie stumme Zeugen einfach nur dastanden, ging in einen arabischen Feinkostladen und kaufte mir von meinen letzten fünf Euro eine Wasserflasche und Datteln. Die Flucht war mir gelungen. Ich hatte Hunger und war erschöpft, am liebsten wollte ich nach Hause gehen, aber ich musste meinen Rucksack zurückholen, denn darin lagen meine Schulbücher.

***

Nicht nur im Winter, sondern auch im Sommer verkaufte Arafat, der Besitzer des arabischen Ladens, nebenbei ein paar andere Waren. Ich hatte kein Geld mehr, also versprach ich Arafat, später noch mal vorbeizukommen, um zu bezahlen. Er zwinkerte mir zu, nahm einen kräftigen Zug von seiner Wasserpfeife, pustete den nach Melone riechenden Qualm aus und sagte mit seinem arabischen Akzent: »Ich weiß, wo du wohnst.«

Ich lächelte verlegen. Dann ging ich los, um meinen Rucksack zurückzuholen. Ich nahm mir vor, nicht überstürzt zu handeln, also kletterte ich auf das Kindergartendach und kroch zur Kante, von wo aus man den Spielplatz überblicken konnte. Die Sonne ging unter, es gab nur wenige Laternen. Der Rucksack lag noch dort, wo ich ihn fallen lassen musste. Mein Blick schweifte über das Terrain, es schien, als wären die Mobber fort. *Kann es wirklich sein?*, fragte ich mich. *Ist das Glück heute endlich mal auf meiner Seite?*

Ich wiegte mich in Sicherheit, stieß einen Seufzer der Erleichterung aus, doch dann erkannte ich ein Indiz. Aus einem Gebüsch innerhalb des Zauns stieg Qualm hervor, ich sah die Glut einer Zigarette. Murat war Raucher. Ich krabbelte vorsichtig rückwärts zur anderen Seite des Daches, stand auf und kletterte hinunter. Arafats Ware war das einzige Mittel, mit dem ich mein Ziel erreichen konnte. Sie zwangen mich dazu. Ich schlich mich von hinten an sie heran, huschte von Busch zu Busch und fühlte mich wie ein Soldat im Film. Dann kam ich ihnen so nahe, dass nur noch der Zaun und ein paar Sträucher auf meiner Seite uns voneinander trennten. Ich lauschte.

»Murat, ich will nach Hause, das lohnt sich nicht mehr«, sagte einer der Handlanger.

»Der dreckige Spanier hat die Hosen voll«, fügte der andere hinzu.

»Schnauze, Alter«, fluchte Murat, »er hat meine Ehre angefasst, das kriegt der heute noch zurück.«

Die Stille nach Murats Ansage machte mir klar, dass ich handeln musste, wenn ich nicht die Nacht hier verbringen wollte. Meine Mutter machte sich bestimmt schon Sorgen. Ich wollte nicht, dass sie erfuhr, in was für Schwierigkeiten ich steckte. Endet nicht jedes große Finale mit einem Knall?

Ich öffnete meine Tüte und holte Arafats Ware heraus: die Feuerwerkskörper. Damit zielte ich auf Murat, der dicht neben seinen Freunden im Gebüsch hockte. Ich hoffte, dass ich durch die Lücken des Zauns träfe. Egal, ich hatte genügend Schuss, es würde schon gehen. Los geht's! Ich verließ meinen Posten, während die Lunte brannte, und flitzte davon. Keine fünf Sekunden später, als ich weiter links am Zaun ankam, um hinüberzuklettern, ging das Spektakel los. Zuerst ertönte ein Zischen, dann der Knall! Nach dem ersten Schuss zischte und knallte es ununterbrochen weiter. Das Feuerwerk erleuchtete die Dämmerung. Es donnerte – und der Lärm erschreckte selbst mich. Ich rannte vorsichtshalber im Zickzack zu meinem Rucksack. Murat und seine Freunde kreischten panisch. Der Geruch von Schwefel und Schießpulver stieg mir in die Nase, meine Augen fingen an zu tränen. Ich sah eine dunkle Rauchwolke, die der Wind über den Spielplatz trug. Ich konnte mir ein Lachen nicht verkneifen, während ich zum Geräteschuppen rannte. Es knallte ununterbrochen weiter, die Feuerwerksbatterie tat ihre Arbeit, 100 Schuss, stand auf der Verpackung. Siegessicher kletterte ich auf den Geräteschuppen, stellte mich aufrecht hin. Gerade als ich auf das Kindergartendach kraxeln wollte, begann der Schuppen zu beben. Ich fiel beinahe hinunter, konnte mich jedoch stabilisieren, schaute hinunter und sah, wie sie alle drei gegen den Geräteschuppen traten. Dann machten die Handlanger Räuberleiter und halfen Murat hoch. Er starrte mich hasserfüllt an und schrie: »Ich briiiiing dich uuuuuuuuum!«

Die Hitze schoss mir bis in den Kopf, mein Herz ratterte, meine Muskeln zitterten wie ein Motor, der nur auf den Startschuss wartete. Augenblicklich schüttete mein Körper ungeheure Kräfte aus, er sprang wie von selbst aufs Dach und rannte drüber. Ich blickte nicht zurück und stürzte in die Tiefe. Die Landung schmerzte in den Beinen. Ich rappelte mich auf, humpelte zunächst, lief und rannte weiter, um den Kindergarten in weiter Ferne zu lassen. Ich sah, wie ein Auto aus einer Tiefgarage herausfuhr, und änderte meine Strategie, indem ich an dem Wagen vorbeiflitzte, weiter die Abfahrt hinunter durch das Tor in die Tiefgarage rannte – und damit direkt in mein Verderben. Die Tiefgarage bestand aus einer Etage und gehörte zu mehreren Hochhäusern. Ich hastete von Tür zu Tür, die in die Häuser führten, in der Hoffnung, eine sei offen. Doch alle Türen waren verschlossen. Murats Stimme schallte durch die Tiefgarage: »Jetzt haben wir dich!«

***

Ich stand mit dem Rücken zur Wand. So musste sich die Gazelle gefühlt haben, die ich zuvor auf dem Animal-Planet-Kanal gesehen hatte, als die Raubtiere sie jagten, bis es kein Entkommen mehr für sie gab.

»So, du Bastard, hier unten hört dich niemand schreien.«

Murat schlug seine Faust immer wieder in seine Handfläche, lief auf mich zu und neigte dabei seinen Kopf nach links und rechts wie ein Boxer, der gerade in den Ring stieg. Das Klatschen seiner fleischigen Faust in die Handfläche hörte sich an, als würde ein Metzger mit seinem Fleischhammer T-Bone-Steaks bearbeiten. Sie umzingelten mich, um mich zu bearbeiten. Mein Puls verlangsamte sich, ich setzte mein rechtes Bein einen halben Schritt zurück, ließ meine Gegner nicht aus den Augen, erhob meine Fäuste und machte mich auf das Unausweichliche gefasst.

Der erste Schlag verfehlte mich, der zweite schepperte gegen mein Jochbein, das daraufhin anschwoll und pochte. Ich schlug zurück, aber zwei Fäuste gegen sechs ... keine Chance. Sie traten gegen meine Beine und zwangen mich in die Knie. Mit meinen Händen, Armen und Beinen schützte ich mein Gesicht sowie den Genitalbereich, während die Schläge auf mich einprasselten. Ich gab keinen Laut von mir, die Garage war still, nur die dumpfen Schläge schallten weiterhin. Ich wartete, bis es endete. Die Zeit spielte ihre Spielchen mit mir. Es dürfte keine Minute vergangen sein, jedoch schien mir dieser Angriff eine halbe Ewigkeit anzudauern. Ein Brüllen zerriss die Stille. Die Schläge hörten auf, durch eine Tür liefen zwei Jungen auf uns zu – Araber. Man erkannte sie damals an ihrem Berliner Haarschnitt – auch Boxerschnitt genannt –, der unter anderem durch einen berühmten Berliner Rapper deutschlandweit Aufmerksamkeit erlangt hatte. Einer der Araber hatte grüne Augen und rabenschwarze Haare, der andere graue Augen, sie sahen sich ziemlich ähnlich. Der Grauäugige packte sich Murat und drückte ihn gegen die Wand, der andere verteilte Schläge auf den Nacken der anderen beiden.

»Verpiss dich, Murat!«, brüllte der mit den grünen Augen.

Murat ließ seine geballten Fäuste fallen, seine Pupillen weiteten sich. Er schluckte seine Spucke hinunter, veränderte seine Stimmlage, sie klang nun höher.

»Alles klar, Hamza, mit euch wollen wir keinen Ärger …«

Ich hätte schwören können, seine Knie für einen Augenblick zittern gesehen zu haben. Er nickte eifrig. Ohne Gegenwehr zu leisten, gingen die drei in Richtung Garagentor, das sich mit einem Schalter von innen öffnen ließ. Ich hatte gehört, dass die Türken den Arabern lieber aus dem Weg gingen. Aber von Murat hätte ich das nicht erwartet. Er hatte sich stets damit gebrüstet, ein krasser Boxer zu sein.

Ich blickte unsicher zu den beiden auf. War ich jetzt sicher? Ich zweifelte, schließlich kannte doch jeder Geschichten über die Araber hier in der Gegend. Neulich hatte in der Zeitung gestanden, ein Araber aus Marl-Mitte hätte einen anderen in den Kanal geschmissen, er hätte den Tod des anderen in Kauf genommen, da er wusste, dass dieser nicht schwimmen konnte. Endete das jetzt wie bei Animal Planet? Hyänen jagen die Gazelle, die Löwen verjagen die Hyänen, nur um selbst die Gazelle zu erbeuten. Ich rappelte mich auf, klopfte mir den Staub von der Hose und spürte stechenden Schmerz. Das Adrenalin zog sich wohl zurück.

»Wie heißt du?«, fragte der Grünäugige mich.

»Ich bin Asier – und wie heißt ihr?«

»Ich bin Hamza, das ist mein Bruder Amir. Geht es dir gut?«

Ich nickte. Hamza hatte Augen, die tausend Dinge ahnen ließen, aber nichts verrieten. Amir holte einen schwarzen Rucksack aus einem Pkw, der in der Nähe geparkt war.

»Komm mit«, sagte Hamza.

»Wohin soll ich mitkommen?«

»Nach oben.«

Es folgte ein misstrauischer Blick meinerseits.

»Komm einfach, keine Sorge.«

Was hat der da im Rucksack?, fragte ich mich. Doch hier könnte ich sowieso nur schwer fliehen, ohne dabei Murat in die Arme zu laufen. Vielleicht würde sich eine neue Fluchtmöglichkeit ergeben.

Ich folgte ihnen durch die Tür ins Hochhaus hinein. Obwohl die beiden Araber mir gerade erst geholfen hatten, blieb ein ungutes Gefühl in der Magengrube. *Was ist in Amirs Rucksack?*, fragte ich mich erneut. *Zu welcher Familie gehören die beiden?*

Wir kamen zu einem Fahrstuhl, dessen blau lackierte Tür schon bessere Zeiten gesehen hatte. Hamza betätigte den Knopf des Fahrstuhls, die Winden setzten sich in Bewegung, gaben ein fürchterliches Kreischen von sich. *Die müssen mal wieder geölt werden*, dachte ich mir, doch die beiden anderen schien der Lärm nicht zu stören. Ein süß-säuerlicher Gestank nach Urin lag in der Luft, die einzige Lampe flackerte. Während der Fahrstuhl zu uns herabfuhr, las ich die Schriftzüge, die jemand mit einem Schlüssel oder einem scharfen Messer in den Lack geritzt hatte. Sie konnten mich nicht beruhigen, im Gegenteil: *Du Hurensohn, ich ficke dich, A. C. A. B, Arab Boys, Marl Mitte 36 Killerzone*. Die Tür öffnete sich mit einem Zischen und beide stiegen ein. Ich war mir noch nicht sicher, ob ich nicht doch wieder hinauslaufen und Murat mein Schicksal überlassen sollte. Amir merkte wohl meine Unsicherheit, er lächelte, während seine Augen sich verkleinerten.

»Komm mit nach oben. Mach dir keine Sorgen, wir haben oben die PlayStation 3 und das neue ›FIFA‹, und hier in meinem Rucksack …«

Er wollte ihn öffnen, ich wich einen Schritt zurück.

»Hier in meinem Rucksack«, sagte er ganz langsam, während er ihn noch langsamer öffnete, »haben wir außerdem eine PlayStation 3, unsere Cousins aus Berlin und andere Freunde sind bei uns zu Hause und wir machen einen Zockerabend.«

Ich zögerte kurz, dann stieg ich in den Aufzug, wir fuhren in den fünften Stock, wo es nach leckerem Essen duftete. Auf dieser Etage lagen vier Wohnungen, zwei Türen zur Linken und zwei Türen zur Rechten, alle standen offen, auf dem Flur spielten kleine Kinder. Andere fuhren mit winzigen Dreirädern. Das Treppenhaus war mit einer Glastür vom Flur getrennt, vor der vier kleine Mädchen hockten, die mit Puppen spielten und hin und wieder auf die beiden Kinder mit den Dreirädern achteten. Aus einer Wohnung drangen Männer-, aus der anderen Frauenstimmen. Wir gingen nach links, auf dem Weg dorthin hörte ich Kinder lachen, schreien und weinen, es hörte sich an wie auf einem Spielplatz. Was ich danach niemals vergaß und woran ich mich gewöhnte, war der Anblick der unzähligen Paar Schuhe, die vor der Tür kreuz und quer verteilt lagen. Ich versuchte, sie zu zählen, da sprang ein kleiner etwa zehnjähriger Junge aus der Wohnung, rannte mit einer Wasserpistole in der Hand an uns vorbei, während er nach seiner Mami schrie, und ein anderer jagte ihn mit seiner Wasserpistole. Die beiden verschwanden in der Wohnung, aus der die Frauenstimmen erklangen. Ich zog automatisch genau wie Hamza und Amir meine Schuhe aus und betrat die Wohnung. Alles wirkte so vertraut. Ich schwelgte in Erinnerungen an meine Heimat in Santo Domingo. Dort im Barrio standen die Türen auch immer offen und die Kinder lachten, spielten, sangen und tanzten in den Häusern oder um sie herum.

Hamza und Amir waren sehr hilfsbereit, ich verstand gar nicht, warum die Menschen alle solch eine schlechte Einstellung gegenüber den arabischen Familien hatten. Hamza sagte mir: »Egal, was ist, klingele einfach am Namensschild, wo *** draufsteht.«

Es sollte nicht lange dauern, bis ich klingeln musste, und auch nicht, bis ich erkannte, was für ein Gewicht dieser und noch andere Namen arabischer Großfamilien bei den deutschen Behörden und auf den deutschen Straßen haben. Keine Woche verging, bis sich Murat erneut an mir rächen wollte. Daraufhin wurde die neue Freundschaft zwischen Hamza, Amir und mir einer Prüfung unterzogen.

Omertà und die ersten krummen Dinger

»Frau Rodríguez Santos, Ihr Sohn muss uns sagen, wer alles dabei war«, sagte der Polizist. »Nur so kann ich ein gutes Wort beim Richter für ihn einlegen. Es geht hier nicht um eine Lappalie. Der Murat hat uns gegenüber ausgesagt, dass Araber am Tattag dabei waren, aus Furcht nennt er die anderen Namen nicht. Nachdem Ihr Sohn Murat verprügelt hat, drohte man ihm. Jemand hat gesagt, dass man ihn in den Kanal schmeißen wird.«

»Mein Sohn, wir möchten keinen Ärger mit der Polizei, möchtest du nicht doch aussagen?«

»Nein, Mama!«

Ich wiederholte es schon zum fünften Mal in dieser Stunde.

»Frau Rodríguez Santos, könnte ich mal mit Ihrem Sohn allein reden? Ich möchte ihm gern einen väterlichen Ratschlag erteilen.«

»Ist das für dich okay, Asier?«

»Ja, ist okay, aber danach gehen wir.«

Meine Mutter stand auf, öffnete die Tür und ging aus dem Büro hinaus, in dem sich haufenweise Akten kreuz und quer stapelten. Gerade als die Tür ins Schloss fiel, stand der Polizist namens Schmitz auf und setzte sich auf die Tischkante. Er runzelte die Stirn und hielt seine Kaffeetasse, auf der das grüne Polizeilogo prangte, mit einer Hand fest.

»Hör mal zu, du kleiner Scheißer«, sagte er. »Ich weiß, mit wem du unterwegs bist. O ja.«

Er nahm einen Schluck Kaffee, dann beugte er sich nach vorne.

»Der Ashraf sitzt im Knast, wusstest du das? Haben seine Brüder Hamza und Amir es dir nicht erzählt? Der Ashraf dachte, er wäre Al Capone und könnte sich dementsprechend die Leute vornehmen. Als wären wir hier in Chicago, aber wir sind hier nicht in Chicago, sondern in Deutschland.«

Er tippte mit seinem Zeigefinger auf den Tisch. Ich verschränkte meine Arme.

»Der Ashraf sitzt jetzt ein paar Jahre wegen versuchten Totschlags. Eine viel zu niedrige Strafe, meiner Meinung nach. Aber eins sage ich dir, du Dreikäsehoch! Das gibst du auch deinen Freunden so weiter: Wir lassen es nicht zu, dass irgendwelche halbstarken Araberkids denken, sie könnten in Ashrafs Fußstapfen treten. Das«, er tippte mit seinem Zeigefinger wieder auf den Tisch, »lassen«, nächstes Tippen, »wir«, noch ein Tippen, »nicht zu.«

Ich nickte und wartete immer noch auf den väterlichen Ratschlag, mit dem er meine Mutter hinausgelockt hatte.

»Wir lassen euch nicht aus den Augen. Also, entweder redest du oder …!«

Er nahm einen Schluck aus seiner Tasse, schmatzte und redete weiter. »Der Richter verurteilt dich zu vier

Wochen Jugendarrest. Und beim nächsten Mal geht es danach direkt in den Jugendknast. Was siehst du denn so besorgt aus, Rodríguez Santos?« Er lächelte.

Also nur Drohungen und kein Ratschlag. In meinen jungen Jahren hatte ich nie darüber nachgedacht, ob ich mal jemanden verraten würde. Geschweige denn, dass ich mal bei der Polizei sitzen und verhört werden würde. Ich stand auf, rückte meinen sowie den Stuhl meiner Mutter zurecht und ging wortlos in Richtung Tür. Ich legte meine Hand auf die Türklinke.

»Wenn ich du wäre«, sagte Schmitz, »dann würde ich nicht gehen, ohne hier etwas zu sagen.«

Ich dachte nach und drehte mich um.

Er lächelte, zog den Stuhl zur Seite, bot mir mit der Hand an, mich zu setzen.

»Ich habe keine Geschwister und hatte bis vor Kurzem keine Freunde.«

»Das sind nicht deine Freunde, mein Junge.«

»Sie haben recht.«

Ich schaute entschlossen zu ihm hinauf, direkt in seine Augen, hob mein Kinn und weitete meine 14-jährige Brust. »Das sind meine Brüder.«

Ich verließ das Büro und schmiss die Tür hinter mir zu. Das war meine erste Begegnung mit KHK Schmitz. Niemand hatte mich die Omertà, die Schweigepflicht, gelehrt. Die Jungs hatten mir bedingungslos geholfen. Schmitz legte mir einen Dolch in die Hand, um damit meine Brüder hinterrücks zu erstechen, doch lieber hätte ich mir damit die Zunge abgetrennt. In der alten sizilianischen Schule sagte man: »Nichts hören, nichts sehen, nichts sagen und du lebst 100 Jahre gut.«

Im selben Jahr, 2008, musste ich nicht für vier Wochen in den Jugendarrest, sondern für zwei. Die Vorschule für Kriminelle. Nachdem ich dort die Basics gelernt hatte, kamen die Berliner in die Stadt Marl. Die importierte Kriminalität aus der deutschen Hauptstadt der Diebe.

***

Ich absolvierte mein Schulpraktikum bei Rewe, Hamza bei Fielmann. Nach der Arbeit trafen wir uns zum Essen, es gab Capri-Sonne und Döner, damals noch für drei Euro. Hamza kam nicht allein, er brachte einen anderen Jungen in unserem Alter mit: einen Italiener namens Salvatore. Salvatore machte ein Praktikum in einem Laden, der Betten und Matratzen verkaufte. Er berichtete, dass er gegen Feierabend mit dem Filialleiter in das Büro gehen durfte und die Einnahmen mitzählte. Anschließend schloss er die Tageseinnahmen in sogenannte Geldbomben und legte sie in den kleinen Tresor, der über Nacht dort ruhte – und das direkt auf einem Tisch neben dem Bürofenster. Die nächsten Tage erlebten Hamza und ich das Gleiche wie Salvatore. Alle drei waren wir 14 Jahre alt und die Verlockung war zu groß. Wir träumten davon, uns einen Motorroller zu leisten, ich wollte eine PlayStation 3 und nagelneue Fußballschuhe. Ich war davor noch nie eingebrochen, hatte aber schon ein paar Ladendiebstähle begangen, meistens Anziehsachen. Wir benötigten mehrere Anläufe für unseren ersten Einbruch. Mal konnte ich mich nachts nicht rausschleichen, dann wollte ich nicht raus, dann verschlief ich, und als ich es doch geschafft hatte, waren die beiden anderen nicht vor Ort. Mir fehlten die Eier, das Ding allein durchzuziehen, und das gehörte sich auch nicht. Kurz bevor unsere Praktika endeten, fanden wir uns schließlich doch noch zusammen. Als Erstes nahmen wir uns Salvatores Praktikumsplatz vor. Der schien am leichtesten zu sein. Zu diesem Zeitpunkt hatten wir keinen Plan davon, wie man Fenster aufhebelt, geschweige denn Schlösser knackt, Alarmanlagen manipuliert oder ausschaltet.

In einer warmen Frühlingsnacht, gegen 2 Uhr, standen wir in einem Hinterhof, wo sich die Bürofenster des Betten- und Matratzengeschäfts befanden. Auf der anderen Seite der Scheiben stand der Tresor. Unser Vorgehen war simpel und primitiv. Wir hatten in der Schule gelernt, dass der rote Hammer im Bus sich wunderbar dazu eignete, Glas zu zerschlagen. Also schlugen wir die Scheiben ein. Hamza blieb draußen, Salvatore und ich stiegen durch das Loch im Fenster und öffneten beide Fenster von innen. Der Alarm heulte direkt los. Salvatore und ich krallten uns den Tresor, jedoch wog dieser ungefähr 150 Kilo. Wir waren 14-jährige Halbstarke und hatten kaum Zeit. Die Polizei musste bereits alarmiert worden sein. Wir riefen nach Hamza. Zu dritt schafften wir es, den Tresor auf die Fensterbank zu legen und hinauszuwerfen. Der Tresor knallte auf den Asphalt. Danach sprangen wir alle raus, schnappten uns eine der großen Mülltonnen, die im Hinterhof standen, legten sie auf den Boden und manövrierten den Tresor in die Tonne. Wir schoben die Tonne einfach wieder in Reih und Glied zu den anderen und schmissen die Müllsäcke hinein, die wir zuvor herausgefischt hatten. So versteckten wir den

Tresor und verzogen uns vom Tatort, denn wir hörten bereits die Sirenen. Wir schafften es so gerade eben auf die andere Straßenseite, da bretterten auch schon die ersten zwei Streifenwagen mit quietschenden Reifen und Blaulicht um die Ecke. Sie parkten direkt vor dem Eingang des Geschäfts. Wir duckten uns, huschten weiter, kletterten auf den Garagenkomplex auf der anderen Straßenseite und legten uns flach auf den Bauch. Zwei Stunden beobachteten wir die Polizei bei ihrer Arbeit. Zuerst sicherten die Streifenpolizisten den Tatort. Nach ungefähr einer Stunde erschienen Polizisten in Zivil mit silbernen Koffern und untersuchten alles. Sie konnten nichts Hilfreiches finden. Wir hatten Handschuhe angezogen und unsere DNA gab es in ihrer Datenbank noch nicht. Und selbst wenn, wir waren 14 Jahre jung, was konnte uns schon blühen? Es gab nur eine einzige Sorge. Würden sie den Tresor in der Mülltonne einige Meter vom Tatort entfernt vermuten und finden – oder nicht?

Die Polizei verschwand und unser Schatz war gesichert. Wer lässt denn auch die Beute am Tatort zurück? Wir! Mitten in der Nacht zogen wir die Tonne abwechselnd hinter uns her und rollten mit ihr bis in unser Viertel. Sergej, der Sohn von Vladimir, unserem Hausmeister, hatte Zugriff auf alle Werkzeuge seines Vaters. Wir versprachen Sergej zehn Prozent der Beute. Das wären 1000 Euro, denn Salvatore hatte am selben Tag noch beim Zählen geholfen, daher wussten wir ganz genau, wie hoch unser Honorar ausfallen würde. Sergej war sehr geschickt mit der Flex.

Wir gingen in derselben Nacht in den Keller des Hochhauses, in dem er lebte. Links wie rechts von uns standen Waschmaschinen und den Gang entlang waren die silbernen Türen der Kellerräume. Sergej entnahm einen Tisch aus seinem Kellerraum. Gemeinsam hoben wir den Tresor hinauf. Dann verschloss Sergej die Tür, die zum Kellerabteil führte, und schnitt den Tresor mit der Flex seines Vaters auf. Trotz des Getöses, das durch die Flure des Hochhauses schallte, beschwerte sich niemand. Nach ungefähr 20 Minuten war der Tresor offen und wir teilten die Beute: 10 000 Euro sprangen bei unserem ersten Insiderjob heraus. Wir dachten, wir wären reiche und gemachte Männer.

* * *

Seit diesem Tag trug ich die neuesten Fußballtrikots, die teuersten Fußballschuhe und kickte mit den coolsten Fußbällen. Von da an lachten die anderen Jungs im Fußballverein nicht mehr über mich, denn ich erschien nicht mehr mit No-Name-Klamotten zum Training. Der erste Coup durchbrach unsere Hemmschwelle und die Sucht verschlang uns. Ebenso schnell, wie das Geld kam, gaben wir es mit unseren sechs Händen wieder aus. Am liebsten hätten wir nur Insiderjobs durchgezogen, das war jedoch nicht immer möglich. Und wenn es dann mal eine Durststrecke gab, warfen wir einen Gullydeckel oder einen Backstein in ein Schaufenster, sprangen hinein und schnappten uns die Zigarettenstangen. Wir flüchteten zuerst zu Fuß, dann mit Fahrrädern und hinterher mit unseren Motorrollern. Das ging so lange gut, bis ich selbst einen riesengroßen Fehler beging, der mich drei Wochen Jugendarrest kostete und meinen Traum, eines Tages Fußballprofi zu werden, zerstörte.

Wenn man ein Schaufenster einschlägt, fällt die Scheibe meistens nicht in sich zusammen. Je nachdem, welches Glas es ist, entsteht lediglich ein Loch. Um dort sicher ein- und wieder auszusteigen, muss man spitze Scheibenstücke mit der Hand oder dem Hammer entfernen, vor allem am unteren Rand. Sonst kann es passieren, dass man ausrutscht, durch die Scheibe fliegt, sich den rechten Oberarm aufschneidet oder Schlimmeres. Ein scharfes Stück Scheibe bohrte sich in den vorderen Bereich meines Fußes und zerfetzte Haut, Fleisch und Sehnen. Ich blutete wie ein Schwein. Salvatore und Hamza fuhren mich mit dem Motorroller in das nächstgelegene Krankenhaus. Dies war der nächste Fehlschritt. Denn die Polizei hatte das Blut am Tatort gesehen und den Krankenhäusern in der Umgebung Bescheid gegeben, damit diese Alarm schlugen, sofern sie etwas Ungewöhnliches bemerkten. Ungewöhnlich war, dass zwei 14-jährige Knirpse einen anderen Jugendlichen mitten in der Nacht in ein Krankenhaus einlieferten, mit einem blutenden Fuß, der nur noch an seinem Knochen und der Achillessehne hing. Gut, dass die Jungs abgehauen waren, denn noch bevor mich die Ärzte operierten, erschienen auch schon meine Freunde und Helfer, die meine Schuhe beschlagnahmten. Als der Arzt sagte, dass mein Fuß nie wieder so funktionieren würde wie früher, brach meine Mutter in Tränen aus. Monatelang trug ich einen Gips am Bein.

Ich musste wieder vor Gericht und blieb dem Aussageverweigerungsrecht laut § 136 treu. Daher zwang man mich mit meinem Gips am Fuß für drei Wochen in den Jugendarrest. Das war das Urteil des Jugendrichters als Strafe für den Einbruch. Danach ging ich ein Jahr lang regelmäßig zur Physiotherapie. Nach einem Jahr versuchte ich, wieder Fußball zu spielen. Jedes Mal wenn ich mit dem Vollspann gegen den Ball kickte, schmerzte es. Bei jedem Schuss fürchtete ich, dass mein Fuß zusammen mit dem Fußball wegfliegen könnte. Der Traum war ausgeträumt. Kicken konnte ich nicht mehr. Aber rennen – und wer rennen kann, dem gelingen auch Coups. Doch nie wieder würde ich so primitiv agieren, das schwor ich mir.

Dann tauchten die Berliner auf der Bühne auf, Hamzas Cousins aus dem Wedding. Sie zeigten uns ihre Tricks, damit wir mit ihnen die Umgebung unsicher machten, in der sie sich noch nicht so gut auskannten. Sie lehrten uns, wie man mit Schraubenziehern Fenster und Türen öffnet, wie man Zylinder mit einer Schraubzange, dem sogenannten Engländer, durchbricht, um dann mit einem Schlitzschraubenzieher den Mitnehmer – auch Schließbart genannt – zu manipulieren und so gut wie jede Tür zu öffnen. Ziehfix und Dietrich kamen hinzu. Wir brachen überall ein, wo wir viel Geld witterten: Juweliere, Villen, Lebensmittelfilialen, Baumärkte, die Liste ist lang. Und die Berliner hatten Eier, Mann, und was für welche! Sie fuhren mit ihrem Audi RS4 oder RS6 zu uns und sahen die Polizisten in NRW im Gegensatz zu denen in Berlin höchstens als Hilfssheriffs an. Zu Beginn brachte Abu H. seine eigenen Diebe aus Berlin mit. Er erschien mit immer neuen Gesichtern, als gäbe es eine Armee von Dieben im Wedding, die nur auf ihre Einberufung warteten. Als Abu der Meinung war, Salvatore, Hamza und ich hätten genug gelernt, fuhr er allein zu uns. Den Berlinern war es egal, ob man brachial vorging oder in aller Stille. Hindernisse beseitigten sie. Das kann nachteilig sein, aber auch nützlich.

Ich erinnere mich an eine eisige Dezembernacht, in der unser Ziel eine Rewe-Filiale war. Wir hatten sie ausgespäht und erkannten, dass ein Geldtransporter lediglich einmal die Woche diese Filiale anfuhr, um die Einnahmen abzuholen. Und weil der Transporter nur einmal wöchentlich das Geld abholte, war klar, dass wir in der Nacht davor die gesamten Wocheneinnahmen abkassieren konnten. Trotz der Kälte in jener Nacht knackte ich das Schloss der Personaltür der Filiale mit Leichtigkeit. Dazu benutzte ich einen Elektropick – einen elektronischen Dietrich. Salvatore, Hamza und ich stürmten durch die Tür hinein. Abu H. war unser Fahrer. Einschlagen wie der Blitz und ebenso schnell verschwinden, das war der Plan. Die Personaltür führte in die Lagerhalle, wo sich auch das Büro befand, in dem der Tresor stand. Der Alarm heulte direkt los, also rannte uns wie immer die Zeit davon. Hamza baute sich vor der verschlossenen Bürotür auf. Er war 18 Jahre alt und in den vergangenen Jahren größer und breitschultriger als wir alle geworden. In seinen Pranken hielt er einen zehn Kilogramm schweren Vorschlaghammer. Er schwang ihn mit voller Wucht gegen das Schloss, das krachend nachgab. Doch nicht nur das Schloss, sondern auch die Scharniere brachen durch, die Tür flog ins Büro, schleuderte gegen einen Tisch und riss einen Monitor mit sich zu Boden. Wir packten uns einen Hubwagen aus dem

Lager, rollten ihn ins Büro und beförderten den Tresor hinauf, so ähnlich, wie ich es Jahre später bei Don Valdez machen würde, nur ohne Kiste. Mit dem Hubwagen fuhren wir hinaus und gaben über das Funkgerät Abu Bescheid.

»Wir kommen raus.«

»Alles klar.«

Draußen angekommen, hörten wir das Knurren des V8-Motors. Abu H. holte uns am Personalparkplatz ab. Wir verfrachteten den Tresor in den Kofferraum, ließen den Hubwagen stehen, stiegen in das Fluchtauto und sahen blaues Licht am Horizont. Abu H. fuhr zügig los, doch es war zu spät. Ein Streifenwagen hatte uns gesichtet und die Verfolgung aufgenommen. Ich schnappte mir den Feuerlöscher unterm Sitz und streckte meinen Oberkörper aus dem Fenster des fahrenden Autos. Salvatore klammerte sich an mich, damit ich nicht hinausflog. Ich sprühte mit dem Feuerlöscher auf das Polizeiauto. Der Polizist betätigte den Scheibenwischer. Doch das brachte ihm nicht viel. Ich sprühte weiter und weiter, bis der Polizist bremste, dann huschte ich wieder in den Wagen, schnallte mich an und legte den Feuerlöscher zwischen meine Beine.

»Gib Gas, Abu!«, schrie ich vom Rücksitz.

»Noch nicht!«, schrie er zurück. »Siehst du nicht, wie eng hier alles ist? Gleich auf der Landstraße.«

Tatsächlich fuhren wir in dem Moment noch durch eine Wohnhaussiedlung. Nach einigen Minuten bog Abu H. ab auf die Landstraße. Jetzt könnte er Gas geben. Doch Pech lauerte uns auf: Wir sahen einen knappen Kilometer vor uns den nächsten Streifenwagen.

»Was jetzt?«, schrie ich. »Was machen wir jetzt? Sollen wir zu Fuß abhauen?«

Salvatore und Hamza waren sichtlich angespannt. Vor uns war ein Streifenwagen und der Polizeiwagen hinter uns müsste mittlerweile wieder weiterfahren können. Ich schnallte mich ab.

»Bleib sitzen!«, brüllte Abu. »Hast du nichts gelernt? Niemals das Auto verlassen!«

Dann raste er auf die Polizeistreife zu. Abu gab Vollgas. Die knapp 600 PS des Audis drückten uns in die Sitze. Ich versteifte mich, das Adrenalin schoss mir bis in die Haarspitzen. Der Motor zerriss mit seinem Knurren und Brüllen die Stille der Nacht. *Abu H. ist verrückt geworden,* dachte ich. Dasselbe schien für die Polizisten zu gelten, denn sie rasten ebenfalls auf uns zu. Millisekunden vergingen, doch ich erlebte alles in Zeitlupe. Ich schloss meine Augen und schwebte, machte mich auf das Ende gefasst. Plötzlich hörte ich quietschende Reifen, was folgte, war ein Schleifgeräusch, als schaufelte man Schnee. Aus heiterem Himmel jubelten die Jungs. Ich öffnete die Augen, die Landstraße vor uns war frei. Ich warf einen Blick durch die Heckscheibe und sah den Streifenwagen seitlich im Straßengraben liegen. Der Polizist war ausgewichen. Wir schafften es und flüchteten auf die Autobahn, wo uns keiner mehr schnappen konnte.

Wir erlebten goldene Zeiten und wollten immer mehr und mehr besitzen. Dank der Wirtschaftskrise 2008/09 lag der Goldpreis in den Jahren darauf auf Rekordhöhe, dadurch erhielten wir für geklautes Gold beträchtliche Summen. Goldan- und -verkaufgeschäfte schossen wie Pilze aus dem Boden und waren unsere Abnehmer. Denn die wenigsten wollten einen Ausweis sehen. Das Gold wurde eingeschmolzen, und hinterher fragte keiner mehr, woher es kam. Die Diamanten schliff man um oder verkaufte sie im Ausland. Die Aussicht auf schwindelerregende Umsätze steigerte unsere Produktivität. Es ging so weit, dass die Behörden im Jahre 2011 die Stadt Recklinghausen und die Umgebung zur Einbrecherhochburg erklärten. Das veranlasste die Polizei, eigens eine Ermittlungskommission zu gründen, um die Barbaren aufzuhalten, die plündernd durch das Ruhrgebiet streiften.

* * *

Ab dem Moment machten die Jungs Pause. Die Berliner blieben in Berlin oder suchten sich andere Gegenden in der Bundesrepublik, die nicht so heiß waren. Salvatore und Hamza gingen wieder zur Schule. Ich hätte auch Pause machen sollen. Doch meine Frau war schwanger und ich mittlerweile 17 Jahre alt. Ich führte eine Ehe und hatte somit andere Lebensunterhaltskosten als Hamza und Salvatore. Da meine Partner pausierten, stellte ich ein Team zusammen. Ein paar hungrige Jungs aus dem Viertel wollten Geld verdienen. Ich brachte ihnen bei, wie man einbricht, besorgte Objekte zum Plündern, half beim Verkauf der Ware und organisierte die Coups. Dafür erhielt ich eine Beteiligung. Doch wie so oft im Leben waren einige Jungs zu gierig und versteckten die Beute vor mir. Das kam hinterher raus, weil manche Coups Insiderjobs waren und ich ganz genau wusste, was es zu holen gab. Ich hatte kein Vertrauen mehr in dieses Geschäftsmodell und beendete die Zusammenarbeit. Zudem kam meine Tochter zur Welt, dies führte zu einem Umdenken: Ich wollte mich ändern. Also verbot ich den Jungs, weiterzumachen. Und ich war naiv genug, zu glauben, sie würden auf mich hören. Sie gingen weiter auf Tour und die Cops erwischten sie. Das Erste, was die Jungs nach einer Nacht in der Zelle taten, war, mich zu verraten. Sie stellten mich als Bösewicht dar, um besser davonzukommen. Am 04.04.2012, meine Tochter war schon einige Monate alt, klickten bei mir die Handschellen. Der Richter verurteilte mich zu viereinhalb Jahren Jugendstrafe. Ich machte das erste Mal Schlagzeilen. Mein damaliger Rechtsanwalt schickte mir einen Artikel in den Knast. Darin hieß es, dass die Beute einen Gesamtwert von 300 000 Euro gehabt haben soll.

Wenn die wüssten. Das war nur die Spitze des Eisbergs. All die anderen Coups, die ich als Minderjähriger mit meinen Partnern und mit den Berlinern durchgezogen hatte, davon konnten sie nichts nachweisen. Die Staatsanwaltschaft hatte mir einen Deal angeboten. Ich sollte reden. Sie ahnten, dass es da noch mehr geben musste. Ich schwieg, und so blieben alle Jungs frei – außer mir. Ich blieb geduldig. Denn nachdem Salvatore seinen Schulabschluss erfolgreich beendet hatte, absolvierte er die Sachkundeprüfung nach § 34a und konnte so als Sicherheitsmann arbeiten. Das nächste Level war zum Greifen nahe. Ich musste meine Jugendhaft in der JVA Iserlohn absitzen. Dort lernte ich Leroy kennen.

Leroy kam aus einem der miesesten Viertel Kölns. In der Werkhalle unseres Ausbildungsplatzes im Gefängnis trafen wir das erste Mal aufeinander. Seine Mutter ist Deutsche und sein Vater kommt aus Afrika. Trotz einer mehrjährigen Haftstrafe hatte er immer ein Lächeln auf den Lippen, half mir bei Mathematik in der Ausbildung und brachte mir das Boxen bei. Wir wurden enge Freunde und er sollte noch ein guter Dieb und Geschäftspartner werden. Im Jahr 2012 träumte ich davon, dass Hamza, Salvatore und ich uns alles schnappen könnten, wir würden den Reichen nichts übrig lassen. Als ich 2015 das Gefängnis verließ, begann ich die Umschulung zum Immobilienkaufmann, doch schlummerte das Verlangen nach Adrenalin und dem schnellen Geld in jeder Zelle meines Körpers. Eigentlich wollte ich damals nicht mehr kriminell tätig werden, mein Ziel war es, die Umschulung zu absolvieren. Trotzdem schaute ich mir einschlägige Filme an, zog mir Dokus über das Einbrechen rein und inhalierte andere True-Crime-Fälle. Nachdem ich meine Umschulung verlor, war mein Ziel jedoch klar: Meine Brüder und ich könnten Geschichte schreiben, der Welt zeigen, dass es noch echte Diebe gibt.

Raus in die Freiheit

Erst im Jahre 2017 erkannte ich, dass all dies Wunschdenken war. Am Ende ist sich jeder selbst der Nächste. Einer meiner Brüder ignorierte mich, ich fühlte mich in einer meiner dunkelsten Stunden im Stich gelassen. Und wenn Hamza mich schon fallen ließ, würde Salvatore es vielleicht auch tun. Ich hörte auf, die Decke meiner Zelle anzustarren und in der Vergangenheit zu schwelgen. Hamza rief mich nicht zurück. Als ich 2017 in der JVA Essen auf mein Gerichtsverfahren wartete, waren meine Frau und meine Mutter als Einzige für mich da. Und das ist etwas, das man oft beobachtet im Gefängnis. Wenn alle dich verlassen, sind es die Frauen der Familie, die bleiben. Meine Frau besuchte mich jeden Monat, so oft es erlaubt war, und brachte jedes Mal meine Tochter mit. Auch wenn es nicht schön war im Besucherraum, freute sich diese, ihren Papa zu sehen. Die meiste Zeit umarmte sie mich und ruhte mit ihrem kleinen Kopf auf meiner Schulter. Ich gewöhnte mich an den Knastalltag und konzentrierte mich auf meinen Verstand. Es war das Einzige, worauf ich Einfluss nehmen konnte.

Im Gefängnis lernst du, die Zeit zu schätzen. Ich las Dutzende Bücher, trainierte weiter fleißig meinen Körper und versuchte, mich gesund zu ernähren.

Der Knastalltag ist sehr monoton. Gelegentlich schrillt der Alarm los, weil es Stress gibt. Wenn jemand die Sicherheit und Ordnung der Anstalt gefährdet, legen sich die Beamten ihre Schutzausrüstung über und greifen sich ihre Schilde. Sie stürmen den Haftraum, in dem sich der Unruhestifter befindet, schlagen ihn zu Boden, fixieren ihn mit Handschellen und tragen den Störenfried wortwörtlich an Händen und Füßen in den Bunker. In den Bunker möchte keiner. Es ist das Loch im Loch. Keine Fenster, ständig ist das Licht an, der Raum wird videoüberwacht, pissen und scheißen kann man ins Plumpsklo.

Eines Tages berichteten die Medien von einem spektakulären Coup: dem Goldmünzendiebstahl in Berlin. Ich dachte direkt an Abu H., fragte mich, ob seine Crew etwas damit zu tun hatte. Einerseits war ich fasziniert, andererseits machte ich mir Vorwürfe. *Was machst du hier, Asier? Du bist wegen nichts im Knast und die Leute da draußen machen Millionen.* Am nächsten Tag erhielt ich die restlichen Ermittlungsakten. Ab diesem Zeitpunkt gab es für mich zwei Ziele, das erste war: *Wie komme ich hier raus, wie komme ich wieder zu meiner Familie?* Dafür studierte ich die Ermittlungsakte und fand noch einige interessante Angaben des angeblich Geschädigten. Trotzdem sagte mir mein Anwalt, dass für mich keine Chance bestand, bei der Haftprüfung freizukommen. »Der Staatsanwalt wird das niemals befürworten. Wir werden vor Gericht um deine Freiheit kämpfen.«

Dennoch wollte ich die Haftprüfung. Dafür fuhr man mich zum Landgericht. Ich nahm im untersten Geschoss in einem Minigerichtssaal Platz, drei Richter waren dort sowie der Staatsanwalt und mein Rechtsanwalt. Ich sprach nicht, das übernahm der Anwalt. Er versuchte darzulegen, dass die Vorwürfe von Ali nicht der Wahrheit entsprachen. Der Anwalt war sehr redegewandt. Alles, was er sagte, klang logisch. Zudem machte er auf ein wichtiges Detail aufmerksam. Ich hatte Ali 50 Euro für seinen Gürtel gegeben. Ali hatte diese Szene in seine Geschichte nicht eingebaut, trotzdem war es mir wichtig, dass mein Anwalt es erwähnte. Es brachte nichts, die Richter lehnten unseren Antrag auf Aufhebung des Haftbefehls ab. Der Anwalt und ich setzten uns an einen Tisch im Flur.

»Tut mir leid, Rodríguez«, sagte er, »verliere nicht den Mut, vor Gericht werden es andere Richter sein.«

Ich blieb geduldig und verfolgte solange mein zweites Ziel: *Wie schnappe ich mir die drei bis vier Millionen und ziehe einen Coup durch, der genauso Schlagzeilen macht wie der mit der Goldmünze?* Seitdem plante ich den Gronau-Coup bis ins kleinste Detail. Nachts machte ich meine Skizzen und Notizen, plante jeden Schritt und prägte mir alles ein. Die Notizblätter zerriss ich in kleine Stücke und spülte sie die Toilette hinunter, damit kein Beamter bei einer Zellenrevision meine Pläne finden konnte. Sie waren, bevor der Morgen begann, in meinem Kopf gespeichert. Im April erhielt ich die Anklageschrift und darauf folgend die Gerichtstermine. Angesetzt waren vier Termine. Ab dem 30. Mai 2017, um 9:15 Uhr, begann der Kampf um meine Freiheit, das Duell fand im Gerichtskolosseum statt.

Mein Herz nahm an einem Trommelkonzert teil, es ging schließlich um sechs bis acht Jahre Freiheitsentzug.

An den Eingängen des Gerichtssaals standen mehrere Justizbeamte, alle trugen Schutzwesten.

Als zwei Beamte Amir in den Gerichtssaal führten, zwinkerte er mir zu und grinste. Auch ich lächelte und war froh, zu sehen, dass er trotz allem sein Lächeln nicht verloren hatte. Als Nächstes kam Dennis. Er war ausdruckslos und setzte sich zu seinen Verteidigern. Der Staatsanwalt erschien mit seinem Laptop und ein paar Akten und setzte sich auf seine Seite. Die Anwälte legten sich ihre Roben über, ebenso der Staatsanwalt. Dann traten die drei Richter in den Gerichtssaal, mit ihnen zwei Schöffen. Die Gerichtsschreiberin saß bereits. Wir mussten uns erheben und nahmen anschließend wieder Platz. Dann durften die Zuschauer den Saal betreten. Ich hatte meine Familie gebeten, nicht zu kommen, dies hätte sie und mich nur belastet. Unser Prozessbeginn war wahrscheinlich vor den Freunden verheimlicht worden, denn nur Hamza erschien als Zuschauer. Er nickte Amir zu, mich ignorierte er. *Alles klar*, dachte ich, *du machst also weiter so*. Ich verstand sein Verhalten nicht, merkte es mir aber.

Der Staatsanwalt verlas die Anklageschrift, also Alis Version der Geschichte. Der vorsitzende Richter befahl einem Justizbeamten, den ersten Zeugen aufzurufen, eines der beiden Mädchen. Um diese Zeugen sorgte ich mich nicht, sondern nur um Ali und seinen Rapperfreund, außerdem beunruhigte mich der Gedanke an Schmitz. Das Mädchen schilderte das Geschehen exakt so, wie es sich bei ihr zu Hause abgespielt hatte. Dass sie als Köder gedient hatte, bestritt sie, um sich selbst nicht zu belasten. Das gefiel dem Staatsanwalt natürlich gar nicht, ihm stieg die Röte ins Gesicht und er hakte mit seinen Fragen immer wieder nach und wiederholte sich.

»Haben Sie nicht die Schreie im Flur gehört?«

»Nein«, sagte das Mädchen.

»Konnten Sie nicht die Waffen sehen, die die Personen trugen, welche Ihre Wohnung betraten?«

»Nein«, sagte sie, »es gab keine.«

»Sind Sie sicher?«

Mein Rechtsanwalt erhob Einspruch. »Sehr geehrter Herr Vorsitzender, die Zeugin hat die Frage bereits verneint.«

Der vorsitzende Richter tadelte den Staatsanwalt, woraufhin dieser entrüstet den Kopf schüttelte.

»Keine weiteren Fragen.«

Die nächste Zeugin war das andere Mädchen. Auch sie sagte wunderbar aus. Der nächste Zeuge sollte der Rapperfreund sein.

»Dieser Zeuge könnte gefährlich werden«, sagte mein Anwalt.

Der Rapper nahm im Zeugenstand Platz. Alle waren gespannt. Er schaute zu uns herüber, dann zum Richter, der mit seiner Befragung begann. Aus heiterem Himmel sagte der Rapper noch besser aus als die Mädels. Er disste seinen eigenen Freund, wie es im Rap-Genre heißt, nannte ihn einen Geschichtenerzähler. Wir waren alle erstaunt. Der erste Prozesstag endete.

»Das lief doch gut«, sagte ich.

»Ja, allerdings sind die alles entscheidenden Aussagen die des Geschädigten und des Polizisten Schmitz. Wenn die Richter beide Zeugen für glaubwürdiger erachten, werdet ihr trotzdem verurteilt.«

Mein Adamsapfel hüpfte auf und ab. Ich spürte, wie meine Freiheit auf dem Rand eines Vulkans balancierte.

Zwei Tage später fanden wir uns alle im Gerichtskolosseum wieder, dieser Tag war entscheidend. Danach konnte der Daumen hoch zeigen für Gnade – oder runter für den Tod in der Arena. Ali betrat den Saal mit erhobenem Haupt. Was ich sah, war unglaublich. Sie hatten den Jungen doch tatsächlich ins Zeugenschutzprogramm aufgenommen und ihm ein fünfköpfiges, maskiertes Team aus Personenschützern zur Verfügung gestellt, die ihre Waffen offen in ihren Hüftholstern trugen. Ali setzte sich in den Zeugenstuhl. Ein Personenschützer saß neben ihm, zwei andere standen dahinter und die anderen beiden postierten sich im Zeugenstand in Hamzas Nähe. Unsere Anwälte bereiteten sich darauf vor, Ali im Zeugenstand mit ihren Fragen in Widersprüche zu verwickeln. Doch das war alles nicht nötig. Denn es geschah etwas Überraschendes, womit weder der Staatsanwalt, noch Hamza, die Justizbeamten, unsere Anwälte und am wenigstens wir Angeklagten gerechnet hätten. Wir sahen einen unbefangenen vorsitzenden Richter in Aktion. Noch nie zuvor hatte ich solch einen Richter in einem Gerichtssaal erlebt – und werde es wahrscheinlich auch nicht mehr erleben.

»Herr ***, Sie haben bei Kriminalhauptkommissar Schmitz insgesamt vier verschiedene Aussagen getätigt«, sagte der Vorsitzende, »und in jeder dieser Aussagen fand ich Widersprüche. Wie erklären Sie das?«

Ali antwortete patzig. »Was für Widersprüche, was erzählen Sie hier?« Daraufhin verschränkte er die Arme.

Der Richter starrte Ali an, dann richtete er seine Brille und las aus der Akte. »In Ihrer ersten Vernehmung hatten Sie noch nichts von Waffen berichtet. In Ihrer zweiten Vernehmung trug der erste Angeklagte dann ein Messer. Und der Herr Rodríguez Santos eine Pistole in seiner Hose, welches Modell es war, konnten Sie nicht sagen. In Ihrer dritten Vernehmung fügten Sie jedoch hinzu, dass die Pistole nicht in seiner Hose steckte, sondern dass der Angeklagte Rodríguez Santos die Pistole in der Hand hielt und dass es ein Revolver gewesen sei. Herr *** soll zudem zu seinem Messer plötzlich auch noch ein Pfefferspray in der Hand gehalten haben.« Der Richter pausierte kurz und sah Ali an, der sich seinen Schädel kratzte. Dann fuhr er fort: »Herr Rodríguez Santos hat in der von seinem Rechtsanwalt verfassten Einlassung erwähnt, dass er Ihnen für Ihren kaputten Gürtel 50 Euro gab. Stimmt das?«

Ali schaute zu mir herüber, bevor er antwortete und dann das erste Mal die Wahrheit sprach. »Ja, das stimmt.«

Der Richter schmunzelte. »Warum haben Sie dieses Detail nicht in Ihrer Aussage erwähnt?«

»Keine Ahnung, habe ich vergessen.«

Der Richter runzelte die Stirn. »Vergessen?«

»Ja, vergessen«, antwortete Ali.

»Außerdem sagten Sie, Sie seien bei ungefähr 70 km/h aus dem fahrenden Fahrzeug gesprungen; bei einer Ihrer weiteren Aussagen gaben Sie jedoch an, dass der Angeklagte Sie aus dem Auto geworfen hat.«

»Nein, ich bin freiwillig rausgesprungen.«

»Wieso?«

»Aus Angst. Der Dennis hatte ein Messer.«

»Zuerst einmal glaube ich nicht, dass Sie heute vor mir sitzen könnten, wenn Sie bei 70 km/h aus einem fahrenden Fahrzeug gesprungen wären.«

»Was wollen Sie von mir, Herr Richter? Ich bin hier das Opfer, hören Sie auf, mich als Lügner darzustellen!«

Der Richter schwieg, trug ein perfektes Pokerface. Er richtete seine Brille. »Herr ***, wir sind hier, um die Wahrheit über diese Nacht herauszufinden, und ich zweifle aufgrund Ihrer Angaben und den Widersprüchen sehr an Ihrer Version der Geschichte.«

Alis Beine wippten unter dem Tisch auf und ab, er biss sich auf die Unterlippe. Dann platzte es aus ihm heraus. »Ich bin hier das Opfer!«

Der Richter erhob die Stimme. »Sie beruhigen sich jetzt.« Dann legte er richtig los und löcherte Ali mit Fragen. Dieser verstrickte sich noch mehr in seine Widersprüche. Als der Richter keine Fragen mehr hatte, lehnte der Staatsanwalt seine weitere Befragung ab – und unsere Anwälte ebenfalls. Der Richter hatte alles erledigt, er hatte Ali enttarnt und entließ ihn aus dem Zeugenstand. Dieser verließ niedergeschlagen mit seinen Leibwächtern den Saal. Das Gericht legte eine Pause ein. Das war gut gelaufen. Jetzt fehlte nur noch Schmitz.

Die Pause war vorbei. Alle nahmen wieder Platz, und jetzt sollte der Richter eigentlich den nächsten Zeugen aufrufen, das wäre Schmitz. Doch der Staatsanwalt schaltete sein Mikrofon ein, räusperte sich und sagte: »Kriminalhauptkommissar Schmitz kann leider nicht erscheinen, er fällt als Zeuge aus.«

Ich schaute zu meinen Anwälten, dann zu Amir und wir alle schmunzelten. Am selben Prozesstag erfolgte das

Urteil. Der Richter sprach uns in allen Anklagepunkten frei. Wir durften den Gerichtssaal sofort verlassen – als freie Männer. Ich wollte unbedingt ins nächste Taxi steigen, um heimzufahren zu meiner Frau und meiner Tochter. Doch ein Konflikt wartete bereits auf mich.

Hamza baute sich vor mir auf und redete auf mich ein. »Die Anwaltskosten, zudem die Kohle, die nötig war, um an gewisse Informationen zu kommen, und die monatlichen 210 Euro, die ich Amir in den Knast geschickt hatte.« Ich schaute ihn sprachlos an, während er weitersprach: »Insgesamt sind das knappe 13 K, die du mir schuldest.« Er sah mich herausfordernd an.

»Ist das dein Ernst?«

»Natürlich ist das mein Ernst. Du bist schuld. Wärest du damals zu mir gekommen und hättest mir erzählt, was für eine Scheiße mein kleiner Bruder fabriziert, dann wäre all das nicht passiert.«

»Ich komme gerade aus dem Knast und du gehst mir damit auf den Sack? Ich kann es nicht fassen.«

»Wohin gehst du?«, fragte Hamza, als ich an ihm vorbeilief.

»Nach Hause, zu meiner Familie.«

»Steig ein, ich nehme dich mit.« Er zeigte auf seinen AMG, in dem Amir saß und telefonierte.

»Vergiss es!«, antwortete ich, stieg in ein Taxi, schlug die Tür zu und nannte dem Fahrer meine Adresse. Meine Familie wusste noch nichts, ich wollte sie überraschen. Der Taxifahrer parkte vor meiner Haustür, genau dort, wo meine Frau mitansehen musste, wie die Polizisten mich zu Unrecht verhafteten und mir für fünf Monate die Freiheit raubten. Ich hatte kein Geld dabei, aber der Taxifahrer vertraute mir und wartete unten auf mich. Ich hatte auch keinen Schlüssel, also klingelte ich. Es erklang ein Summen, ich drückte die Tür auf und eilte die Treppen hinauf. Unsere Wohnungstür stand offen und ich sah die drei wertvollsten Menschen meines Lebens. Meine Mutter, meine Frau und meine Tochter. Die Kleine rannte los und schrie klar und deutlich: »Papa!« Ich ging in die Knie und sie rannte in meine Arme, ich hob sie hoch und umarmte sie. Es war der 09.06.2017, einer der schönsten Momente meines Lebens. An diesem Tag hätte ich aufhören müssen, ein Dieb zu sein.

Geduldige Observation

Die Sonne war bereits untergegangen, nur der Mondschein reflektierte in den Wasserpfützen und schenkte uns Licht. Ibo und ich saßen allein auf der zerfallenen Tribüne der geschlossenen Trabrennbahn in Recklinghausen.

Ibo blickte mich wütend an. »Wo warst du die ganzen Monate? Das kann doch nicht wahr sein, immer wieder bist du nicht zu erreichen, so geht das nicht!«

»Ibo, ich war im Knast.«

»Im Knast? Warum? Weshalb?«

»Hat sich alles erledigt. Gibt es Neuigkeiten?«

»Die Ermittlungen wegen der Geldtransporterplünderung sind vorerst, weil es keine Spur gibt, ad acta gelegt worden. Die zwei Fahrer der Dortmund-Tour wurden gekündigt und …«

»Wen haben sie gekündigt?«, fragte ich.

»Die beiden Sicherheitsmänner vom Dortmund-Coup.«

»Was! Warum? Christian und Jürgen! Die hatten doch nichts damit zu tun und trugen keine Schuld, wie kann man sie feuern?«

»Das kann ich dir sagen. Die Versicherung. Die Versicherung wollte Köpfe rollen sehen. Das Unternehmen hat die Schuld auf die beiden geschoben. Außerdem haben die Polizisten die beiden dringend verdächtigt, das war ihre Hauptroute.«

Ich schüttelte meinen Kopf.

»Habe ich dir das nicht immer schon erzählt?«, sagte Ibo. »Das Unternehmen ist verdorben. Die haben es verdient, dass wir sie ruinieren.«

»Jetzt erst recht«, sagte ich. »Den Gronau-Coup mache ich im Dezember. Das wird abnormal, so was hat Deutschland noch nicht erlebt – und diesmal wird niemand gekündigt werden.«

»Sehr gut«, sagte Ibo, »und ...«

Ich unterbrach ihn. »Hast du einen Coup, den man jetzt machen kann, sozusagen als Überbrückung?«

Ibo grinste schelmisch. »Du lässt mich ja nicht ausreden«, sagte er. Dann zeigte er mir einen silbernen länglichen Schlüssel und einen kleineren. Einen davon erkannte ich, es war ein Doppelbartschlüssel. Ich lächelte. »Zu welchem Tresor gehört denn dieser wunderschöne Schlüssel – und wofür ist der kleine?«

Geldautomaten sind beliebte Ziele von Sprengungen. Allein im Jahr 2016 explodierten laut BKA in der BRD 318 Geldautomaten. Jedoch gelangten die Gauner nur in 128 Fällen an das Geld, 190 Sprengungen waren für die Katz. Es ist pures Glücksspiel. Ich kannte einige der Jungs, die es gern knallen lassen, und nur die wenigsten Automatenknaller observieren die Geldautomaten. Pure Faulheit. Das kam für mich nicht infrage, ich habe von den Deutschen gelernt, pünktlich und akribisch zu sein. Deswegen observierte ich die Postbankfiliale an der Alten Münsterstraße in Werne.

Kenne deine Umgebung lautet die erste Observationsregel. Nachts erkundete ich die Gegebenheiten rund um die Bank, die Stadt Werne, die Polizeiwache und die Entfernungen zu den Autobahnauf- und -ausfahrten. Zwei Stunden nach Mitternacht lief ich in den Vorraum der Bank, und zwar mit einer schwarzen Mütze, die meine Augenbrauen verdeckte, und einem Schal, der mein Gesicht verhüllte, und sah, dass es dort keine Kameras gab. Lediglich der Hauptraum der Bank wurde überwacht. Ein heruntergefahrenes Metallrollladensystem schützte nach Schließung das Innere der Bank. So war es den Kameras in der Bank nicht möglich, zu erfassen, was im Vorraum der Bank an der Stelle passierte, wo der Bankautomat stand. Nachdem ich die Umgebung kennengelernt hatte wie ein Schachmeister sein Spielbrett, observierte ich die Bank aus verschiedenen Positionen – von morgens bis abends. Mal als Gast in der Pizzeria »La Strada«, von deren Außensitzplätzen man bei einer knusprigen Pizza Margherita und einer frischen Coke mit Zitrone einen hervorragenden Blick auf den Eingang der Postbankfiliale genoss. Nur durfte ich nicht jeden Tag dort sitzen und essen, sonst könnte mein Gesicht zu vertraut werden. Deshalb suchte ich mir immer andere Observationspunkte und mischte mich unters Volk. Mal postierte ich mich in dem mehrstöckigen Parkdeck gegenüber der Postbank. Ein anderes Mal verkleidete ich mich als Bedürftiger, setzte mich mit einem Becher auf eine Steinbank zu den anderen Bedürftigen neben dem Eingang der Postbankfiliale. Mit dem Geld, das die Leute in meinen Becher warfen, kaufte ich, nachdem die Bank geschlossen hatte, den anderen Bettlern Essen.

Wenn sie mich fragten, warum ich nichts essen wollte, behauptete ich, ich hätte schon gegessen. Tatsächlich war es so, dass ich nicht viel essen durfte. An den Tagen, an denen ich von der Pizzeria aus die Bank beobachtete, schon. Dort gab es Toiletten. Doch an den Tagen, an denen ich als Bettler verkleidet war, fastete ich, um meinen Posten nicht verlassen zu müssen. Knappe neun Stunden täglich harrte ich an meinen Positionen aus. Bis nach zwölf Tagen der Observation der Geldtransporter gegen 17 Uhr vor die Bank rollte.

Ich saß neben dem Bankeingang und sah den sogenannten Befüller aussteigen. Er trug ein rotes Polohemd, an der Hemdtasche hing der mit einer Krokodilklemme befestigte Arbeitsausweis. Einhändig manövrierte er den Handkarren, beladen mit den Geldkassetten, in die Postbank, seine andere Hand lag währenddessen am Griff seines im Gürtelholster steckenden Revolvers. Nun wusste ich, dass am 23.06.2017 genügend Geld in diesem Bankautomaten vorhanden sein würde, damit es das Risiko auch wert war, zuzuschlagen. Mit einer verschwörerischen Stimme und einem Lächeln, bei dem ein paar Zähne fehlten, sagte mir mein Bettlergenosse: »Wenn wir den da ausrauben, dann müssen wir nicht mehr betteln.«

Die Banken werden von den Geldtransportern angefahren, anschließend werden die Bankautomaten von den sogenannten Befüllern mit den Geldkassetten gefüllt. Dies geschieht, sobald die Bankangestellten anrufen und frisches Geld bestellen. Manche Banken haben feste Termine, an denen der Geldtransporter eintrifft. Ibo war kein Befüller, sondern Störfallfahrer. Er hatte jedoch wie die Befüller Zugriff auf einen eigenen Alukoffer, in dem sich die Tresorschlüssel befanden, mit denen man die Geldautomaten öffnen konnte. Den Befülltermin kannte Ibo jedoch nicht. Die Störfallfahrer fahren nur bei einer Bankautomatenstörung zum Geldautomaten. Die Befüller verfügen über ihren eigenen Koffer mit identischen Schlüsseln. Beide Alukoffer befinden sich in der Zentrale der Geld- und Werttransportunternehmen. Ein Bankautomat ist nichts anderes als ein Computer mit einem Tresor. Jeder Computer hat mal Funktionsstörungen, solange dies nicht geschah, hofften wir, dass es niemandem auffiele, dass Ibo einen Schlüssel aus dem Alukoffer der Störfallfahrer gestohlen hatte. Doch wenn eine Störung auftrat, was jederzeit geschehen konnte, wenn der Schlüssel plötzlich vermisst würde, wäre die Polizei in der Lage, mir eine Falle zu stellen. Die Sache konnte jederzeit platzen, die Zeit war wieder einmal ein erbarmungsloser Gegner.

Option A: Hamza wäre beim Coup mit dabei. Option B: Ich machte den Job allein. Für den Fall hatte ich bereits alles vorbereitet. Mir blieben noch einige Stunden. Den Raub plante ich für zwei Uhr nachts. Nachdem ich meine Verkleidung als Bettler abgelegt hatte, fuhr ich von Werne direkt nach Marl ins arabische Café, das Hamza gehörte. Dort spielten die Jungs und auch die älteren Männer Karten und rauchten ihre Shishapfeifen. Marl ist eine kleine Stadt, aber aus den Häusern der arabischen Großfamilien ist dort alles vertreten. Onkels und Jungs vieler namhafter Clans, sie alle besuchten gerne Hamzas Café. Ich hielt mich selten dort auf. Karten spielen und Shisha rauchen sind nicht mein Ding. Trotzdem war es immer schön, bekannte Gesichter wiederzusehen, mit denen ich als Jugendlicher viel Zeit verbracht hatte. Hamza stand hinter dem Tresen und verstellte mit der Fernbedienung etwas am Fernseher. Am Abend lief ein Fußballspiel, das Café war rappelvoll. Bis ich den Tresen erreichen konnte, schüttelte ich Dutzende Hände, hörte ein vielfaches *Habibi*. Sie boten mir einen Platz an ihrem Tisch an. Ich lehnte dankend ab. Auch wenn der größte Teil der Gesellschaft damals wie heute ein Problem mit den sogenannten Clans hat, erlebte ich, dass es gute und schlechte Menschen gibt, so wie es überall der Fall ist. Insbesondere die Gastfreundlichkeit der Jungs und ihrer Familien war wirklich beeindruckend.

Als ich nach all den Einladungen und dem Händeschütteln doch noch Hamza erreichte, begrüßten wir uns und gingen in die Küche des Cafés. Er hatte ein Geschirrtuch über seine Schulter gelegt und lehnte sich an den Herd.

»Ich habe dir geschrieben«, sagte Hamza, »warum hast du dich nicht gemeldet?«

»Du hast mich im Knast im Stich gelassen, schon vergessen? Ich bin enttäuscht.«

Er verdrehte die Augen.

»Warum hast du mich ignoriert?«, fragte ich ihn.

»Damit du lernst.«

»Damit ich lerne?«

Er nickte.

Ich stieß zwischen zusammengebissenen Zähnen die Luft aus, schüttelte meinen Kopf und zog einen braunen Briefumschlag aus meiner Gesäßtasche. »Hier ist das Geld.«

Er schaute nicht auf den Umschlag. Wir sahen einander finster an.

»Ich möchte, dass du weißt, dass ich dir das Geld mit Wohlwollen geben würde, wenn du einfach ›Bitte‹ gesagt hättest. Das ist nur Geld, wir haben so viel davon kommen und gehen sehen, dass es eigentlich nicht über uns bestimmen sollte. Du hast mich im Stich gelassen, als ich im Gefängnis saß. Ich gebe dir die Kohle, wenn du sie noch möchtest. Aber du sollst wissen, sie kommt nicht von Herzen.«

Ich streckte meinen Arm aus, mit dem ich den Umschlag festhielt.

Wir starrten uns an.

Dann nahm er den Umschlag an sich.

»Schade«, sagte ich.

»Vielleicht lernst du daraus«, sagte Hamza, »für das nächste Mal.«

»Das habe ich schon«, sagte ich.

Dann reichte ich ihm meine Hand, um mich zu verabschieden.

Hamza hielt mich zurück. »Salvatore ist wieder da, hast du ihn schon besucht?«

»Nein, grüß ihn von mir, ich melde mich nächste Woche bei ihm.«

»Seine Informationen sind sehr gut.«

»Alles klar, ich melde mich. Momentan möchte ich nur bei meiner Familie sein.«

Das war nicht gelogen. Wenn ich nicht gerade die Bank observierte, war ich zu Hause. Ich ging hinaus und setzte mich in mein Auto. Bevor ich losfuhr, umklammerte ich das Lenkrad und atmete tief durch.

Warum hast du das Geld angenommen! Warum, Hamza?

Auf dem Weg zu meinem provisorischen Safehouse fokussierte ich mich auf meine Aufgabe. Denn in dieser Nacht wollte ich zum ersten Mal einen Coup allein durchführen. Nur auf sich gestellt zu sein, fühlte sich beschissen an. Doch war es an der Zeit, dass ich mich daran gewöhnte.

* * *

Sieben Minuten und 7,9 Kilometer ist die Postbankfiliale in Werne von der Autobahnauffahrt entfernt. Sieben Minuten, in denen unvorhergesehene Katastrophen einschlagen können. Ich fuhr mit einem gemieteten dunkelblauen Audi RS7 von der A1 herunter. Die Kennzeichen hatte ich zuvor gegen Dubletten eines anderen RS7 gewechselt, den ich nur dafür ermittelt hatte, um sein Kennzeichen zu kopieren. Falls es eine Verfolgungsjagd geben oder jemand sich das Kennzeichen merken sollte, war ich vorbereitet. Ich trug ein weißes Hemd, eine blaue Jeans, weiße Sneaker, Bauchtasche, Schiebermütze und näherte mich der Postbankfiliale. Die Straßen in Werne wurden nachts kaum befahren. Ich drehte einige Runden und achtete auf Anzeichen einer Falle: besetzte Autos mit zu langen Antennen oder neue Fahrzeuge. Ich kannte mittlerweile alle Autos der Anwohner. Nachdem ich mich vergewissert hatte, dass alles sauber zu sein schien, parkte ich direkt vor der Bank und ließ den Motor laufen. Ich stieg aus und lief hinein, was zunächst nichts Ungewöhnliches war. Ich hoffte, auf keine

Hindernisse zu stoßen. Als ich jedoch die Treppe hochlief, die in den Vorraum führte, wo der Bankautomat wartete, entdeckte ich meinen Bettlergenossen. Er lag auf seiner Decke und sah mir mit seinen blauen Augen direkt ins Gesicht. Ich erstarrte für den Bruchteil einer Sekunde, mein Herz donnerte. Hatte er mich erkannt? Dann schloss er seine Augen wieder. Ich drehte mich um und lief die Treppe hinunter, stieg ins Auto und schaltete den Motor ab. Ich öffnete das Fenster, damit die Scheiben nicht beschlugen. Es war still, die Straßen waren leer gefegt. Durch den Adrenalinausstoß nahm ich alles intensiver wahr. Den Neuwagengeruch und die Sommerbrise. *Was mache ich jetzt?* Auch wenn er mich nicht erkannt hatte, konnte ich doch nicht den Automaten neben ihm öffnen. Dass er da lag, hieß wenigstens, dass die Polizisten mir nicht auflauerten, dann hätten sie ihn schon verscheucht. Oder war er vielleicht ein Bulle? Selbst wenn nicht, war er ein Zeuge. Außerdem konnte er mich dabei auch überfallen. Zwar war er nicht mehr der Jüngste, wenn er jedoch geschickt mit dem Messer wäre, hätte ich ein Problem. Ich schaute zur Bank und sah ihn plötzlich herauslaufen, direkt in meine Richtung. Er trat an das Auto heran.

»Entschuldigen Sie die Störung«, sagte er, »ich wollte Sie gerade in der Bank nicht verschrecken. Ich gehe jetzt weg, damit Sie Ihr Geld abheben können.«

Ich schaute ihn nicht direkt an, damit er mein Gesicht nicht sah. Dann antwortete ich mit verstellter Stimme: »Danke.«

Er entfernte sich. *Mann, du Armer*, dachte ich mir. Ich habe deinen Schlaf gestört, um zu klauen. Und du hast noch trotz deiner Lage so viel Verständnis. Ich wusste, dass er keine Drogen oder Alkohol konsumierte. Ich öffnete das Handschuhfach und nahm eines der zusammengerollten Geldbündel, streifte meine Handschuhe ab, verließ den Wagen, lief ihm hinterher, tippte ihm auf die Schulter und senkte meinen Blick.

»Hier, such dir ein Hotel.« Ich hatte erneut meine Stimme verstellt und drückte ihm das Geldbündel in die Hand.

»Danke. Vielen lieben Dank.«

Ich drehte mich um und lief in Richtung Bank. Diese Aktion könnte ich noch bereuen. Was, wenn er sich fragte, warum jemand an einem Bankautomaten Geld abheben wollte, wenn er doch über genügend Bargeld verfügte? Ich konnte nur hoffen, dass er nicht die Polizei rief. Bevor ich in die Bank hineinging, sah ich mich um. Der Bettler war weitergelaufen und die Straßen waren leer. Ich zog meine Handschuhe an, lief die Treppe hoch und stand vor dem Bankautomaten. Dann ging ich in die Hocke, öffnete meine Bauchtasche und zog beide Schlüssel heraus. Mit dem kleinen Schlüssel öffnete ich die blaue Gehäusetür des Automaten, woraufhin ein Piepen erklang. Ich zuckte zusammen. Es piepte und piepte weiter. Dann erinnerte ich mich daran, dass Ibo mich davor gewarnt hatte, dass es allerdings nicht schlimm sei und ich es ignorieren solle. »Das kann passieren, wenn du dich nicht anmeldest, um das Gehäuse zu öffnen.«

Ich sah den Tresor, er hatte zwei Schlösser. Ich drehte am Zahlenschloss und gab die Zahlenkombination ein. Danach steckte ich den Doppelbartschlüssel in das Schloss des Bankautomaten und drehte ihn, bis es klickte. Die schwere Tresortür zog ich mit dem Schlüssel auf. Vor mir stapelten sich die dunkelgrauen Geldkassetten. Aus meiner Gesäßtasche zückte ich eine große blaue IKEA-Tüte. Im Handumdrehen nahm ich eine Geldkassette nach der anderen aus ihrem Fach, um sie in die Tüte zu legen. Dann zog ich meinen Joker aus der Bauchtasche und besprühte alle Stellen, die ich berührt hatte, mit der Säure. Anschließend verschloss ich den Tresor und das Gehäuse, das Piepen verstummte. Den Liegeplatz des Bedürftigen besprühte ich auch, man weiß ja nie. Vielleicht war er vorbestraft, ich wollte ihm keine Probleme bereiten. Zügig verließ ich die Bank mit der Tüte in der Hand. Bevor ich mich an den Audi RS7 wagte, beäugte ich die Straßen, die Gebäude, die Fenster und Balkone sowie das Parkdeck. Nichts zu sehen, also stieg ich ein. Die Tüte legte ich auf den Boden vor dem Beifahrersitz, startete den Motor und fuhr los.

Ich rollte über die Alte Münsterstraße, fuhr in einen Kreisverkehr und verließ ihn direkt wieder. Bis zur A1 ging es nur noch geradeaus. Aus heiterem Himmel setzte ein Fahrzeug hinter mir die Lichthupe, also warf ich einen Blick in den Rückspiegel. Urplötzlich klebte ein BMW an meinem Heck, der Beifahrer hielt die Polizeikelle heraus und signalisierte mir, rechts ranzufahren. Ein Schauer breitete sich von meinem Rücken aus und ummantelte meinen ganzen Körper. Woher taucht die Kripo auf einmal auf? Keine Zeit, darüber konnte ich später nachdenken.

»Anhalten kommt nicht infrage, nicht heute, Jungs«, murmelte ich, setzte meine Schiebermütze ab, warf sie auf den Beifahrersitz und streifte die Sturmhaube, die ich darunter trug, bis zum Kinn hinunter. Der Sportmodus des Audi RS7 war aktiv, das Fahrwerk auf »Dynamisch« gestellt, der Spoiler ausgefahren. Ich drückte das Gaspedal bis zum Anschlag. Der V8-Biturbo-Motor drückte den schneidigen Audi RS7 in wenigen Sekunden von 50 auf 200 km/h. Sein Auspuff knurrte, donnerte und schoss Stichflammen. Berauscht vom Adrenalin, fühlte ich mich unbesiegbar. Die Cops setzten das Blaulicht auf ihr Dach, blaue Blitze erleuchteten die Nacht. Doch prompt erschienen mir die Blitze immer kleiner, wegen der Entfernung, die zwischen uns lag und stetig größer wurde. Sie waren chancenlos gegen diese 605 Pferdestärken. Ich schoss die Autobahnauffahrt hoch, driftete die leichte Kurve hinauf, stabilisierte das Fahrzeug auf der Geraden und zerquetschte mit meinem Fuß das Gaspedal. Mit 300 km/h verließ ich die Gefahrenzone. Ich fuhr nach Düsseldorf zum Hyatt-Hotel am Medienhafen, glitt in die Tiefgarage des Hotels hinunter, parkte den RS7 und deponierte die Geldkassetten in einem Koffer. Mit dem Aufzug fuhr ich von der Tiefgarage in die 18. Etage, lief zum Zimmer, zog den Koffer hinter mir her, zückte meine Karte, steckte sie in das Kartenlesegerät und trat ins Zimmer. Das rote Nicht-stören-Schild ließ ich weiter an der Tür hängen. Ich platzierte den Koffer auf dem Bett, öffnete ihn und entnahm die fünf Geldkassetten, die ich auf dem Boden ausbreitete. Aus einem anderen Koffer, den ich vorher im Schrank verstaut hatte, entnahm ich die Geldzählmaschine, einen Schlitzschraubenzieher, eine Zange und eine neue Packung Gummibänder. Für die Geldkassetten hatte ich keinen Schlüssel, also brach ich sie auf. Bei jeder einzelnen Öffnung strömte mir der Geruch von druckfrischem Bargeld entgegen. Eine einzigartige Duftmarke. Ich schaltete den Fernseher ein, verband meinen iPod mit dem TV, erhöhte die Lautstärke und ließ Mozarts *Zauberflöte* erklingen. Dann jagte ich die Scheine durch die ratternde Zählmaschine, stapelte sie zu Zehntausender-Haufen und wickelte jedes Mal ein orangefarbiges Gummiband herum. Pablo Escobar gab monatlich 2500 Dollar nur für Gummibänder aus, um seine Millionen zu bündeln. Ich hatte nur ein Gummibandpaket gekauft, für 4,99 Euro. Und selbst das Paket bekam ich nicht leer. Als ich fertig gezählt hatte, lagen 25 Zehntausenderstapel vor mir, plus 4000 Euro, 15 Prozent waren für Ibo, der Rest gehörte mir.

Ich war 23 Jahre jung und ab dieser Nacht, in der gesamten Summe, eine Million Euro schwer. Noch ein Jahr zuvor hatte ich gesagt: »Bei einer Million höre ich auf!« Doch ab der Million ging es erst richtig los, ich wollte auch Tausende Euro für Gummibänder ausgeben müssen, um mein Geld zu bündeln.

City of Gold

Unter Geldwäsche versteht man das Einschleusen von illegal erwirtschafteten Geldern in den legalen Finanz- und Wirtschaftskreislauf. Am nächsten Morgen ging ich los zu den Scheidestätten. Das sind Geschäfte, in denen man Goldmünzen, Goldbarren und andere Edelmetalle kaufen und verkaufen kann. Das Geldwäschegesetz aus dem Jahr 2017 in Deutschland besagt, dass bei jedem Bargeldkauf erst ab einer Summe von 10 000 Euro eine Nachweispflicht besteht, woher das Geld stammt. Geht man nur einen Euro unter diese 10 000-Euro-Marke, muss man nichts erklären. Das Genialste an der ganzen Sache war, dass die Scheidestätten im Jahr 2017 bis zu dieser Marke, manche sogar bis 15 000, ein anonymes Tafelgeschäft anboten. Das heißt, eine Person konnte pro Tag je Scheideanstalt komplett anonym für 9999 Euro Gold kaufen. Man erhielt eine No-Name-Rechnung und der Inhaber dieser Rechnung wurde zum Besitzer des Goldes. Ich fuhr also von Scheidestätte zu Scheidestätte. Es dauerte nur ein paar Tage, bis ich 200 000 Euro in bar in LBMA-zertifizierte Goldbarren umgewandelt hatte, die ich mit nach Dubai nehmen würde, ins Geldwäscheparadies.

Um nach Dubai auszuwandern, war es erst einmal notwendig, das Land kennenzulernen, Immobilien zu erkunden und unbedingt das Autismuszentrum zu begutachten. Die Reise hatte mein Cousin Paco bereits gebucht. Mein Freund Ludwig hatte mir den Kontakt zu einem Goldhändler in Dubai vermittelt, der mir die Goldbarren allesamt auf einen Schlag abkaufen sollte. Bevor ich die Reise antreten konnte, musste ich mich noch mit Salvatore treffen, Ibo seinen Anteil geben, mich bei ihm erkundigen, welche Stimmung im Unternehmen herrschte, und ein ernsthaftes Gespräch mit Kriminalhauptkommissar Schmitz führen.

Mein Partner Salvatore stammt aus Kalabrien, einer Region in Italien, die seit den Rachemorden in Duisburg im Jahr 2007 von den Staatsanwälten aller Nationen als Mafiahochburg abgestempelt wird. Das Phänomen der Stigmatisierung von Bevölkerungsgruppen gibt es in fast jedem Land – die Gesellschaft giert nach Feindbildern. Ohne Probleme auf der Welt bräuchten wir ja keine Politiker, die sie lösen. Einer muss der Böse sein, wie es Tony Montana während der Restaurantszene im Film *Scarface* völlig richtig sagt: »Ihr braucht Typen wie mich, damit ihr mit euerm vollgeschissenen Finger auf mich zeigt und sagt: Das ist der Bösewicht da!«

In Spanien waren es lange Zeit die Basken. Mein Vater erzählte mir viele Geschichten über unsere baskischen Vorfahren und die Partisanen, die gegen den Diktator und Faschisten Franco im Spanischen Bürgerkrieg kämpften. Er unterrichtete mich zudem über die völkerrechtswidrige Zerstörung der Stadt Guernica im Baskenland durch die Nationalsozialisten. Dieses Kriegsverbrechen war ein Unrecht, das nur geschehen konnte, weil die Staatsmänner und deren aktive sowie stumme Anhänger die baskische Identität bekämpften. Unter der Herrschaft Francos war es in Spanien verboten, Baskisch zu sprechen, erst im Jahr 1975 wurde es wieder erlaubt. Aufgrund dieser Stigmatisierung, Diskriminierung und Repression gegen uns Basken und unsere Sprache sowie Kultur bildeten sich in der Nachkriegszeit Untergrundorganisationen wie die ETA, die es primär auf die Banken, Wohlhabenden und Politiker abgesehen hatten. Oder es gab die Anarchisten wie Lucio Urtobia, der Maurer, der einen Krieg gegen die Banken führte. Viele von ihnen hatten zu viel von Karl Marx gelesen, mehr, als ihnen guttat. Das System hatte diese Kinder produziert, die es daraufhin nur schwer wieder loswurde. »Die Banken zu erleichtern, das war damals wie ein Sport für einige Basken«, sagte mein Vater.

Die Diebe der alten Schule blieben motiviert, indem sie sich immer wieder die ungerechte Verteilung der Reichtümer vor Augen hielten und Sprüche klopften wie: »Es ist nicht geklaut, wenn es schon geklaut ist.« Oder Witze rissen wie: »Das Geld der Banken ist mit Blut beschmiert. Wir nehmen es uns doch nur, um es zu waschen.« Man sagt, in jedem Spaß steckt ein Fünkchen Wahrheit, doch in dieser Wahrheit wütet ein ganzes Inferno. Auch wenn im Zweiten Weltkrieg die Banken und Sparkassen nicht unmittelbar an der Deportation der deutschen Juden beteiligt waren, so führten sie die Anweisungen für die Beschlagnahme des jüdischen Eigentums jedenfalls ohne erkennbaren Widerstand aus. Auch heutzutage tun die Banken und die reichsten 500

Menschen meistens nichts anderes, als der Empfehlung eines der mächtigsten Bankiers aller Zeiten zu folgen. Es war Nathan Mayer, Freiherr von Rothschild, der einst gesagt haben soll: »Kaufe, wenn das Blut auf den Straßen fließt.«

Eine skrupellose, jedoch strategisch kluge Masche. Denn die Saat namens Kapitalismus wächst und gedeiht schneller durch den Dünger Blut und Elend, und heutzutage fließt auf der Welt mehr Blut denn je.

Salvatore, Hamza und ich stammen von Volksgruppen ab, die kein Vertrauen in Staaten, Könige und Banken hatten. Leuten wie meinem Vater wurde das Etikett Bösewicht angelegt, und anstatt sich dagegen zu wehren, dachte er sich: »Jetzt erst recht!« Ich wollte einfach genug Geld verdienen, um die ganze Scheiße hinter mir zu lassen und gemeinsam mit meiner Familie ein neues Leben zu beginnen. Auch wenn ich gestehen muss, dass es mir definitiv leichterfiel, von den »bösen Banken« und »skrupellosen Konzernen« zu stehlen, als Schutzgeld zu erpressen, Omas zu betrügen oder Drogen zu verkaufen. Das Robin-Hood-Etikett legte ich mir gern an. Ich war nicht so bescheiden wie er, aber im Verborgenen hatte ich auch Gutes mit dem geklauten Geld getan. Dennoch weiß ich, dass man die Seele nicht reinwäscht, indem man mit dem schlecht erworbenen Geld Gutes vollbringt. Klar helfe ich damit trotzdem, aber es ist und bleibt so, wie Salvatore mich einmal belehrt hatte, als ich versuchte, unsere Taten zu rechtfertigen. Er sagte: »Was wir tun, ist falsch, Asier. Du kannst es nicht schönreden, es ist falsch und es bleibt falsch. Schlimm genug, dass wir es tun, aber zu leugnen, dass es falsch ist, ist das

Letzte. Du kannst so viel spenden, wie du willst, ist die Wurzel schlecht, bleibt es verdorben.«

* * *

Salvatore zeichneten drei Dinge aus: Disziplin, Geduld und eine gesunde pessimistische Ader. Das war gut, denn wenn ich in meiner Fantasie beim Planen der Coups zu sehr ausartete, mit meinen Ideen dabei war, die Welt aus den Angeln zu heben, dann bremste er mich. Doch dieses Mal wollte ich mich nicht stoppen lassen. Im Marler Einkaufszentrum gibt es eine Stadtbibliothek. Salvatore und ich saßen allein an einem der Tische, an den anderen Tischen und Computern saßen ein paar Schüler und ein älterer Herr. Auf unserem Tisch lagen aufgeschlagene Bücher. Um keinen Ärger mit der Bibliothekarin zu bekommen, gaben wir vor, zusammen aus den Büchern zu lernen, und flüsterten.

»Mit Hamza arbeite ich nicht mehr«, sagte ich, »er hat mich im Stich gelassen.«

Salvatore blickte mich an. »Du musst ihn verstehen, er war enttäuscht.«

»Enttäuscht? Das glaube ich nicht. Ich habe das Gefühl, ihm ging es vor allem um Interessen. Das macht mich traurig.« Salvatore schwieg und senkte den Blick. Ich schüttelte den Kopf. »Egal, lass uns übers Geschäft reden.« Er blickte mich erneut an. »Sprich mit ihm, versöhnt euch.«

»Salvatore, alles gut. Danke. Erzähl mir bitte, was für schöne neue Informationen du hast, überrasch mich. Denn ich werde dich auch überraschen.«

Er lachte. Die Bibliothekarin sortierte einige Meter entfernt Bücher. Ihr Gehör glich dem eines Luchses. Sie senkte ihr Kinn, presste ihren Zeigefinger auf die Lippen und warf uns einen warnenden Blick zu. Ich hob beide Hände in die Luft und nickte eifrig. Sie sortierte weiter.

Salvatore legte flüsternd los. »In Kamen gibt es eine Sparkasse, dort fährt wöchentlich ein Geldtransporter hin und liefert sechs Millionen Euro.«

Meine Augen weiteten sich.

»Der Haken ist: Es ist ein Blitzraub, es kann also gefährlich werden. Wir müssen die Sicherheitsleute handlungsunfähig machen und sie entwaffnen.«

Ich holte tief Luft. »Keiner darf zu Schaden kommen. Hast du die Regel vergessen?«

»Wird auch keiner, also nicht wirklich.«

Ich blickte ihn skeptisch an. »Wie willst du sie denn ohne Gewalt handlungsunfähig machen?«

»Blendgranaten!«, flüsterte Salvatore.

»Ich weiß nicht …«

»Da passiert nichts.« Salvatore winkte ab. »Die Polizei benutzt die doch auch.«

»Und die anderen Coups?«

»Ein Geldtransporter, aber nicht irgendein Geldtransporter. Dieser kommt mit druckfrischen Scheinen direkt aus der Zentralbank, gefüllt mit zehn Millionen Euro. «

Augenblicklich erinnerte ich mich an den Duft von frisch gedrucktem Geld. Doch im nächsten Moment war mir bewusst, dass auch bei diesem Coup die Gefahr bestand, die Regel zu brechen. Denn um einen Geldtransporter auszurauben, in dem sich zehn Millionen Euro befanden, brauchte man keine Wasserpistolen, sondern Sturmgewehre mit panzerbrechender Munition.

»Und der nächste Coup?«

Salvatore lächelte. »Der ist dir schon bekannt. Das Gelddepot in Stuttgart, aber es gibt Neuigkeiten.«

»Die wären?«

»Sie haben das Cash-Center verlegt.«

»Wohin?«

»Nach oben, einfach obendrauf gebaut, mit einem Bürokomplex nebenan. Das Cash-Center ist sicher wie eine Festung, hinein kommst du nur durch eine Schleuse, die Türen sind kugelsicher. Doch die Büros, die sind nicht gesichert.«

Ich schmunzelte. »Was willst du in den Büros? Computer klauen?«

Salvatore grinste, als hätte er etliche Asse in seinem Ärmel verborgen. »Sie waren geizig. Die Wand, die das Cash-Center vom Büro trennt, ist aus Rigips. Das heißt?« Salvatore neigte seinen Kopf nach rechts, hob die Augenbrauen und wartete auf meine Antwort, die ich prompt ausspuckte: »Wand einreißen, hineingehen und das Geld schnappen.«

Er schnippte mit den Fingern und zeigte auf mich. »Bravo.«

Die Bibliothekarin warf uns einen drohenden Blick zu. Diesmal hob Salvatore beide Arme. Sie lächelte und ging weg.

»Allerdings haben wir nur zwei Minuten Zeit. Nach zwei Minuten wird die Nebelmaschine so viel Rauch in das Cash-Center speien, dass wir nicht mehr hinausfinden werden, bis das Sondereinsatzkommando uns da rausschleift.«

»Können wir die Nebelmaschine nicht kaputt machen?«

Salvatore schüttelte den Kopf. »Nein, die hängt an der Decke.«

»Sind da keine Angestellten?«, hakte ich nach.

»Die sind da, aber unbewaffnet, die können wir komplett ignorieren.«

»Dieser Job gefällt mir am besten – und auch die Summe. Wie viele Euro lagern dort noch mal?«

»35 bis 40 Millionen, aber für jeden dieser Jobs brauchen wir noch viel Know-how und das hier.« Salvatore rieb den Daumen an Zeigefinger- und Mittelfingerspitzen – das internationale Zeichen dafür, dass es einiges kosten würde. Dagegen erschien mir mein K+K-Coup wie ein Krümel neben einer vierstöckigen Hochzeitstorte.

»Und was hast du?«, fragte Salvatore.

Nachdem ich ihm von meinem Plan erzählt hatte, rümpfte er die Nase, schmunzelte und sagte: »Du hast zu viele Filme gesehen! Das ist eine schöne Idee. Aber wenn nur eine Sache schiefgeht, eine Kleinigkeit anders verläuft als normal, ein winziger Verdacht aufkommt, sind wir am Arsch!«

»Du kannst dir ja überlegen, ob du dabei sein möchtest. Ich werde diese Idee nicht aufgeben, und ich werde alles dafür tun, dass die Sache im Dezember steigt. Ich möchte auswandern. In Dubai gibt es ein Autismuszentrum und vielleicht wird man dort meiner Tochter helfen.«

»Hoffentlich, aber du musst realistisch bleiben. Was hältst du denn davon, wenn wir bei deinem Coup während der Geldübergabe dort eingreifen und alles nehmen, was da ist, das Geld vom Unternehmen sowie das im Geldtransporter?«

Ich verschränkte die Arme. »Nein. Entweder so, wie ich das möchte, oder gar nicht. Überlege dir, ob du dabei bist, ich fliege morgen nach Dubai und bin in einem Monat wieder da.«

Selbstverständlich hätte ich diesen Coup mit jemand anderem machen können, die Berliner hätten sich einen Arm ausgerissen, um dabei sein zu können. Doch Salvatore hatte praktische Erfahrungen, das war ein wichtiger Faktor. Er hatte recht mit seiner Skepsis, aber ich war mir sicher: Wenn ich jedes Detail beachtete, alles mit Präzision konstruierte, die Schritte achtsam setzte wie ein Seiltänzer über dem Abgrund, könnten wir Erfolg haben. Dann würde keiner mehr über meine Idee lachen oder die Nase rümpfen.

* * *

Vor der Reise nach Dubai rief ich im Polizeipräsidium Recklinghausen an.

»Guten Tag, könnten Sie mich bitte mit Herrn Schmitz verbinden?«

»Das geht nicht so einfach, haben Sie einen Termin?«

»Nein, aber sagen Sie ihm bitte, Rodríguez Santos möchte mit ihm sprechen.«

»Einen Moment.« Er stellte mich in die Warteschleife, doch bereits nach zehn Sekunden stellte er mich durch.

»Asier, was gibt's?«

»Hallo, Herr Schmitz, wie geht's Ihnen?«

Ich tat auf cool, lief aber vor dem Friseur hin und her wie ein Tiger im Käfig.

»Mir geht es gut. Und dir?«

»Jetzt geht's mir auch wieder gut, danke.«

Dann herrschte kurz Stille.

»Herr Schmitz, ich habe nichts dagegen, wenn Sie Ihren Job machen, aber was Sie dort zugelassen haben, das hat nichts mit sauberer Polizeiarbeit zu tun.«

»Asier, wie ich meinen Job mache, das überlässt du mal lieber mir.«

Röte stieg mir ins Gesicht. »Nicht, wenn meine Freunde, Familie und ich dabei zu Schaden kommen. Ali hat bei Ihnen vier verschiedene Aussagen getätigt. Und in jeder dieser Aussagen gab es Widersprüche, wie konnten Sie diesem Jungen nur glauben?«

Schmitz schwieg.

»Wenn der Richter ein Arsch gewesen wäre«, sagte ich, »hätten wir acht Jahre bekommen können. Acht Jahre, Herr Schmitz.«

Ein Lachen schallte durch die Leitung. »Asier, wenn wir dir alles nachweisen könnten, was du gemacht hast, ich glaube, dann reichen acht Jahre nicht.«

Ich stockte für einen Moment. »Da täuschen Sie sich.«

»Ihr habt Glück gehabt, dass ich im Urlaub war, sonst würdet ihr alle noch im Gefängnis sitzen. Na ja, so ist das halt. Mal gewinnt ihr, mal wir.«

»Herr Schmitz, der Junge hat gelogen.« Ich wollte wirklich, dass Schmitz mir glaubt.

»Sei einfach froh, dass du draußen bist. Beim nächsten Mal habt ihr vielleicht nicht so ein Glück.«

»Ich hoffe, wir sehen uns nie wieder. Und auf keinen Fall beruflich.«

Schmitz lachte. »Vielleicht sehen wir uns mal bei McFit«, sagte er.

Fitnessstudio wechseln, setzte ich auf meine mentale To-do-Liste.

»Vielleicht. Herr Schmitz, eines möchte ich Ihnen noch ans Herz legen.«

»Ja, erzähl, ich muss noch arbeiten, Jung.«

»Wer gewinnt oder verliert, ist eine andere Sache, wichtig ist jedoch, wie man spielt. Bleiben Sie fair.«

»*Adiós,* Asier«, sagte Schmitz, »wir sehen uns.«

Er legte auf.

Wiedersehen wollte ich Schmitz nicht mehr, doch gewissermaßen hatte ich ihn mit diesem Anruf herausgefordert. Aus seiner Aussprache und Stimmlage hörte ich etwas heraus, das mir Kummer bereitete. Schmitz schien hoch motiviert. Er hatte Blut geleckt und sprach selbstsicher, als wüsste er mit Gewissheit, dass der Wind sich drehen würde. Mir blieb noch Zeit bis zum Treffen mit Ibo. Ich packte meinen Koffer. Meine Frau hatte ihren und den meiner Tochter bereits gepackt. 100 000 Euro in 500-Euro-Scheinen wollte ich in meinen Boxershorts deponieren. Alle Goldbarren, die ich gekauft hatte, legte ich samt Rechnungen und Werbebroschüren in meinen Koffer. Ein befreundeter Juwelier würde dem deutschen Zoll bei einer Kontrolle bestätigen, dass ich sein Angestellter sei und nach Dubai flöge, um für ihn auf Kundenfang zu gehen und Edelmetallmessen zu besuchen. Sollte der

Zoll in Dubai mich kontrollieren, würde ich das Gleiche sagen. Im schlimmsten Falle müsste ich die Einfuhrsteuer oder eine kleine Strafe zahlen. Sobald das Gold jedoch im Lande ist, interessiert es niemanden mehr. Im Gegenteil, Dubai ist ein Auffangbecken für professionelle Geldwäscher, für Diebe in Rente, Narcos auf der Flucht und aktive Finanzbetrüger. Das wusste ich bereits. Was ich noch nicht wusste, war, dass die Vereinigten Arabischen Emirate eines der größten Drehkreuze für den Goldhandel sind. Durch meine Tätigkeit als Dieb hatte ich mindestens ein Dutzend Kilo an purem Gold verkauft, doch das war nichts im Vergleich zu der Aussicht auf Gewinn, die sich dort vor mir auftun würde.

Ibo setzte sich neben mich. Wir trafen uns wieder an der alten Trabrennbahn.

»Dein Geld ist unter deinem Sitz.«

Er nahm das Geldbündel und steckte es ein.

»Auf der Arbeit brennt den Leuten die Sicherung durch, alle sind wild am Spekulieren. Die Polizei hat uns wieder verhört und diesmal wird eine Privatdetektei hinzugezogen.«

Ich schaute ihn an und bemerkte, mit welcher Gelassenheit er mir Bericht erstattete. Endlich schien er angekommen zu sein und ließ sich nicht mehr von den Problemen überwältigen.

Er räusperte sich. »Ich habe noch einen Coup für dich – vor der Sache in Gronau. Wieder ein Bankautomat, diesmal kein Schlüssel, sondern Codes.«

Ibo hielt mir einen Zettel vor die Nase. »Der Bankautomat wird mit zwei verschiedenen Codes geöffnet und befindet sich in der Galeria Kaufhof in der Stadt Witten. Bist du interessiert?«

»Klar, ich schaue ihn mir in einem Monat an, sobald ich von meiner Reise zurück bin.«

»Alles klar.«

Ibo drückte mir den Zettel in die Hand.

Ich wollte ihn einstecken, doch Ibo hielt meinen Arm fest. »Nicht einstecken«, sagte er, »auswendig lernen.«

Das tat ich, es waren zwei verschiedene Codes mit vier Ziffern.

Danach verbrannte Ibo den Zettel mit seinem Feuerzeug und stand auf. »Dann bis in einem Monat.«

»Warte, Ibo, beim nächsten Treffen benötige ich alle Informationen zu Gronau. Detaillierte Beschreibungen über den Ablauf der Geldübergabe, die Namen der Angestellten, wann der Geldtransporter dort eintrifft, die Route des Geldtransporters, die Software, die Marke des mobilen Druckers.«

»Ich werde dir alles besorgen«, sagte Ibo, »aber die Software, das wird schwierig.«

»Wenn das mit der Software nicht geht, dann benötige ich eine originale Quittung und deinen Arbeitsausweis.«

Ibo runzelte die Stirn. »Asier, ich bin gespannt darauf, wie du das hinbekommen möchtest.«

»Kümmere dich um das, worum ich dich bitte, und lass den Rest meine Sorge sein. Hat doch bisher immer alles geklappt, so wie ich es geplant habe.«

»Das ist aber ein anderes Kaliber.«

»Ibo, vertrau mir. Wir sehen uns in einem Monat.«

»Bis dahin.«

Dann ging er und ich blieb noch ein paar Minuten an der zerfallenen ehemaligen Trabrennbahn. Die verwahrloste Tribüne, die überwucherte Rennbahn, das einsturzgefährdete Gebäude, der verstaubte Boden, all dies kam mir vor, als stammte dieser Platz aus einer anderen Welt. Aus einer anderen Zeit. Die Trabrennbahn passte eher zu einer Zombie-Apokalypse oder zu einem Endzeitszenario, in dem die halbe Menschheit von einer Pandemie ausgerottet wurde. Das hatte nichts mehr mit Glanz und Gloria zu tun – und doch war dies in der Vergangenheit ein Ort, an dem viel Geld floss, Wetten abgeschlossen wurden und man Getränke sowie Speisen verkauft hatte. Alles auf Erden ist vergänglich. Was ist also wertvoll? Unsere Zeit. Die Zeit mit den Menschen, die wir lieben, die Zeit, in der wir das Richtige tun. Die verlorene Trabrennbahn ist ein Zeugnis dessen, dass alles Materielle vergeht. Der Mensch selbst stirbt und nimmt nichts von dieser Welt mit ins Grab, was ihm noch nützen könnte. Einst las ich, dass ein jeder wahrlich verliert, außer diejenigen, die den Glauben nicht verlieren, gute Taten vollbringen, die Wahrheit sprechen und geduldig sind. Ich bemerkte, dass ich während dieser Gedankengänge die Luft anhielt, also pustete ich sie aus meiner Lunge. Trotz der Erkenntnis, dass ich fernab vom richtigen Weg lief, baumelte nach wenigen Minuten wieder die Karotte vor meinen Augen und ich strebte nur nach ihr.

»Nach diesen Coups hörst du auf, Asier«, sagte ich zu mir selbst, »noch diese zwei Jobs, dann ist gut.«

Dubai Calling

Mehr als 88 Millionen Passagiere beförderten die Airlines im Jahr 2017 über den Dubai International Airport. Drei davon waren meine Frau, meine Tochter und ich. Dubai ist die Stadt der Superlative: Vom höchsten Gebäude der Welt bis zu mehreren der größten künstlichen Inseln gibt es hier so ziemlich alles.

Das Erste, was ich vor dem Hotel »Jumeirah Zabeel Saray« sehen sollte, war einer der krassesten Seriensportwagen auf Erden: ein blauer Bugatti Chiron mit 1500 PS, 420 km/h Höchstgeschwindigkeit. Der Bugatti vollbringt den Sprint von null auf hundert in weniger als 2,5 Sekunden und folgender Gedanke kam mir während seiner Betrachtung in den Sinn: *Dein gesamtes Vermögen beträgt nur ungefähr die Hälfte der Summe, die man für den Kauf dieses Auto ausgeben müsste.* Während andere mit mehreren Millionen jonglierten, hatte ich mir was eingebildet, als ich die erste Million geknackt hatte. *Asier, du liegst weit hinten.*

Ich wundere mich im Nachhinein nicht, dass mich durch das Level an Reichtum, das ich in Dubai zu sehen bekam, die Gier packte und es in einem Artikel eines Tages heißen würde: »Größenwahn! Staatsanwalt sicher:

Kopf der Geldtransporter-Bande wollte Milliardär werden.«

Das wollte ich wirklich – und ja, ich glaubte fest daran. Ein Architekt ließ das Hotel »Jumeirah Zabeel Saray« im Stil eines Sultanspalastes erbauen. Die Lobby ist riesig, ihre Decke ist hoch und an manchen Stellen mit Gold verziert. Marmorplatten bildeten den Boden, schwarz-weiße Muster erinnerten mich an ein Schachbrett. Riesige goldene Säulen prunkten um einen Marmorspringbrunnen, dessen Düsen von Lichtstrahlen beleuchtete Fontänen erzeugten. Dutzende Palmen schmückten die Hotelanlage und ließen sie einer blühenden Oase gleichen. Der Service war erstklassig, ich fühlte mich wie ein Sultan in seinem Palast. Die ersten Tage wollten wir das Hotel nicht verlassen. Ich genoss die Ruhe weit weg von all dem Stress in Deutschland. *Hier entspannst du dich*, befahl ich mir, *und lässt dich auf keine Probleme ein*.

Meine Tochter liebte den kleinen Wasserspielplatz an der Meerseite des Hotels. Nach einigen Tagen der Entspannung besuchten wir das Autismuszentrum in Dubai. Es übertraf alle unsere Erwartungen. Danach trafen wir uns mit einem Immobilienmakler. Er präsentierte uns mehrere Objekte, Kaufpreis 350 000 bis 500 000 Euro. Auch wenn Dubai groß und laut ist und für Highlife steht – die meisten Häuser in den Wohnanlagen bieten angenehme, ruhige Lebensqualität. Die Hausmauern umgeben die Gärten sowie Pools und gewährleisten völlige Abgeschiedenheit. Der gute und respektvolle Umgang, der einem und besonders den Kindern geschenkt wird, ist beeindruckend.

Meine Frau war entzückt.

»Ich möchte hier wohnen, bitte lass uns hier hinziehen«, sagte sie.

»Wird gemacht«, sagte ich, »aber erst Ende Dezember, bis dahin werde ich fertig sein mit der Umschulung und noch in Deutschland die letzten Immobilien verkaufen.«

Meine Frau klatschte in die Hände. »Ich freue mich – und dein Töchterchen auch, stimmt's?«

Meine Tochter lächelte, nickte und klatschte ebenfalls mit ihren kleinen Händchen. Anschließend fuhren wir zum Hotel »Atlantis The Palm«. Dort besuchten wir den Aquaventure-Wasserpark, wo meine Tochter einen Riesenspaß beim Rutschen hatte.

Am nächsten Tag nahm ich mir vor, die ersten Aufgaben zu erledigen. Ich eröffnete ein Konto bei einer Bank in Dubai, danach ließ ich mich zum Goldsouk in Dubai fahren. Ein Souk ist in der Regel ein Markt – oder das Marktviertel. Auf dem Tor des Goldmarktes stand »Dubai City of Gold«. Das Tor führte in eine überdachte Fußgängerzone, ein Juweliergeschäft reihte sich an das nächste. Was ich sah, war kein kleiner Markt. »Dubai City of Gold« ist das Eldorado, von dem die spanischen Konquistadoren träumten, wonach sie in ihrem Goldrausch gesucht hatten, während sie dabei eine Blutspur durch Südamerika zogen.

Ich schlenderte mit einem Rucksack und all den Goldbarren durch den Souk. Mein Handy verriet mir die Route zum Juwelier. Die Ladenfenster waren gefüllt mit Goldschmuck, die Schmuckbüsten und Schaufensterpuppen trugen keine Kleidung, sondern riesige Schmuckstücke: Ketten, Armreifen, Kronen, Ringe und vieles mehr. Gold, wohin mein Auge reichte. Ich konnte nicht widerstehen, fragte mich, wie wertvoll wohl diese Unmengen an Gold waren. Wo wurde das Gold gelagert, wenn es gerade nicht die Schaufenster schmückte? Wie gelangte es überhaupt an diesen Ort? Per Schiff? Flugzeug? Und dann vielleicht per Transporter?

Ich zwang mich, diesen Gedankenfluss zu unterbrechen, denn aus Erfahrung endete er meistens mit einem Plan. Ich bemerkte, dass ich schon vor dem Juwelier stand, bei dem mich Ludwigs Kontaktmann erwarten sollte. Ich ging hinein und begrüßte die Männer mit *Salam aleikum*. Sie antworteten mit *Aleikum salam*. Dann wechselten wir ins Englische.

»Ich habe einen Termin mit Urs«, sagte ich.

Einer der Händler verschwand in den hinteren Raum. Nach fünf Minuten kam er zurück und hinter ihm trat noch jemand heraus.

Ist er das?, fragte ich mich. Urs trug seine silbergrauen Haare in einem klassischen Seitenscheitel und war ungefähr eins neunzig groß. Er hatte einen festen Händedruck und sprach einwandfreies Deutsch.

»Sehr erfreut, dich kennenzulernen, Asier.«

»Das beruht auf Gegenseitigkeit.«

Urs nickte, lächelte und seine blauen Augen musterten mich mit einem durchdringenden Blick.

»Wollen wir nicht ins Büro gehen? Komm, folg mir.«

Ich folgte ihm. Ein Tisch mit drei Stühlen stand im Büro, dazu ein Computer, zwei Bildschirme, mehrere kleine Säurebehälter, um das Edelmetall zu testen, zwei Geldzählmaschinen, eine große Goldwaage sowie eine kleinere Waage und ein Tresor. *Es ist doch jedes Mal das Gleiche*, dachte ich, *überall wird etwas Wertvolles ge-*

wogen und Bares wird gezählt. Auf der anderen Seite des Büros stand die Werkbank mit verschiedensten Werkzeugen für den Goldschmied, außerdem befanden sich dort Lupen und besondere Lampen. Wir setzten uns einander gegenüber und Urs kam schnell zur Sache.

»Dürfte ich die Barren sehen?«, fragte er mit einem Lächeln auf den Lippen.

»Klar.« Ich öffnete meinen Rucksack und legte einen Goldbarren nach dem anderen auf den Tisch. Urs nahm jeden einzelnen in die Hand und sah sich alle genau an.

»Ach ja, die Rechnungen gibt es auch.« Ich hielt sie hoch, er nickte und ich legte sie zu den Goldbarren.

»Asier, vor mir liegen nur 250-Gramm-Barren«, sagte Urs, »laut dem aktuellen Goldkurs liegt der Kaufpreis pro 250-Gramm-Barren unter 10 000 Euro. Du hast absichtlich nur 250 Gramm gekauft, um nicht deklarieren zu müssen, woher du dein Geld hast.«

Ich schaute ihn skeptisch an und runzelte die Stirn. Dann nahm er die Rechnungen, sah sie sich an und lächelte noch mehr, weiße Zähne zeigten sich.

»Da sieh mal einer an«, sagte Urs, »alles anonyme Tafelgeschäfte.«

»Ist das problematisch?«

»Nein, absolut nicht. Mein Neffe meinte zu mir, dass du jemand bist, mit dem man Geschäfte machen kann. Das hört man oft, aber selten trifft es zu. Hast du die Goldbarren offiziell in Dubai eingeführt?«

»Darauf möchte ich keine Antwort geben.«

»Gut. Hast du Hunger?«

Das war also nicht irgendein Kontakt, sondern Ludwigs Onkel. Was für Geschäfte hatte er im Sinn? Ich warf einen Blick auf meine Uhr. »Lässt sich einrichten, aber nur was Leichtes.«

»Bist du mit deinem Auto hier?«

»Mit einem Chauffeur vom Hotel.«

»Bestell ihn ab, wir nehmen meinen Wagen.« Er öffnete eine Schublade und zog einen Autoschlüssel hervor, darauf stand ein B, aus dem Flügel wuchsen.

»Was ist mit meinen Goldbarren?«

»Ach ja, wo bleiben meine Manieren. Ich nehme an, du möchtest Dollar haben?«

Ich nickte. »Ja.«

»Ich kaufe dir deine Goldbarren für zwei Dollar unter dem Goldkurs pro Gramm ab.«

»Einen Dollar«, sagte ich.

»1,50«, erwiderte Urs.

»Ein Dollar!«

Urs schmunzelte.

»1,25 Dollar«, sagte Urs. »Keinen Cent weniger!«

»Einverstanden!«

Urs öffnete den Tresor und zahlte in Cash. Sein Tresor war überfüllt, in meinem Leben habe ich nie zuvor so viele Benjamin Franklins gesehen. Dollars duften anders als Euros.

»Danke schön, Urs.«

»Gern. Ludwig sagte mir, dass in dir Potenzial steckt, ich werde dir ein Geschäftsangebot machen, aber zuerst gehen wir essen. Es wird dir gefallen, Asier! Hast du schon mal Gold getrunken?«

Auf dem Goldtablett servierte der Kellner Urs und mir einen ansehnlichen Cappuccino. Urs nahm seine Tasse in die Hand und erklärte mir die Delikatesse im Detail.

»Der Kaffee ist aus 100-prozentigen Arabica-Bohnen; die Barista, die zu den besten weltweit gehören, gießen den Kaffee in den Milchschaum, reichern ihn mit reinem 24-karätigem Gold an, dazu kommen glänzende Goldflocken obendrauf. Zum krönenden Abschluss verzieren sie die Oberfläche mit dem Logo des »Burj al Arab«, das ist das Hotel, in dem wir uns gerade aufhalten.« Dann führte Urs die Tasse nahe an seine Nase. »Asier, ich empfehle dir, daran zu riechen«, sagte er.

Das tat ich. Der Kaffee duftete aromatisch, kräftig und leicht herzhaft süß. »Das ist der Hammer.«

»Trink!«

Ich schlürfte an der Tasse – und hatte das erste Mal wortwörtlich Gold im Mund.

»Und? Wie schmeckt er dir?«, fragte Urs.

»Lecker, leicht nach Karamell und Nuss«, sagte ich. »Hier muss ich mal mit meiner Frau hin.«

Wir waren in der »Gold on 27«-Bar im »Burj al Arab«, einem der weltweit edelsten Hotels. Der Architekt hat die Bar so designt, dass augenscheinlich geschmolzenes Gold von der Decke fließt. Urs stellte seine Tasse zurück auf sein Goldtablett, legte ein Bein über das andere, faltete die Hände ineinander und sah mich direkt an.

»Also, Asier«, sagte Urs, »was weißt du über den internationalen Goldhandel?«

Darüber hatte ich mir, bis ich Urs traf, keine großen Gedanken gemacht, geschweige denn in die Richtung recherchiert. Mit Urs sollte mein Unterricht beginnen. Ich schenkte ihm meine ganze Aufmerksamkeit und lernte.

»Die Menschheit dürstet nach Gold«, sagte Urs. »Gold ist der Götze der Reichen und Mächtigen. In jeder Gesellschaftsschicht gilt es als Statussymbol. Der Durst nach Gold kann nicht gestillt werden – und das ist gut so. Denn ansonsten wäre ich pleite.«

Wir grinsten beide über diesen kleinen Scherz.

»Ich kaufe Gold weltweit«, fuhr Urs fort, »von jeder Mine, die ich finde, vom industriellen Tagebau, Untertagebau, Tiefseeabbau, Oberflächenabbau, von den Goldwäschern eines Dorfes bis hin zu Organisationen, die größere Menge beschaffen. Eine Abteilung von uns verwertet auch das Gold aus recyclingfähigen elektronischen Geräten.«

»Wenn du so gute Quellen hast«, sagte ich, »warum hast du meine Goldbarren gekauft? Die sind weitaus teurer als das Gold aus den Minen.«

Urs Lächeln erstarb, er senkte sein Kinn und sah mich ernst an. »Weil ich alles Gold der Welt kaufen würde, wenn ich es könnte. Seit 30 Jahren kaufe und verkaufe ich Gold. Bei all dem Gold, was benötigt wird, ist es unumgänglich, dass Gold auch mal aus, wie soll ich es sagen …« Er machte eine Pause. »Nun ja, dass man es aus unbeliebten Gegenden beziehen muss. Sobald das Gold hier angekommen ist, verkaufen wir es an die Juweliere im Dubai-Souk. Allein dort befinden sich ungefähr 300 Juweliere auf einem halben Quadratkilometer. Vieles landet jedoch bei den zertifizierten Raffinerien in der Schweiz, wo wir sozusagen den Schmutz abwaschen und es weiterverkaufen.«

Ich nickte. »Okay.«

»Aber das Gold wird nicht nur zu Barren geschmolzen. Wir sorgen auch dafür, dass unser Gold als Uhr das Handgelenk eines Mannes umschließt oder als Schmuckstück den Hals einer Dame verziert.«

Ich räusperte mich. »Urs, abgesehen von den unbeliebten Gegenden, von denen du sprichst«, sagte ich, »hört sich das alles prima an. Aber was ist meine Aufgabe?«

»Du bist für den Einkauf zuständig. Für den normalen sowie für den dubiosen Einkauf.«

»Also möchtest du, dass ich die Drecksarbeit erledige?«

»Nein! Als Erstes sei gesagt, ich mache dir diesen Vorschlag, weil mein Neffe für dich gebürgt hat. Zudem ermögliche ich dir, dass du dich am Einkauf des Goldes mit einer Investition von mindestens 350 000 Dollar beteiligen kannst. Du bekommst das Gold zum Einkaufspreis. Wir haben bereits gute Kanäle, um das Gold nach Dubai zu schleusen, sowie zuverlässige Partner. Doch wie zuvor erwähnt, der Golddurst ist unstillbar, deswegen gehört es zu deinen Aufgaben, neue Minen zu erschließen, Zwischenhändler zu finden – und neue Quellen, wo wir das Gold günstig einkaufen können. Wir wollen expandieren. Dafür musst du dich mit Leuten treffen, mit denen ich mich momentan nicht sehen lassen darf, und an Orte gehen, an die ich nicht mehr gehen kann. Ich mache dir ein einmaliges Angebot. Ich werde dir alles beibringen, was du wissen musst, und du lernst von einem der Besten. Asier, wenn du in dieses Business einsteigst, kannst du dir ein riesiges Vermögen anhäufen. Es werden dir einige profitable Türen geöffnet, und du wirst dich in eine Reihe von Goldhändlern eingliedern, die seit Generationen mit diesem Geschäft erfolgreich sind und es auch immer sein werden.«

Das könnte sehr profitabel werden, dachte ich und glaubte zu wissen, was er mit den dubiosen Einkäufen meinte. Urs würde es wahrscheinlich niemals aussprechen, aber ich vermutete damals schon, dass es sich dabei um nichts anderes als Blutgold handeln musste. Drei Weisheiten habe ich seit dem Konflikt mit Valdez gelernt: Gehe nicht so schnell Verbindlichkeiten ein, vertraue niemandem, nur weil er auf den ersten Blick seriös wirkt, und überlege dir gut, wo du dein Geld investieren möchtest. Das Gute an Urs war, dass er von vornherein ehrlich war.

»Wie viel könnte ich ab der ersten Lieferung verdienen, wenn ich 350 000 investiere?«

»Die Herkunft bestimmt den Preis«, sagte Urs, »aber rechne mit 30 bis 60 Prozent Gewinn. Je nachdem, wie günstig du einkaufst.«

»Nicht schlecht, aber warum vertraust du mir?«

»Ludwig hat für dich gebürgt und ich kenne dein Gesicht, das reicht mir.«

Er lächelte, wahrscheinlich war er sich sicher, dass ich zusagen würde. Dann sah er auf seine Uhr. »Asier, ich habe gleich noch einen anderen Termin.« Er reichte mir seine Hand. »Wie sieht es aus? Steigst du ein oder nicht?«

»Bitte verstehe, dass dies keine leichte Entscheidung ist. Es gibt noch ein paar Baustellen in Deutschland, die auf mich warten. Wenn ich diese Aufgaben erledigt habe, gebe ich dir meine Antwort.«

»Wie lange brauchst du?«, fragte Urs. »Ungefähr?«

»Sechs Monate.«

»Ich kann dir nichts garantieren«, sagte Urs. »Es kann sein, dass das Angebot dann nicht mehr steht. Manchmal muss man im Leben die Gelegenheit nutzen, Asier, egal, ob du denkst, du wärst noch nicht so weit!«

»Das werde ich mir merken. Ich melde mich bei dir, Urs, aber wenn ich dabei bin, dann nur unter der Voraussetzung, dass die Herkunft des Goldes nicht blutig ist.«

Er schmunzelte. »Gibt es denn auf dieser Erde Gold, an dem kein Blut klebt? Glaubst du wirklich, nur weil ein Barren LBMA-zertifiziert ist, haftet daran kein Blut?«

»Ich weiß es nicht«, sagte ich.

»Melde dich bei mir, Asier, ich muss jetzt los. Wenn du dich entschieden hast, werde ich dir die Augen öffnen.«

Urs ging zu seinem Termin und ich zahlte mein Geld auf mein Konto ein.

In Dubai verging die Zeit schnell. Die Stadt ist wie ein Riesenvergnügungspark. Man möchte unbedingt jede Attraktion erleben, auf allen Achterbahnen fahren, doch ehe man sichs versieht, schließt der Park. Die Rückreise nach Deutschland stand bevor. Wenn meine Berechnungen aufgingen, konnte ich meiner Familie ab 2018 genug Zeit in Dubai verschaffen, meiner Tochter die Förderung im Autismuszentrum ermöglichen und ihnen ein einfaches Leben schenken. Doch jetzt ging es erst einmal zurück.

An die Arbeit

Unser Mann bei der Polizei garantierte, dass kein Haftbefehl gegen mich bestand und ich sicher zurückfliegen konnte. Natürlich bereitete mir die Tatsache, dass eine Ermittlungskommission auf mich lauern könnte, wieder Bauchkrämpfe, aber was sollte ich tun? Um in Dubai leben zu können, fehlten mir einige Euro. Zudem hatte ich noch eine Rechnung offen mit dem Geld- und Werttransportunternehmen. Ich war wütend, weil sie die beiden Sicherheitsleute von der Dortmund-Tour, Jürgen und Christian, gefeuert hatten, obwohl sie keine Schuld traf. Dem Unternehmen ging es nur darum, die Versicherung und die Öffentlichkeit zu beruhigen. Da sie die wahren Täter nicht ergreifen konnten, richteten sie zwei ihrer eigenen Leute mit der Guillotine. Diesmal würden keine unschuldigen Köpfe rollen, denn mein Plan war perfekt. Um den hoffentlich größten Coup meiner Karriere in Angriff zu nehmen, hatte ich reichlich zu erledigen. Als Erstes plante ich, den Geldautomaten in der Galeria Kaufhof zu plündern, um anschließend in der Vorweihnachtszeit bei K+K aufzutauchen. Der Herbst stand vor der Tür und der Winter nahte.

Witten ist eine kleine Stadt im Ruhrgebiet und grenzt an die Großstadt Bochum. Das Warenhaus Galeria Kaufhof lag auf der Bahnhofstraße, direkt in der Innenstadt – und es war riesig.

»Wie viele Quadratmeter misst das Gebäude?«, fragte Salvatore.

»15 000.«

Wir spazierten, wie viele andere Bürger, im August durch die Fußgängerzone. Es war schön warm, die Sonne strahlte. In der Hand hielt jeder von uns ein Hörnchen mit drei Eiskugeln. Meine waren zweimal Haselnuss und einmal Vanille.

»Salva, schau, da.«

Ich nickte in Richtung eines Eingangs. Im Vergleich zu den anderen Eingängen der Galeria Kaufhof war dieser der kleinste. Es war der Eingang, der an der Bahnhofstraße lag, direkt gegenüber der Straßenbahnhaltestelle und der Eisdiele, in der wir unser Eis gekauft hatten. Wir trugen legere Kleidung, jeder eine Cap, und wir schauten niemals hoch, geschweige denn in die Richtung einer Kamera.

»Dieser Eingang ist es«, sagte ich, »dort im Flur steht der Geldautomat.«

»Von wo kommen wir an den Tresor heran?«, fragte Salvatore. »Von vorne oder von einem Raum hinter dem Geldautomaten?«

»Vom Raum hinter dem Geldautomaten. Die Tür ist jedoch direkt nebenan.«

In einem Raum frei stehende Geldautomaten besitzen ein Gehäuse, das die dahinterliegenden Tresore umhüllt. Manche Automaten werden jedoch von einem verschlossenen hinteren Raum aus befüllt und nur von dort gelangt man beschädigungsfrei an den Tresor. So war es in Witten der Fall.

»Komm, lass uns mal auf die andere Seite gehen und das Gebäude umrunden.«

Wir liefen in die Heilenstraße.

»Wie sieht dein Plan aus?«, fragte Salvatore.

»Es gibt zwei Optionen! Die erste, wir ziehen einen Blitzeinbruch durch: Wir öffnen die erste Tür, der Alarm geht an, wie immer bleiben uns zwei Minuten. Dann öffnen wir die zweite Tür direkt neben dem Automaten, treten von hinten an den Tresor, tippen die Codes in das Tastenfeld ein – dies dauert ein paar Sekunden –, nehmen das Geld und sehen zu, dass wir schleunigst wegkommen.«

»Das kannst du vergessen«, sagte Salvatore.

»Wieso? Das haben wir doch schon tausendmal gemacht.«

»Schau mal da!«

Salvatore zeigte auf ein Gebäude. Davor stand ein Edelstahlschild mit einem rechteckigen blauen Etikett mit sieben weißen Buchstaben, die das Wort »Polizei« bildeten.

»Die zweite Option«, sagte ich. »Wir betreten während der Öffnungszeit die Galeria Kaufhof, laufen an die Kasse, geben uns als Sicherheitsleute aus – um genau zu sein, als Störfallfahrer – und sagen, dass der Geldautomat eine Störung in der Zentrale aufgezeigt hat. Wir lassen uns vom Hausmeister die Tür zum hinteren Raum des Geldautomaten öffnen, denn er ist es, der den Befüllern diese Tür öffnet. Anschließend tippen wir den Code in das Tastenfeld des elektronischen Schlosses ein, nehmen die Kassetten heraus und hoffen, dass uns bis zum Schluss alle die Show abnehmen. Ansonsten müssen die Jungs hier ...«, ich nickte in Richtung zweier Polizisten, die gerade die Polizeiinspektion verließen, »... sozusagen nur mal kurz vor die Tür treten und uns schnappen.«

Salvatore atmete die Luft aus, die sich in ihm gestaut haben musste, und ließ dabei seine Lippen vibrieren. »O Mann.«

»Ach ja, und natürlich schlagen wir am selben Tag zu, an dem der Automat befüllt wurde.«

»Das ist klar«, sagte Salvatore, »nur gefällt mir gar nicht, dass wir uns so lange dort aufhalten, ohne zu wissen, ob wir auffliegen werden oder nicht – und das, während wir das Verbrechen begehen. Wir haben keine Kontrolle und wissen nicht, ob die Zeit abläuft. Bei einem Blitz weiß ich, der Alarm heult los, uns bleiben zwei Minuten. Schaffen wir es, einen Alarm zu manipulieren oder auszuschalten, dann ist klar, nichts wird passieren. Doch das hier und auch dein nächster Coup, diese Schauspielerei ... Ich weiß nicht, Asier. Das ist nicht leicht!«

»Das war es noch nie. Morgen beginnen wir mit der Observation.«

Von der Backhaus-Bäckerei auf der Bahnhofstraße in Witten hatten wir eine wunderbare Aussicht auf die Fußgängerzone, die Galeria Kaufhof und auf knusprige, wohlduftende Brötchen. Wir waren schon eine halbe Stunde vor der Öffnungszeit des Kaufhofs in der Bäckerei, saßen zu zweit an einem runden Tisch direkt am Fenster. Die anderen Tische waren fast alle besetzt, bis auf einen hinter uns.

»Zumindest ist die Observation entspannt«, sagte Salvatore und biss in sein Croissant.

»Das ist noch gar nichts«, sagte ich, »die Observation in Dortmund war extrem gelassen und appetitlich. Bei Pasta und Pizza.«

»Geil!«

Ich biss in mein Thunfischbrötchen, kaute und nickte. »Ja, echt witzi...«

Plötzlich setzten sich zwei Männer an den Tisch hinter Salvatore. Ob es Intuition war oder Paranoia, weiß ich nicht, aber ab dem Moment, wo sich diese beiden Männer an diesen Tisch setzten, spürte ich, dass etwas gewaltig in die Hose gehen würde, wenn ich diesem Gefühl nicht nachging. Ich konnte es mir nicht erlauben, jede meiner Wahrnehmungen als Paranoia abzutun, daher schaute ich mir beide genau an. Einer der beiden Männer war ungefähr 1,80 Meter groß, mit grauen langen Haaren, einem kleinen Ziegenbart, trug Jeans und ein rot kariertes Hemd. Der andere war ein langer schmaler Typ, braunes Haar mit grauen Strähnen, trug ebenfalls Jeans, dazu jedoch ein graues Poloshirt und eine Brille. Ich beäugte beide augenblicklich. Beide Männer sprachen kein Wort miteinander, was ebenfalls komisch war. Der eine saß mit dem Rücken zu uns und der andere trank einen Kaffee, vor ihm lag eine Zeitung auf dem Tisch.

Ich sprach mit gesenkter Stimme. »Salva, die beiden Männer da sind komisch, das sind Kripos.«

Salvatore hatte die Fußgängerzone im Visier und schluckte sein Croissant hinunter. »Welche beiden Männer, wo?«

»Dreh dich nicht um.«

Doch genau das tat er – und starrte die beiden Männer direkt an, ungefähr 30 Sekunden lang. Das merkte einer der Männer. Er wirkte plötzlich nervös, mied den Augenkontakt zu Salvatore und schlug seine Zeitung auf. Der andere saß weiterhin mit dem Rücken zu meinem Partner.

Salvatore sah mich an. »Schau du ihn jetzt weiter an«, sagte er.

»Warum?«

»Tu es einfach.«

Ich starrte den Mann ununterbrochen an. Der sah hin und wieder zurück, warf aber dann wieder einen Blick in seine Zeitung. Er blätterte vorschnell weiter, entweder stand nichts Interessantes darin oder er konnte sich nicht mehr konzentrieren. Dann sprach er mit seinem Gegenüber. Nach fünf Minuten standen beide auf und verließen den Laden.

»Jetzt sind sie weg, warum hast du ihn angestarrt?«

»Lauf ihnen hinterher«, sagte Salvatore, »ich behalte die Galeria Kaufhof im Blick. Du musst genau sehen, in welches Auto sie steigen. Wenn das Bullen sind, dann haben sie bemerkt, dass sie aufgeflogen sind. Lauf los, beeil dich, wir müssen es wissen.«

Ich stand auf und folgte beiden mit Abstand. Sie gingen die Einkaufsstraße entlang und bogen nach rechts. Ich lief ihnen nach, stoppte an der Ecke des Gebäudes und streckte meinen Kopf um die Ecke. Beide gingen auf dem Bürgersteig weiter die Ruhrstraße entlang. Dann folgte ich ihnen weiter. Es parkten einige Autos. Nur von einem Wagen leuchteten die Lichter auf, weil jemand das Fahrzeug mit dem Funkschlüssel geöffnet hatte. Es war ein grauer Wagen, ein Kombi, der sportlich aussah. Ich sah, wie die beiden Männer einstiegen. Von hinten erkannte ich, dass es ein Audi RS6 war. Das konnten keine Polizisten sein, niemals hätten die so einen Wagen, oder? Also lief ich weiter. Als ich einen kurzen Blick in das Auto warf, traute ich meinen Augen nicht. Ich hatte gesehen, was ich sehen musste. Darum lief ich zügig weiter, drehte eine Runde, betrat das Backhaus und setzte mich zu Salvatore an den Tisch.

»Was hast du gesehen?«

»Sie sind in einen Audi RS6 gestiegen.«

»Ach so, ja dann ist ...«

Ich unterbrach Salvatore. »Die Polizisten fahren jetzt auch Audi RS6. Ich habe alles gesehen. Schutzwesten auf dem Rücksitz, das Funkgerät und die Polizeikelle im Fußraum des Beifahrers.«

»Kein Wort mehr«, sagte Salvatore, »komm raus hier.«

Wir liefen zügig durch die Stadt.

»Du weißt, was das heißt«, sagte Salvatore. Er sprach mit verschwörerischer Stimme.

»Galeria Kaufhof können wir vergessen«, sagte ich.

»Das auch«, sagte Salvatore, »aber dadurch, dass sie uns nun mit Sportwagen jagen, haben sie einen unserer wertvollsten Trümpfe zerschlagen.«

»Fuck! Ich frage mich, wie das sein kann, warum jetzt, und wie kommen die auf uns? Was habe ich falsch gemacht? Wo ist etwas durchgesickert?«

»Ich bin raus«, sagte Salvatore, »das ist mir momentan zu heiß.«

»Nein! Lass uns in den Untergrund gehen und von dort einfach den nächsten Coup vorbereiten und zuschlagen.«

»Du willst ernsthaft weitermachen? Obwohl du das heute gesehen hast und wir keinen Plan haben, warum die uns auflauern?«

»Vielleicht ist das Zufall. Die Polizeiinspektion ist doch direkt um die Ecke vom Backhaus. Es kann doch sein, dass sie dort vor Schichtbeginn frühstücken.«

»Kennst du den Witz: Zwei Diebe und zwei Polizisten treffen sich in einer Bäckerei und fahren den gleichen Dienstwagen?«

»Was erzählst du da?«

»Genau, was erzähle ich da? Das ist kein Zufall und auch kein Witz. Die sind doch gegangen, weil wir ihnen gezeigt haben, dass sie aufgeflogen sind.«

»Das ist kein Argument. Wie sollten die einfach so auf uns kommen?«

In diesen Moment wurde mir bewusst, dass ich vor eineinhalb Monaten aus dem Gefängnis gekommen war und nach ein paar Tagen bereits einen Bankautomaten geplündert hatte. Salvatore hatte ich nichts davon erzählt.

»Es kann Zufall sein«, beruhigte ich ihn. »Wenn wir uns ihrer Observation entziehen und aus dem Untergrund agieren, dann passt das schon. Der nächste Coup ist weit weg und mit der Vorgehensweise rechnet niemand! Der andere Tipp ist sicher.«

»Das glaubst du«, sagte Salvatore, »frag dich doch mal, warum wir ausgerechnet hier auf sie treffen, direkt am Ziel. Man sagt, die Welt ist klein, aber nicht an jeder Ecke stehen Polizisten. Sei nicht so naiv. Vielleicht hat dein Insider längst die Seiten gewechselt.«

* * *

Hit and Run, zuschlagen und fliehen, ist ein Teil der Guerillataktik. Um aus dem Untergrund zuschlagen zu können, muss man jedoch zuerst untertauchen. Ich wollte nicht darüber spekulieren, ob die Cops uns im Fokus hatten oder nicht. Es war besser, in den Untergrund zu gehen, sich ihrer Observation zu entziehen, sei sie nun real oder nicht. Salvatore wollte nicht mitmachen, er zog sich vom Spielbrett zurück, und ich ließ ihn glauben, ich täte das Gleiche. Für mich war klar: Um den Coup im Dezember zu starten, musste ich jetzt in den Untergrund, alles vorbereiten, zuschlagen und fliehen. Meiner Frau sagte ich, dass ich ein Praktikum bei einem renommierten Immobilienmaklerbüro absolvieren würde und dieses weiter weg sei, sodass ich im Hotel übernachten müsse.

Um alles zu planen, brauchte ich jemanden an meiner Seite. Deswegen fuhr ich nach Köln, zu meinem alten Knastbruder Leroy. Auf dem Weg zu ihm achtete ich auf Verfolger, konnte jedoch niemanden erkennen. Ich hatte ihn schon lange nicht mehr gesehen und gehört, dass er viel mit Rockern unterwegs sei, die in Köln ein Klubhaus hätten. Ich drückte auf die Klingel. Eine raue, tiefe Stimme erklang aus der Sprechanlage, im Hintergrund hörte ich Hip-Hop.

»Wer ist da?«

»Ich bin es, Asier.«

»Komm hoch, zweiter Stock.«

Die Tür summte, ich drückte sie auf, ging in den Flur und die Treppen hinauf. Dann öffnete Leroy die Tür, und ich sah direkt sein breites Grinsen, das mich an früher er innerte, als wir noch zusammen im Jugendknast saßen. Doch der Rest von ihm war komplett anders. Leroy war schon immer kräftig, doch durch die Muskelberge, die er sich antrainiert hatte, sah er aus wie eine Maschine.

»Junge, Junge, du bist aber breit geworden.«

»Hab ein wenig trainiert. Komm rein.« Leroys Wohnung war schlicht, aber edel eingerichtet. Ich setzte mich auf seine Couch.

»Bin gerade am Kochen«, sagte Leroy, »hast du Hunger?«

»Ich habe nicht viel Zeit, aber ein Happen geht klar.«

Leroy lachte und schrie aus der Küche heraus: »Hier gibt's keine Happen! Oder denkst du, meine Muskelmasse hält sich durch kleine Häppchen?«

Er trat ins Wohnzimmer, stellte den ersten Topf auf den Esstisch, dann eine Pfanne und noch einen Topf. In der Pfanne lagen haufenweise gebratene Hähnchenkeulen, ein Topf war gefüllt mit Reis und der andere voll mit Soße.

»Das sieht aber lecker aus«, sagte ich.

»Ja, dann hau rein.«

Während wir aßen, unterhielten wir uns über alte Geschichten aus dem Gefängnis und lachten viel miteinander. Danach erzählte ich ihm, was ich vorhatte und was sein Part in der Geschichte wäre. Seine Antwort darauf lautete: »Du bist verrückt, das warst du schon immer. Wenn das klappt, schreiben wir Geschichte.«

»Also bist du dabei?«

»Das fragst du noch? Und wie ich dabei bin. Das ist doch besser, als in Rap-Videos mitzumachen oder an der Tür zu stehen und Idioten die Zähne rausschlagen zu müssen.«

Als Nächstes traf ich mich mit Ibo, diesmal auf der Halde.

Zunächst berichtete ich ihm vom neuen Plan und sagte, es wäre besser, sich auf die große Sache zu konzentrieren. Ich erzählte nichts von den Polizisten im Audi RS6.

»Ibo, hast du jemals jemandem etwas von deinen Coups erzählt? Du musst ehrlich zu mir sein.«

»Noch nie!«

»Ibo, ich muss mich auf dich verlassen können. Egal, was passiert, auch wenn die Polizei dich festnehmen sollte, darfst du niemals reden. Sie können dir nichts. Es gibt keine Verbindung zu den Tatorten und keine Verbindung zwischen uns. Du hast für jeden Coup ein Alibi. Du warst auf der Arbeit. Die Bullen können dir niemals etwas anhaben. Nur wenn ich dich verrate, aber das werde ich niemals tun.«

»Ich schwöre dir bei Gott«, gelobte Ibo, »ich werde dich auch niemals verraten, komme, was wolle.«

»Amen.«

»Ich habe alles für dich organisiert. Alles, was du benötigst. Die Software konnte ich dir nicht klären. Aber hier drin ...«, Ibo zeigte mir einen braunen DIN-A4-Umschlag, »... sind alle Informationen und eine Originalquittung. Die musst du, nachdem du sie nicht mehr benötigst, verschwinden lassen.«

Ich nahm den Umschlag entgegen. »Ich werde jetzt erst mal untertauchen und alles vorbereiten. Wenn alles steht, melde ich mich bei dir und am D-Day schlage ich zu.«

»Viel Erfolg«, sagte Ibo, »das wird unser Leben verändern.«

Ibo hatte auch Familie, er ging die Risiken ein, um ihnen ein leichteres Leben zu bieten, ein Leben, das wir nicht führen konnten. Nun war es so weit. Phase eins sollte beginnen.

* * *

Ich fuhr mit meinem Auto samt Vertragshandy in der Tasche zum Hyatt-Hotel am Düsseldorfer Medienhafen. Das Handy und das Auto sind das Erste, was die Cops anzapfen. Meinen Wagen parkte ich direkt vor dem Eingang, denn das »Hyatt Regency« bietet Valet-Parken an. Ich begrüßte den Wagenmeister, ging mit meinem Koffer in der Lobby direkt zur Rezeption und nannte meinen Namen. Das Zimmer hatte ich bereits telefonisch mit meinem Vertragshandy reserviert, damit die ungebetenen Zuhörer Wind davon bekamen. Ich übergab dem Concierge meinen Pkw-Schlüssel, er reichte mir die Parkquittung und die Zimmerkarte.

»Ach ja«, sagte ich, »bitte stellen Sie eine weitere Zimmerkarte aus und behalten diese hier in der Lobby, damit mein Bekannter allein hochgehen kann, falls ich nicht im Zimmer bin. Auf den Namen Little John.«

Der Concierge schmunzelte. »Gerne, Herr Rodríguez Santos, können wir sonst noch etwas für Sie tun?«

»Nein, danke.«

Dann gab er meinen Autoschlüssel dem Wagenmeister, der den Wagen in die Tiefgarage fuhr. Mit dem Aufzug ging es in die 18. Etage. Ich lief über den Flur bis zu meinem Zimmer, hielt die Karte an das Kartenlesegerät, öffnete die Tür und ging hinein. Dann legte ich die Parkquittung auf den Tisch und mein Handy obendrauf, verließ das Zimmer und hängte das rote Nicht-stören-Schild an die Tür. Mit dem Fahrstuhl fuhr ich in die Tiefgarage hinunter. Keiner stieg zu, niemand folgte mir. In der Tiefgarage hielt sich zu diesem Zeitpunkt niemand auf. Alles lief ideal. Ich suchte die Garage ab und fand den VW Tiguan. Leroy saß am Steuer, er stieg aus, nickte mir zu und öffnete den Kofferraum. Ich legte mich hinein. Er lächelte mich an.

»Fahr bloß sachte«, sagte ich.

»Wird gemacht.«

Das Letzte, was ich sah, waren seine Beine, dann ging der Kofferraum zu und Leroy fuhr mit mir zum Saferoom. Eine vertrauenswürdige Person, Little John war sein Alias, würde in zwei Tagen das Handy aus dem Hotelzimmer nehmen, in meinen Wagen steigen und ihn bei sich vor der Haustür parken. Bis die Polizei begriff, dass wir sie hereingelegt hatten, wären wir schon über alle Berge und gingen in Phase zwei über. Das Hotel »Van der Valk« in Gladbeck in der Bohmertstraße passte perfekt zu unserem Vorhaben. Wir checkten ins Hotel ein, jedoch mit einem gefälschten niederländischen Pass, den ein paar Arbeitskollegen von der Geldautomatensprengabteilung aus den Niederlanden organisiert hatten. Es gab viele Zimmer, das Hotel wurde gut besucht und die 60 Quadratmeter große Executive Suite bot ordentlichen Komfort. Die Autobahnauffahrt zur A2 erreichten wir vom Hotel aus innerhalb von fünf Minuten – und das war das Wichtigste. Denn von der A2 gelangten wir nach wenigen Kilometern auf die A31, die uns direkt nach Gronau leitete.

Leroy saß mit einem Notebook am Konferenztisch der Suite. Na ja, was heißt Suite, sagen wir lieber: die kleine Basis einer Diebesgilde. In der Basis gab es einen Plastikkartendrucker, einen Beamer mit ausfahrbarer Leinwand, einen Papierdrucker, einen Papierschneider, eine Spiegelreflexkamera und Krokodilklemmen. Im Schrank hingen verschiedene Outfits, um sich zu verkleiden. In einem silbernen Koffer befanden sich Latexhandschuhe, Handwerkerhandschuhe, Skalpell, OP-Masken, Haarhauben, Schutzvisiere, Tatortschutzanzüge und -überstiefel sowie eine Klimaweste, um während einer ganz besonderen Aufgabe, die mir noch bevorstand, nicht ins Schwitzen zu geraten. Eine Tüte voll mit neuen Handys und SIM-Karten war ebenfalls vorhanden. Es fehlten noch ein paar Dinge, die schon bestellt und auf dem Weg zu uns waren oder welche wir noch auftreiben mussten. Ich stand vor einer Flipchart-Tafel. Darauf schrieb ich »Phase zwei«.

»Unser Ziel«, sagte ich, »ist die Hauptverwaltung mit angeschlossenem Zentrallager des Lebensmittelunternehmens Klaas & Kock in Gronau in der Ochtruper Straße 127. Ein Riesengebäudekomplex, von wo aus die Logistik gesteuert und das Unternehmen geführt wird.«

»Ja, stimmt«, sagte Leroy, »ich sehe es gerade auf Google Earth, das ist ein richtiger Betonklotz.«

»Einer von uns wird wöchentlich dort hinfahren«, sagte ich, »um sich davon zu überzeugen, dass bis zum Tag, an dem wir zuschlagen, die Routine sich nicht verändert. In Phase eins besorgen wir sämtliche Requisiten, die wir benötigen.« Ich schrieb »Requisiten« unter Phase zwei auf die Flipchart-Tafel und übergab Leroy eine ausgedruckte Liste mit Inseraten und ein neues Handy-SIM-Karten-Set.

Er nahm beides entgegen. »Danke.«

»Also legen wir los«, sagte ich, »du fährst in den Raum Frankfurt, auf der Liste stehen Inserate von Automobilhändlern, die den Fahrzeugtyp verkaufen, den wir unbedingt benötigen. Hier sind zehn Riesen.« Ich warf Leroy einen braunen Umschlag zu, den er gekonnt fing, dann ging ich zum Kleiderschrank, um das passende Outfit auszusuchen und anzuziehen.

»Was machst du solange?«, fragte Leroy.

»Mein Name ist Milan«, sagte ich. »Ich bin Schüler einer Berufsschule und betreibe Recherche für ein Referat über meinen Traumberuf.«

Ich hatte mich umgezogen und trug eine etwas zu enge blaue Jeans, wie es gerade Mode war. Ein rotes T-Shirt, das eine Nummer zu groß war, weiße Sneaker und eine Chicago-Bulls-Cap. Dann legte ich mir eine Smartwatch ans Handgelenk und hängte mir die Spiegelreflexkamera um den Hals.

»Jetzt noch die Brille«, sagte ich und setzte sie auf. »Was sagst du?« Es war eine Vollrandbrille, auch Nerdbrille genannt.

»Der Bart muss weg«, sagte Leroy.

Ich schnippte mit den Fingern. »Mist, dann muss ich auch ein neues Foto schießen«, sagte ich, »und den Schülerausweis neu drucken. Aber danach brechen wir auf, du nimmst den Tiguan, ich den Golf 7.«

Referat über den Traumjob

Die üblichen Geld- und Werttransportunternehmen sind gesichert wie Fort Knox. Die Geldtransporter werden normalerweise auf dem Unternehmensgelände geparkt, das auch der Dreh- und Angelpunkt ist. Das Unternehmen, bei dem Ibo arbeitete, befindet sich in Recklinghausen, einen Katzensprung entfernt vom örtlichen Polizeipräsidium – und genau auf der anderen Straßenseite vom »Parkhotel Engelsburg«. Doch dort am Herzogwall parkten wenige Geldtransporter. Die meisten parkten auf einem angemieteten Platz in einem kleinen Industriegebiet, versteckt hinter einer kleinen Mauer, jedoch über die Einfahrt leicht zugänglich, 500 Meter weit entfernt vom gemeinsamen Campus der Max-Born- und Herwig-Blankertz-Berufskollegs. Dort hatte meine Frau ihr Abitur absolviert, daher kannte ich den großen Schüler- und Lehrerparkplatz. Ich parkte dort mit dem Golf 7, stieg in meiner Schülermontur aus, lief die Treppen hinauf und die Straße weiter entlang, bis ich den Ölpfad erreichte. Ich zögerte nicht. Bei solchen Aktionen darf man keineswegs nervös wirken. Man muss seine Rolle perfekt spielen. Ich war kein Dieb, sondern ein Schüler. Auf dem Gelände angekommen, sah ich mehrere Geldtransporter. Es war Nachmittag, einige mussten noch auf Tour sein. Es könnten also jederzeit Sicherheitsleute im Geldtransporter auf den Platz rollen, um Feierabend zu machen, zudem gab es Kameras. Aber vor diesen brauchte ich mich nicht zu fürchten, hatte Ibo gesagt. Er erzählte mir, dass eines Nachts jemand an einigen Geldtransportern die Reifen platt gestochen hatte und die Kameras die Aktion nicht aufgezeichnet hatten. Entweder waren die Kameras also Attrappen oder sie filmten, zeichneten aber nichts auf, und derjenige, der das Geschehen auf dem Platz überwachen musste, tat es nur halbherzig. Was sollte man auch klauen? Die Geldtransporter waren leer. Ich bewegte mich auf den erstbesten Transporter zu und fotografierte ihn von allen Seiten. Plötzlich rollte ein Fahrzeug hinter mir auf den Platz und parkte quietschend. Türen wurden aufgemacht und zugeschlagen. Ich wagte es nicht, mich umzudrehen.

»Was machen Sie hier?!« Das war keine Frage. Vielmehr ein »Du hast hier nichts zu suchen, Kleiner!«.

Ich drehte mich um, setzte das liebste Lächeln auf, das ich draufhatte, und versuchte, meine braunen Augen wie die eines Teddybären wirken zu lassen. »Hallo, guten Tag, mein Name ist Milan.« Dann zog ich prompt mein Klettverschlussportemonnaie von Eastpak aus der Hosentasche und zeigte meinen gefälschten Schülerausweis. Zwei Sicherheitsleute hatten sich vor mir aufgebaut und stierten auf meinen Ausweis. Beide groß, einer war schmal und hatte graues Haar, der andere breitschultrig mit Glatze.

»Was suchst du hier?«, fragte der mit der Glatze.

»Ich bin hier, um zu recherchieren. Wir müssen ein Referat in der Schule halten, ich besuche das Max-

Born-Berufskolleg und mache dort mein Abi«, sagte ich und deutete in die Himmelsrichtung, in der die Berufsschulen lagen. Beide sahen verwirrt aus.

Ich richtete meine Brille.

»Was hat dein Referat denn mit diesem Platz hier zu tun?«, fragte der Grauhaarige.

»Es geht um meinen Traumjob.«

»Dein Traumjob?«, fragte Glatze und verschränkte die Arme. »Du machst Abitur und willst als Sicherheitsmann arbeiten?«

Ich senkte meinen Blick, atmete tief ein und wieder aus, dann sah ich Glatze direkt in die Augen. »Mein Vater, Gott hab ihn selig, hat in unserer Heimat als Sicherheitsmann gearbeitet. Wir kommen aus Serbien, und dort gibt es sehr viele Verbrecher. Haben Sie schon mal von der Verbrecherbande Pink Panthers gehört?«

»Klar«, sagte Glatze, »das sind doch die, die Juweliere überfallen.«

»Genau, und bei uns in Serbien überfallen sie auch Geldtransporter und ... und ... mein Vater wurde bei einem Überfall von den Pink Panthers erschossen.«

Vollkommen entrüstet ließen Glatze und Grauhaar ihre Arme am Körper herunterbaumeln und sahen mich mitleidig an. Sie hingen am Haken.

»Deswegen ist das mein Traumjob«, sagte ich. »Ich werde in die Fußstapfen meines Vaters treten und allen Verbrechern die Stirn bieten ...«, fügte ich hinzu, dabei hob ich meine geballte rechte Faust an die Brust und mit der linken zeigte ich auf einen Geldtransporter, »... sollten sie sich an einen unserer Transporter heranwagen!«, ergänzte ich.

Ich schaute in vier zu Tränen gerührte Augen. »Junge, komm mit, ich mach dir einen Transporter auf«, sagte Glatze. »Du kannst für dein Referat so ein Ding auch mal von innen sehen.«

»Auch Fotos schießen?«

»Klar!«

Er hatte ja keine Ahnung, wie sehr ich mich freute.

Schließlich hatte ich genug Fotos geschossen und alles gut dokumentiert. Ich verabschiedete mich von den beiden Männern und machte mich an meine nächste Aufgabe.

Auf allen schwarzen Geldtransportern des Unternehmens klebten Folienteile wie das Unternehmenslogo, die Telefonnummer, der Name des Unternehmens, Dienstleistungsangebote und eine Landkarte von Nordrhein-Westfalen. Ich musste sie alle kopieren lassen. Um keinen Verdacht zu erregen und damit man keine Schlüsse ziehen konnte, ließ ich jedes einzelne Folienstück bei verschiedenen Firmen für Fahrzeugfolierungen anfertigen – in Köln, Dortmund, Essen, Düsseldorf, Frankfurt – ein Stück sogar in den Niederlanden. Bis ich alle beisammenhatte, dauerte es ein paar Wochen. Leroy hatte schon das Fahrzeug erworben, einen echten Geldtransporter für 6000 Euro.

Wir ließen den Transporter in den Niederlanden mit schwarzer Folie bekleben und wechselten die Reifen. Danach parkten wir ihn wieder in unserer Garage. Nach jeder erledigten Aufgabe trafen wir uns wieder im Hotel. Am Konferenztisch der Suite planten wir die nächsten Schritte.

»Pass auf«, sagte ich. »Du besorgst zwei silberne Revolver, aber keine echten, sondern Schreckschuss.«

»Ist mir klar.« Leroy nickte.

»Ich besorge jetzt die Magnetfolie, gelbe Postbankkisten, silberne Regale und Safebags. Zudem besorgst du noch zwei Hüftholster, zwei schwarze Hosen, beides in meiner Größe, zwei rote Poloshirts und zwei schwarze Caps.«

Leroy nickte wieder. »Gut.«

»Dann müssten wir eigentlich alles haben.« Ich lehnte mich auf meinem Stuhl zurück. »Wir werden noch die roten Poloshirts bedrucken. Der mobile Drucker und der Scanner sind gestern angekommen. Die Quittungen mache ich zum Schluss, das wird harte Arbeit. Fehlt noch was? Ach ja, die Kennzeichen für den Transporter und für den Fluchtwagen.«

»Und dein Partner?« Leroy blickte mich fragend an. »Wann willst du Salvatore einweihen?«

»Du hast recht, das mache ich jetzt.«

***

Verkleidet als Postbote ging ich zu Salvatore nach Hause und warf einen Brief bei ihm ein. Am darauffolgenden Tag trafen Salvatore und ich uns wieder in der Bücherei. Die Bibliothekarin ermahnte uns beim Betreten der Bibliothek, heute mal still zu bleiben.

»Wo hast du gesteckt?«, fragte Salvatore.

»Bin in den Untergrund gegangen.«

»Hat es sich gelohnt? Was hast du durchgezogen?«

»Ich habe noch nichts durchgezogen, nur vorbereitet. Alles steht, Salva, ich muss nur noch die Quittungen erstellen. Bist du beim Gronau-Coup dabei?«

Salvatores Miene versteinerte sich, er flüsterte. »Bruder, du hast es wohl nicht mitbekommen? Dein Insider muss irgendjemandem von diesem Coup erzählt haben. Ein paar Berliner sind hier, die haben es auch auf das Ding abgesehen – und die fackeln nicht lange.«

»Was?«

»So, jetzt reicht es!«, schimpfte die Bibliothekarin und baute sich vor uns auf. »Raus hier, ihr seid jedes Mal laut!«

Wir standen auf und gingen raus, ohne mit ihr zu diskutieren.

»Willst du mich verarschen, Salva?«

»Nein, die sind zu Hamza gegangen. Hamza hat nach dir gesucht, er selbst will nicht dabei sein, aber er weiß, dass dieser Coup von deinem Insider kommt. Die Berliner wollen dich dabeihaben.«

»Mich dabeihaben! Das ist mein Job, nichts gegen Abu, aber ...«

»Nicht Abu.« Salvatore schüttelte den Kopf. »Das sind die Freunde von Abu, er selbst sitzt momentan im Knast. Ich frage mich, wie diese Infos von deinem Insider bis nach Berlin gelangen konnten. Und das Lustigste an der Geschichte ist, dass sich letztlich der Kreis bei dir wieder schließt. Na ja, was heißt lustig – wenn eine andere Crew es auch auf diesen Job abgesehen hat, steige ich mit dir nicht aufs Schiff.«

In diesem Moment erinnerte ich mich daran, was Ibo Anfang des Jahres zu mir gesagt hatte: *Es gibt andere, die würden den Job blind durchziehen.*

In diesem Moment wurde mir augenblicklich bewusst, dass Ibo mich jederzeit austauschen und verkaufen können würde. »Alles klar, ich kläre das.«

»Wenn du das klärst«, sagte Salva, »dann bin ich dabei, ansonsten nicht.«

Zu heiß für die Berliner

In dem Augenblick, in dem ich Hamzas Café betrat, wusste ich, dass ich wahrscheinlich aus dem Untergrund direkt wieder ins Visier der Polizei geriet. Das Café war leer, Hamza saß am Tisch mit drei Jungs, die mir bis dato unbekannt waren.

»*Salam aleikum,* Asier.«

»*Aleikum salam.*«

Ich setzte mich an den Tisch.

»Lange nicht gesehen«, sagte Hamza, »wo hast du gesteckt?«

»Hier und da.«

Er warf mir einen gleichgültigen Blick zu.

»Die Jungs wollen etwas mit dir besprechen«, sagte Hamza, »das sind Freunde von Abu H., gute Jungs. Klärt mal, was ihr zu klären habt. Gleich kommt Abdul, der schmeißt den Laden heute.«

Mit diesen Worten erhob sich Hamza und verließ das Café.

»*Habibi*«, sagte einer der Berliner, »wir haben gehört, du kennst den Typ, der die Informationen für diese Sache besorgt.«

»Kennt ihr den Typen«, fragte ich, »und wisst ihr von ihm was über diese Sache?«

»Wir haben noch nie mit ihm gesprochen, aber ein Cousin aus Recklinghausen kennt ihn. Anfang des Jahres war er noch sehr redefreudig, sagte unser Cousin, aber dann hat der Insider irgendwann das Interesse verloren, ihn weiter über diese Sache aufzuklären. Deswegen dachten wir, es wäre gut, wenn du mitkommst oder uns zumindest was darüber erzählst. Hamza sagte uns, du hast den Kontakt.«

In mir loderte ein Flammenmeer aus Wut. Er machte mir doch tatsächlich das Angebot, bei meinem Baby, meinem Coup, in den ich so viel Arbeit gesteckt hatte, »mitzukommen« oder ihm »zumindest« Informationen darüber zu geben. Wäre er Abu gewesen, hätte ich überlegt, wie man ihn mehr oder weniger daran hätte teilhaben lassen können. Aber er war nicht Abu. Deswegen waren er und seine zwei Jungs mir auch egal. Äußerlich lächelte ich und erhob mich von meinem Stuhl.

»Klar, Jungs, warum nicht, ich bin dabei. Kommt, lasst uns direkt hinfahren.«

»Wir waren schon da«, sagte der Berliner.

Ich lächelte ihn an. »Du warst aber noch nicht mit mir da. Ich zeige euch alles, was ihr wissen müsst. Wir fahren mit eurem Auto und die Handys bleiben hier.«

Der Berliner lächelte zurück. Ich sammelte ihre Handys ein und legte meins mit dazu. Doch ein anderes meiner Smartphones ließ ich in meiner Tasche. Die Jungs fuhren einen Audi RS6. Die Berliner nutzten meistens dasselbe Fahrzeug zum Observieren wie auch zum Zuschlagen, das war nicht gut, aber nicht mein Problem. Noch bevor wir Marl verließen, schaute ich vom Beifahrersitz in den Seitenspiegel und machte sie auf etwas aufmerksam.

»Jungs, was ist das für ein Auto hinter uns? Die folgen uns seit ein paar Straßen.«

Der Fahrer warf direkt einen Blick in den Rückspiegel, die beiden anderen drehten sich um.

»Die sehen aus wie Kripos«, sagte ich noch.

Hinter uns fuhr ein schwarzer BMW 5er. Zwei deutsch, slawisch oder nordisch aussehende Typen saßen drinnen. Auf keinen Fall Südländer.

»Scheiße, Digga«, sagte einer von der Rückbank, »die sehen wirklich aus wie Cops!«

»Häng sie ab«, sagte ich, »los!«

Der Berliner drückte auf das Gaspedal und hängte sie ab. Doch nach einigen Kilometern hingen sie wieder an unserem Heck. Sie machten sich nichts daraus, dass wir sie erkannt hatten. Sie folgten und folgten uns, bis die Berliner die Schnauze voll hatten.

»Digga, was ist hier los? Die Lage hier ist heiß! Ihr seid heiß! Wir fahren zurück nach Berlin und kommen in ein paar Monaten wieder, wenn sich die Lage entspannt hat.«

Ich musste mich zwingen, nicht zu grinsen. »Du hast recht«, sagte ich stattdessen. »Gute Idee.«

Dann fuhren wir zum Café zurück. Der BMW folgte uns bis zum Café, fuhr dann jedoch erst mal davon. Ich verließ dort das Berliner Piratenschiff, wir verabschiedeten uns und ich sah die Jungs im Audi davonrasen. Der Fahrer des BMW fuhr ihnen noch ein wenig hinterher, doch diesmal würde er ablassen und sie auch nicht wiederfinden, wenn die Berliner ihn abschüttelten. Ich stieg in mein Auto, fuhr davon und rief Sergej an. Sergej, den Sohn von Vladimir.

»Danke dir, Sergej, das habt ihr gut gemacht.«

»Gern, du hast uns auch anständig bezahlt.«

Dann legte ich auf, zückte mein anderes Smartphone aus der Tasche und schaltete den Ortungsdienst und die Standortübertragung aus. Von Abu H. wusste ich ganz genau, dass die Berliner sich schleunigst zurückzogen, wenn sie merkten, dass sie von der Polizei observiert wurden. Deswegen übermittelte ich während der Fahrt mit den Berlinern von meinem Smartphone, das ich heimlich in der Hose gelassen hatte, Sergej und seinem Cousin unseren Standort. So konnten sie uns verfolgen, und selbst wenn wir sie abhängten, fanden sie uns immer wieder. Salvatore saß in einem Wettbüro und sah sich gerade ein Fußballspiel von Juventus Turin an. Ich setzte mich neben ihn. Er starrte auf den Bildschirm und verfolgte gespannt das Spiel.

»Und?«

»Hab's geklärt, die Berliner kommen vorerst nicht so schnell zurück.«

Salvatore drehte sich zu mir. »Wie du das geschafft hast, will ich nicht wissen«, sagte er. »Aber ein Mann, ein Wort. Ich bin dabei.«

Salvatore und ich mussten abtauchen. Wir drehten die gleiche Szene wie im Hyatt-Hotel, nur diesmal im »Intercontinental« auf der Königsallee in Düsseldorf. Salvatore ging in den Kofferraum und ich legte mich hinten auf die Rückbank. Leroy fuhr los.

* * *

Im Van-der-Valk-Hotel angekommen, brachte ich Salvatore auf den neusten Stand und ging unverzüglich die nächste Aufgabe an.

Die Autokennzeichen von den Geldtransportern hatte ich bereits fotografiert sowie die Kennzeichen eines Audi RS6, der in einem wohlhabenden Stadtteil parkte. Jeder, der sein erstes Auto gekauft oder geschenkt bekommen hatte, musste zur Zulassungsstelle fahren, um es anzumelden. Wenn man sich einen AMG zulegt, übernimmt es das Autohaus gern, das Auto zuzulassen. Klar, würde ich auch tun, wenn jemand bei mir ein Einfamilienhaus auf vier Rädern kauft. Aber sagen wir mal, man möchte es selbst machen, dann fährt man zur Zulassung und wartet meistens lange. Wenn das Fahrzeug schließlich zugelassen ist, läuft man mit Vorfreude in der Magengrube auf die andere Straßenseite oder zwei Straßen weiter zum Nummernschildproduzenten, lässt sein Kfz-Kennzeichen prägen und steigt in die Karosse, um davonzuflitzen. So einfach ist das, und genauso einfach ging ich in zwei beliebige Autoschildservices und ließ dort sowohl das Kennzeichen für den Geldtransporter als auch das für den Audi RS6 prägen. Beide Male mit dem gleichen Vorwand.

»Das ist das Kennzeichen meines ersten Autos«, sagte ich, »es gab einen Unfall, die Schilder wurden zerstört, und deswegen möchte ich diese Nummernschilder auch wenn es nicht die echten sind – bei mir im Wohnzimmer aufhängen. Zum Gedenken an mein erstes Auto, das mir fünf Jahre treu gedient hat und mir von meinem Opa geschenkt wurde.«

Es hatte wunderbar geklappt, wobei ich dem Angestellten wahrscheinlich einfach einen 50-Euro-Schein hätte geben können, dann hätte ich mir die Geschichte sparen können. Danach fuhr ich wieder zu der Suite. Wir besaßen zwei Kennzeichenduplikate von einem zugelassenen Audi RS6 und einem Geldtransporter des Geld- und Werttransportunternehmens. Es war sogar das Kennzeichen eines Transporters, der schon einige Male K+K angefahren hatte. Die TÜV- und die NRW-Plakette druckte ich selbst und klebte beides auf die Duplikatautokennzeichen.

»Was sagst du, Salvatore?«, fragte ich ihn und hielt die Kennzeichen in die Luft.

»Eins zu eins«, sagte er und hielt beide Daumen hoch.

Um die kleinste, jedoch wichtigste Requisite zu kreieren, arbeitete ich am Laptop. Hätte Ibo die Unternehmenssoftware mit all den Kundendaten für den mobilen Drucker besorgt, hätte ich die Plombe scannen können – die Plombe, die an der mit Geld gefüllten Kiste befestigt ist, auf die wir es abgesehen hatten. Somit hätten wir die originale Quittung mit dem mobilen Drucker vor Ort ausdrucken können. Jedoch gab es keine Software für mich, also fertigte ich eine digitale Kopie der Quittung an, die Ibo mir gegeben hatte, änderte jedoch einige Daten. Dann kopierte ich mehrfach die Datei dieser Quittung mit verschiedenen Uhrzeiten und zwei Minuten Versetzung, also 14:02 Uhr, 14:04 Uhr und so weiter. Den Laptop verband ich mit dem Drucker, legte Papierschneidegerät, Skalpell und den mobilen Drucker von Zebra auf den Konferenztisch. Der Zebra-Drucker ist eine tragbare Druckmaschine für Etiketten und

Quittungsbelege. Damit drucken zum Beispiel Paketzulieferer Quittungen aus. Als ich alles vorbereitet hatte, ging ich ins Badezimmer, zog mich komplett nackt aus, rasierte meinen ganzen Körper, mein schwarzer Seitenscheitel musste auch ab. Dann sprang ich unter die Dusche, schrubbte mich mit einer Bürste und viel Duschgel, trocknete mich mit einem frischen Handtuch ab, zog mir Latexhandschuhe über, legte die Klimaweste an, schlüpfte in den Tatortschutzanzug und in die Tatortüberstiefel. Zum Schluss setzte ich mir Mundschutz, Haarhaube und Gesichtsschutzvisier auf. Zwar waren die Haare weg, aber wenn auch nur eine einzige Schuppe von meinem Haupt auf diese besonderen Requisiten fiele, wäre mein Weg zum Schafott geebnet, gepflastert und der rote Teppich ausgerollt. Nein! Es durfte keine einzige Spur auf einer der Quittungen zu finden sein, denn eine von diesen Quittungen würde das Einzige sein, das wir am Tatort zurücklassen würden. Deswegen sah ich aus wie ein Kriminaltechniker im weißen Schutzanzug, der einen unserer Tatorte inspizierte. Ich zog mir über meine bereits behandschuhten Hände noch ein Paar Latexhandschuhe und reinigte die komplette Suite mit Reinigungsmitteln, die mir ein Freund, der Tatortreiniger ist, zur Verfügung gestellt hatte und mit denen man eigentlich Körperflüssigkeiten entfernt, die aus einer Leiche ausgetreten sind. Dank der Klimaweste geriet ich nicht ins Schwitzen. Als ich alles gereinigt hatte, druckte ich mit dem HP-Drucker das erste identische Quittungspaar auf einem DIN-A4-Blatt aus. Dann schnitt ich die überflüssigen Papierreste mit dem Papierschneider ab, sodass ich einen langen Streifen in meiner behandschuhten Hand hielt. Auf dem Streifen war zweimal die gleiche Quittung. Ich öffnete das Fach des Zebra-Druckers, legte den Streifen ein, klappte das Fach wieder zu und riss am Ende des Streifens, das außerhalb des Druckers lag, damit der Streifen getrennt wurde und die gleichen Zacken im Papier aufwies wie die meisten Bons, die man an der Kasse erhält. Das machte ich mit jedem Ende der beiden Quittungen. Vor mir lagen nun zwei perfekte Fälschungen. Doch es gab ein Problem, das fühlte ich bereits mit meinen Handschuhen, und Leroy bestätigte es, als er abends zurück in die Suite kam.

»Bruder, das fühlt sich nicht wie ein Kassenbon an«, sagte er und zückte einen Bon aus seiner Tüte, die voll mit neu gekauftem Proteinpulver war.

»Merkst du den Unterschied?«, sagte er, während er mir beides vor die Nase hielt und mir dann in die Hand drückte. Er hatte recht, denn das eine war Thermopapier und das andere normales. Also fuhr ich zum Bürobedarf und suchte Thermopapier im DIN-A4-Format als Blätter, was es aber nicht gab. Die einzige Option war Thermopapier in DIN-A4 als Rolle. Zurück in der Suite musste ich vorerst die gleiche Reinigungsprozedur tätigen wie davor. Dann schnitt ich das Thermopapier in DIN-A4-Stücke, was nicht leicht war, denn mit dem Papierschneider entstanden beim Schneiden auf dem Thermopapier zu viele Falten und Knicke, da es viel dünner und empfindlicher ist als normales Papier. Jedes einzelne Stück schnitt ich daher mühsam mit dem Skalpell. Danach legte ich den Haufen in das Papierfach des Druckers. Das Resultat war niederschmetternd: Entweder war das Papier zerknittert oder durch die ungleichmäßige Wärme beim Druckvorgang mit schwarzen Punkten oder Streifen versehen. Ich lernte, dass man auf Thermopapier nicht mit Tinte druckt – stattdessen wird durch Hitzeerzeugung an den passenden Stellen das Bild aufs Papier gebracht. Die Beschichtung auf dem Papier wechselt, wenn sie erhitzt wird, die Farbe. Kapitän Haddock würde jetzt wahrscheinlich zu Tim sagen: »Hunderttausend heulende und jaulende Höllenhunde!«

Den Kopf in den Sand zu stecken, war keine Option, also versuchte ich etwas anderes. Ich klebte mit Tesafilm die geschnittenen DIN-A4-Thermopapierblätter auf die DIN-A4-Druckpapiere, jedoch nur an den oberen und unteren Rändern. Legte sie ins Papierfach des Druckers, ging an den Laptop und druckte. Der Drucker legte los, ich hörte, wie er das Papier einzog und es dann langsam – hoffentlich bedruckt – wieder ausspuckte. Ich sah zu, wie Stück für Stück das Papier herauskroch. Dann verstummte der Drucker und ich hielt das erste perfekte Exemplar in meinen Händen. Doch die Arbeit sollte erst richtig beginnen. Jedes einzelne musste mit dem Skalpell geschnitten, in den Zebra-Drucker gelegt und abgerissen werden, damit jede Quittung die Zacken aufwies. Bei alledem durfte ich immer noch keine DNA hinterlassen – kein Haar, keinen Fingerabdruck, keine Wimper, keine einzige Schuppe. Es dauerte einige Wochen, bis ich fertig war. Als ich unser Diebesgildenquartier wieder verließ, hatten sich die Blätter von den Bäumen gelöst und die Sonne versteckte sich hinter dunklen Wolken. Der Winter war da!

Einmalig

Die Deadline endete. Der 19. Dezember begann als grauer Tag. Noch am selben Morgen studierten Salvatore und ich immer wieder unsere Choreografie. Wir saßen in unserem schwarzen gepanzerten T5-Geldtransporter. Leroy folgte uns im Audi RS6 auf der Autobahn. Die Nummernschilddubletten hingen bereits an beiden Fahrzeugen. Wir fuhren von der A31 hinunter auf die Ahauser Landstraße in die Gemeinde Heek. Damit waren wir noch 15 Kilometer von unserem Ziel entfernt. Leroy parkte den Audi auf einem Parkplatz direkt an der Autobahnauffahrt in Heek und blieb dort. Er wusste, was er zu tun hatte. Salvatore war der Fahrer des Geldtransporters, er rollte von der Ahauser Landstraße auf den Feldweg Anthornshook und fuhr weiter ins Ländliche hinein. Am Wessumer Damm gab es am Rande eines Waldes einen toten Winkel. Salvatore bremste ab und stieg aus. Ich eilte von der Fahrerkabine durch die Schleuse in den Frachtraum des Geldtransporters, so wie damals in Dortmund, doch diesmal nicht um zu plündern, sondern um die Seitentür zu öffnen und die vier Rollen Magnetfolie nach draußen zu befördern. Im Frachtbereich hatten wir auch Requisiten eingebaut, von innen war der Geldtransporter also bereits den echten Transportern nachempfunden, jetzt kam die Außenseite dran. Warum wir das erst kurz vor dem Ziel machten, war leicht zu erklären: Wir hätten unterwegs zufällig auf einen der echten Geldtransporter treffen und in Schwierigkeiten geraten können. Die Magnetfolie hatten wir im Vorfeld geschnitten und an das Außenblech des Transporters angeglichen. Sie saß perfekt und verschmolz mit dem Fahrzeug. Auf den schwarzen Magnetfolien klebten die Logos und Schriften des Geld- und Werttransportunternehmens. Ohne die Magnetfolien war der Geldtransporter nur schwarz, mit der Magnetfolie glich er täuschend echt dem Original und repräsentierte das Unternehmen.

»Einfach perfekt«, sagte Salvatore, »einfach perfekt.«

»Man soll den Tag nicht vor dem Abend loben«, sagte ich. »Gleich werden wir sehen, ob er wirklich perfekt ist, beeil dich.«

Wir stiegen ein, und Salvatore fuhr weiter über die Landstraßen, während ich mich umzog. Als ich fertig war, bremste Salvatore, ich übernahm das Ruder und fuhr, während er sich umzog. Wir durften keine Zeit verlieren. Dann übernahm er wieder das Steuer. Unser Geldtransporter war fertig – von innen und außen – und jetzt waren auch Salvatore und ich bereit. Wir trugen rote Polo-Langarmshirts mit den Firmenlogos, schwarze Hosen, silberne Revolver, dunkle Stiefel, unsere Caps, und den Firmenausweis hatten wir mit Krokodilklemmen befestigt. Ich trug auch wieder eine Brille. Kurz bevor es losging, würden wir die Handschuhe der Marke Nitras aus der Verpackung holen und anziehen.

Ich trug zusätzlich an meinem Gürtel den mobilen Drucker von Zebra und einen Handscanner, aus dem beim Abdrücken rote Strahlen funkelten und der das gleiche Piepgeräusch von sich gab wie der Scanner an der Kasse. Im Handschuhfach befanden sich kleine Thermopapierrollen für den mobilen Drucker, auf dem Armaturenbrett lagen in Tüten die gefälschten Quittungen, jeweils ein paar zusammengerollt und von bunten Gummibändern umschlungen. Wir fuhren bereits wieder auf der A31 Richtung Gronau, ich warf einen Blick auf meine G-Shock-Uhr, diesmal in Schwarz.

»14:15 Uhr, ich rufe an«, sagte ich.

Salvatore nickte.

»Wir können immer noch die Sachen packen und nach Hause fahren.« Ich blickte ihn prüfend an.

Salvatore fuhr sich mit der Zunge über die Lippen, dann räusperte er sich. »Ruf an, Bruder, wir schaffen das.«

Ich legte die bereits aktivierte neue SIM-Karte in ein neues Wegwerfhandy, tippte die Nummer ein und rief an. Der Coup hatte noch nicht richtig begonnen, aber ich war verdammt nervös. Mein Herz schlug schnell und wuchtig, als wollte es meinen Brustkorb durchbrechen und fliehen. Mich, diesen Verrückten, einfach verlassen, der es seit Jahren als Adrenalinpumpe missbrauchte. Dreimal erklang das Tuten des Freizeichens.

»Klaas und Kock, Hauptverwaltung Gronau, Smajic am Apparat.«

»Guten Tag«, sagte ich, »westfälischer Wachschutz hier, wir wären in zehn Minuten da.«

»Bereits in zehn?«

Mein Mund vertrocknete.

»Ja«, sagte ich.

»Alles klar, dann bis gleich.«

Mit hoher Stimme wiederholte ich seinen Satz und zog ihn ein wenig in die Länge. »Alles klaaar, bis gleeeich.«

Dann legte er auf.

»Jetzt gibt es kein Zurück mehr«, sagte ich.

Salvatore grinste und fragte mich: »Gab es das jemals?«

»Nein.«

In dem Moment, als wir auf das Gelände der Firma einbogen, warf ich alle Zweifel und Bedenken über Bord. Dafür gab es keinen Platz. Der Weg bis zum Verwaltungsgebäude schien ewig lang. Bereits von Weitem sah man die riesige sich drehende Werbetafel mit dem K+K-Logo auf dem Gebäude. Wir umrundeten den Wendehammer und fuhren rückwärts in die bereits offene Garage. Das machten die echten Transporter so, und somit konnten die Kameras, die über der Garage hingen, nur unseren Geldtransporter aufnehmen, uns im Auto jedoch nicht. In der Garage gab es keine Kameras. Während Salvatore das Fahrzeug rückwärts in die kleine Garage manövrierte, warf ich einen Blick auf die G-Shock, es war 14:26 Uhr. Ich nahm eine Tüte mit Quittungen, drinnen lagen fünf Paare. Die anderen zwei Tüten waren nicht mehr relevant. Ich schaute in den Seitenspiegel.

»Es ist der Mann«, sagte ich.

»Alles klar, dann weißt du, was du sagen musst, wenn er fragt.«

»Ja.«

Salvatore drückte die Bremse. Wir waren drin. Ich atmete tief ein und aus und sagte: »Action!«

Dann öffnete ich die Beifahrertür und stieg aus. Ich sah den Angestellten. Er stand direkt hinter dem Heck. Hinter ihm befand sich die geöffnete Tür, die von der Garage zurück in das Gebäude führte. Durch sie könnte er flüchten und Alarm schlagen.

»Mahlzeit«, sagte ich.

»Mahlzeit«, erwiderte der Angestellte.

Ich lief auf die silberne Kiste zu, die er auf einem elektrischen Hubwagen verstaut hatte, während Salvatore von innen die Hecktür des Geldtransporters öffnete. Die beiden Türen schwangen eine nach der anderen auf. Salvatore blieb im Wagen und grüßte den Angestellten, der den Gruß erwiderte. Was wir dem Angestellten präsentierten, war ein Geldtransporter, der optisch von außen eins zu eins den echten glich. Von innen ebenfalls, wir hatten Regale angehängt und Postbankkisten hineingestellt, Euroscheine gescannt, ausgedruckt und ausgeschnitten, sie mit Gummis zusammengebunden und in den Safebags verstaut. Der Angestellte sah also zudem einen Geldtransporter voller Geld, das sich in durchsichtigen Safebags befand. Ich hielt meinen Handscanner an die Plombe mit QR-Code, die an der Stahlkiste befestigt war.

»Heute hatten wir echt viel zu tun«, sagte ich.

Dann drückte ich den Knopf des Handscanners. Die Laserstrahlen schossen auf die Plombe der Geldkiste und es piepste wie an der Kasse, doch gescannt wurde nichts, es war nur eine akustische Täuschung.

»Wir auch«, sagte der Angestellte, »kurz vor Weihnachten immer.«

Dann fummelte ich an meinem mobilen Drucker herum.

»Oh, Druckerpapier leer«, sagte ich und lächelte den Angestellten kurz an. »Kein Problem, wechsle ich eben.« Ich drehte mich um und lief in Richtung Beifahrertür. Dann folgte das erste Beben, unsere Illusion wurde einer ersten Prüfung unterzogen.

»Ich habe euch noch nie gesehen«, sagte der Angestellte, »seid ihr neu?«

Ich erreichte gerade eben die Beifahrertür und drehte mich kurz nach links in seine Richtung.

»Nein, wir sind nicht neu, sonst waren wir bei Frau Scholz.«

Er schaute mich an und nickte. Auf diese Frage waren wir vorbereitet, wir wussten, entweder übergab er uns das Geld – oder Frau Scholz. Hätte uns Frau Scholz diese Frage gestellt, hätten wir ihr seinen Namen genannt. Dann übernahm Salvatore das Gespräch. Ich hörte nicht zu, sondern konzentrierte mich auf die nächste Täuschung. Meinen Zebra-Drucker legte ich auf den Beifahrersitz und drückte auf den Drucken-Knopf. Gedruckt wurden nur leere Blankoquittungen, aber man hörte ihn drucken. Das war die zweite akustische Täuschung. Ich nahm rasch die gefälschten Quittungen aus der Tüte, entfernte die Gummibänder, warf einen Blick auf meine Uhr und legte das richtige Paar neben den Drucker – die Übergabequittung mit der genauen Zeit. Zugleich riss ich schnell die Blankoquittungen vom Zebra-Drucker ab, zunächst die erste, dann die andere, die der Drucker nachdruckte. Das Abreißen war die dritte akustische Täuschung. Ich lief wieder auf die Kiste und den Angestellten zu. Ich zückte meinen Kugelschreiber aus meiner Tasche, drückte obendrauf, legte die Übergabequittung auf die silberne Stahlkiste, so wie Ibo es mir gezeigt hatte, und unterschrieb. Beabsichtigt war natürlich, mit einer erfundenen Unterschrift zu unterzeichnen, doch während ich zeichnete, merkte ich innerhalb von einer Millisekunde, dass ich beinahe mit meiner echten Unterschrift unterschrieben hätte. Ich änderte prompt die Unterschrift. Bei der zweiten Quittung achtete ich von vornherein darauf. Er bat mich um meinen Stift, daraufhin reichte ich ihm den Kugelschreiber. Er nahm ihn und unterschrieb. Ich krallte mir eine Quittung – er sollte eine für sich behalten. Das tat er, doch zuvor hielt er sich die Quittung vor seine Augen und begutachtete sie anscheinend Millimeter für Millimeter. Das war der nächste Test. Ich schaute den Angestellten an und er die Quittung, Salvatore kurz mich, dann wieder ihn. Nur ein einziger Gedanke beherrschte meinen Verstand. *Was wird er tun?* Dann sah der Angestellte mir für einen Augenblick direkt in die Augen, woraufhin er urplötzlich die Quittung in seine Gesäßtasche steckte, im Handumdrehen die Steuerung des Hubwagens umklammerte und die Stahlkiste in unseren Geldtransporter manövrierte. Mir fiel eine ganze Gebirgskette vom Herzen.

»Danke schön«, sagte ich und warf die erste Hecktür zu.

»Einen Moment«, sagte der Angestellte.

Nein, bitte nicht. Salvatores Mimik verfinsterte sich.

»Was ist mit dem leeren Behälter?«, fragte er.

Scheiße, fluchte ich innerlich. Das war die eine Requisite, die wir nicht eins zu eins organisieren konnten, wir waren eigentlich darauf gefasst und wollten es selbst ansprechen. Doch Salvatore und ich hatten es beide vergessen.

»Ach ja«, sagte ich, »wir sind nur eingesprungen für die Kollegen. Die kommen später noch vorbei und bringen einen leeren mit.«

Bitte glaube mir, dachte ich nur, *es ist besser für dich.*

»Alles klar«, sagte er, »dann bis zum nächsten Mal.«

»Bis zum nächsten Mal.«

Als ich gerade einsteigen wollte, hörte ich: »Halt, stopp!« Er schrie und kam auf mich zugelaufen. Ich fragte mich, was ich tun sollte. Salvatore biss sich in die Unterlippe. Der Angestellte streckte seinen Arm aus. »Ihr Kugelschreiber, sorry, dumme Angewohnheit.«

»Ach ja, vielen Dank.« Ich nahm ihn entgegen und stieg in den Geldtransporter, Salvatore saß bereits, er startete den Motor.

»Bring uns hier weg«, sagte ich, »aber schnell!«

»Den Stift vergessen!«, sagte er kopfschüttelnd und dann wieder: »Den Stift vergessen!«

Salvatore fuhr hinaus, rollte über das Firmengelände, während ich in alle Richtungen spähte und hoffte, dass der echte Geldtransporter uns nicht begegnete – oder, noch schlimmer, die Polizei. Das Firmengelände hatten wir verlassen, auf der Max-Planck-Straße angekommen, fuhr Salvatore über die Kreuzung auf die Steinfurter Straße und weiter auf die Bundesstraße 54, von wo wir in Richtung A31 steuerten. Bis dahin lief alles gut, aber die Polizei könnte bereits auf der Suche nach dem gefälschten Geldtransporter sein und uns jederzeit aus dem Verkehr ziehen. Dann sahen wir die rettende Autobahnauffahrt vor uns. Es waren nur noch wenige Meter. Wir sprachen kein Wort miteinander, ich spähte weiter wie ein Irrer und Salvatore fuhr und zerquetschte beinahe das Lenkrad. Denn eines war klar: Mittlerweile waren die 20 Minuten herum, jetzt musste es rasend schnell gehen. Wir erreichten die Autobahn und fuhren so schnell, wie es mit dem alten Geldtransporter ging. Selbst nach einigen Kilometern waren wir noch lange nicht sicher, denn uns war bewusst: Jeder Polizist im Umkreis von 100 Kilometern würde nach dem gefälschten Geldtransporter suchen. Doch auch darauf waren wir vorbereitet. Ich rief mit dem Wegwerfhandy Leroy an. Er nahm sofort ab.

»Wir fahren jetzt runter«, sagte ich.

»Bin bereit«, erwiderte er.

Wir rollten die Autobahnabfahrt in Heek hinunter, landeten wieder auf der Ahauser Landstraße und fuhren von dort zurück in die Feldwege, mit dem Unterschied, dass Leroy hinter uns herfuhr. Im toten Winkel am Waldrand bremsten wir ab. Alle drei stiegen wir aus. Leroy öffnete den Kofferraum des RS6, während Salvatore und ich die Stahlkiste gefüllt mit den Millionen aus dem Geldtransporter nahmen und in den Kofferraum des Audi RS6 schleppten. Leroy wechselte die Kennzeichen des Transporters. Er schraubte die gültigen Autoschilder dran, die auf seinen Namen zugelassen waren. Dann entfernten wir jegliche Requisiten am und im Geldtransporter.

Ich sah auf die Uhr. Scheiße, 30 Minuten vorbei.

»Schneller, Jungs«, sagte ich, »wir müssen uns beeilen.«

Beide nickten nur und arbeiteten mit Hochdruck weiter.

Die Magnetfolie zogen wir locker ab – und schon war der Geldtransporter ein anderer. Die Regale, die gelben Postbankkisten, wir räumten alles heraus. Auf die kleine Luke an der Seitentür, die jeder Geldtransporter hat, setzten wir ein kleines schwarzes Magnetfolienstück: Die Luke war nicht mehr zu sehen. Somit sah der Geldtransporter aus wie ein stinknormaler VW-T5-Transporter. Alle Beweise, einfach alles, was darauf hindeutete, dass es ein Geldtransporter gewesen sein könnte oder dass dieses Fahrzeug für den Coup genutzt wurde, verfrachteten wir in den Audi RS6. Leroy stieg in den lupenreinen ehemaligen Geldtransporter. Bevor er die Tür zuschlug und davonfuhr, schüttelte ich seine Hand.

»Das wird klappen«, sagte ich, »hab Vertrauen. Wir sehen uns gleich am Treffpunkt. Gib mir dein Wegwerfhandy.«

Leroy nickte stumm, gab mir sein Handy und bretterte davon in Richtung Autobahn. Salvatore saß bereits am Lenkrad des Audis, ich stieg hinzu und entfernte die Akkus aus den Wegwerfhandys.

Jeder Polizist im Umkreis von 100 Kilometern suchte in diesem Moment bereits nach dem Geldtransporter und den verschwundenen Millionen. Was sie nicht wussten, war, dass der Transporter, den sie suchten, wie ein Chamäleon seine Farbe gewechselt hatte. Die Millionen und alle Beweise befanden sich bei Salvatore und mir in dem mit Schafsfell bedeckten Gepard, der noch nicht auf ihrem Radar erschienen war.

»Jetzt liegt es an uns, Bruder«, sagte ich und zeigte mit meinem Daumen nach hinten.

»Das alles hinter uns reicht locker für sieben Jahre Knast.« Ich seufzte. »Darauf habe ich keinen Bock.«

»Ich auch nicht«, erwiderte Salvatore.

»Dann sind wir uns ja einig. Wenn die Bullen uns jagen, bleibst du nicht stehen, bis sie unsere Reifen platt schießen oder wir in die Leitplanke krachen.«

»Ich rase, bis der letzte Tropfen Benzin verbrannt ist«, verkündete Salvatore und startete die Flucht mit einem Kick-down, sodass der Motor brüllte.

Zwischenspiel

Essen, 04.12.2018

Ich hatte mich gerade von Officer Kurzhaar losgerissen und rannte wie ein Lebensmüder auf die stark befahrene Straße direkt in den Verkehr. Doch ich überlebte und sprang wie ein gedoptes Turnierpferd über die nächsten Hindernisse. Officer Brille jagte mich, eine Polizeistreife kam zufällig vorbei und es gab kein Entrinnen. Mir blieb nur eine Chance. Ein letzter Zug. Ich rannte geradewegs auf die Häuserfront zu, sprang mit Schwung auf eine Mülltonne, nur um von ihr weiter in Richtung Garage zu springen. Die Mülltonne kippte nach meinem Sprung um und ich flog durch die Luft. Wie ein Parkour-Sportler schaffte ich es, mit meinen Händen die Kante der Garage zu greifen und sie zu erklimmen. Dann rannte ich hinüber und hüpfte hinunter in einen Garten. Ich war aus dem Sichtfeld von Officer Kurzhaar verschwunden, doch gleich würde der Polizeihelikopter abheben und mich gemeinsam mit den Bodentruppen jagen. Ich rannte von Garten zu Garten, von Garage zu Garage, von Siedlung zu Siedlung, immer weiter und weiter. Ich mied die Straßen, und wenn ich eine Straße überqueren musste, lief ich normal, doch sobald ich wieder in einer Siedlung war, führte ich den Parkour fort. Das Adrenalin half mir, Sprünge und Sprints hinzulegen, die ich mir so nicht zugetraut hätte. Ich war schneller als Forrest Gump.

Als das Adrenalin absank, merkte ich, dass ich meinen Körper überstrapaziert hatte. Ich setzte meine Kapuze auf, bewegte mich weiter und merkte, dass ich fürchterlichen Hunger hatte. Mein Frühstück im Hotel hatte ich verpasst und von der Polizei hatte ich kein Essen angenommen. Das war unklug, aber woher sollte ich wissen, dass mir tatsächlich die Flucht gelingen würde? Erst jetzt merkte ich, dass ich noch immer eine Handschelle trug. Ich nahm den Schlüssel, entledigte mich der Handschelle und warf beides in ein Gebüsch. Den Schlüssel hatte ich Kurzhaar abgenommen, während er sich im Auto über mich gebeugt hatte, um die Fahrzeugtür zu schließen. Ich bemerkte, dass ich die ganze Zeit über keine einzige Sirene hörte. Sehr schlau von ihnen. Doch dann hörte ich urplötzlich das Brummen eines Propellers aus der Ferne. Ich wusste es, sie hatten tatsächlich Luftunterstützung angefordert. Ich sprintete wieder los. Mal kam das Brummen näher, dann entfernte es sich wieder. Ich war planlos, hatte keinen Cent in der Tasche, kein Handy, es war kalt, ich trug nicht einmal Socken, nur meinen schwarzen Jogginganzug. Ich las die Straßenschilder, konnte aber nichts mit ihnen anfangen. Dann gelangte ich an einen Weg, der endlos lang schien, wo einige Leute joggten, Fahrrad fuhren und mit ihren Hunden Gassi gingen. Es gab Wegschilder. Ein Schild zeigte nach rechts, dort stand Mülheim drauf. Also folgte ich ihm. Hauptsache, raus aus Essen. Aus heiterem Himmel erklang dann wieder das Brummen der Propeller. Ich verließ den Weg und stürmte über einen Feldweg in den Wald, rannte weiter, bis ich einen kleinen See erreichte. Dort hockte ich mich hin. Wo könnte ich jetzt nur hin? Ich war mir ziemlich sicher, dass die Polizei bei jedem Menschen, den ich kannte, zumindest einen Streifenwagen vor der Tür postierte. Was sollte ich nur tun? Ich stierte auf den See. Jetzt, da ich mich nicht mehr bewegte, bemerkte ich, wie kalt es war. Ich zitterte am ganzen Leibe. Ich wusste nicht einmal, wie spät es war, und jemanden fragen wollte ich nicht. Bestimmt sah man ein Foto von meinem Gesicht überall im Fernsehen. Ich hatte es mal wieder verbockt. Wie es wohl meiner Familie in diesem Moment ging?

Ich war am Ende.

Wie konnte ich nur zulassen, dass mein Leben in solch einer Tragödie endete? Plötzlich stürzte ein Falke in den Wald, glitt über den See, gewann wieder an Höhe und setzte sich auf einen der Äste.

»Wenn ich doch nur fliegen könnte, so wie du«, sagte ich zu ihm.

Dann schöpfte ich etwas Kraft, stand auf und ging weiter. Mittlerweile fühlte ich mich sicher, ich wusste immer noch nicht genau, wo ich war, aber ich wusste, dass ich möglichst weit weg von dem Ort kommen musste, an dem meine Flucht begonnen hatte. Ich würde ein paar Stunden verstreichen lassen und dann weiterlaufen. Das Reisebüro am Flughafen, in dem mein Cousin Paco arbeitete, war mein Ziel. Ich würde mir von einem Passanten ein Taxi rufen lassen, den Taxifahrer fragen, ob er mich zum Airport fährt, aber von Beginn an sagen, dass ich erst vor Ort bezahlen kann. So würde ich es machen. Mir wurde klar, wie absurd das war. Klauen gehen, auf der Flucht leben, aber einen Taxifahrer nicht bescheißen wollen. Es gibt Sachen, die macht man einfach nicht, außerdem würde ich die Cops damit nur auf meine Fährte führen. Der Flughafen war riskant, aber die Polizisten konnten nicht den ganzen Tag auf mich lauern, dachte ich mir. Nach ein paar Stunden würden sie schon aufgeben. Das Auffälligste ist am unauffälligsten. Keiner rechnete damit, dass ich direkt in den Flughafen marschierte. Fliegen könnte ich natürlich nicht. Ich würde meinen Cousin um Geld bitten, in ein Hotel einchecken und vorerst abwarten. Noch ein paar Stunden.

Das schaffst du, Asier, motivierte ich mich. *Du bist geflüchtet, du hast es tatsächlich geschafft, dich aus dem Polizeigewahrsam zu befreien, den Rest wirst du auch bewältigen.* Mein Plan stand fest, doch musste ich mich gedulden und meinen Hunger, den Durst, die Kälte und die Nervosität für ein paar Stunden ausblenden. Dabei gingen mir erneut die Fragen durch den Kopf, die ich mir seit heute Morgen stellte. Wie konnte das nur passieren und woher hatten die Polizisten all die Informationen? Was war nach Gronau schiefgelaufen?

Champions League

Salvatore und ich waren bereit für eine wilde Verfolgungsschlacht. Während der Fahrt zum hoffentlich sicheren Treffpunkt trugen wir unter unseren Caps hochgekrempelte Sturmhauben. Wir würden uns die Masken augenblicklich überstreifen, wenn die Cops sich an uns dranhängten. Der Feuerlöscher klemmte zwischen meinen Beinen, ein voller grüner Benzinkanister stand auf dem Fußboden des Rücksitzes. Auf unserer Route zum Treffpunkt hatten wir an drei Autobahnauffahrten hochmotorisierte andersfarbige Fluchtwagen postiert. So könnten wir die Fahrzeuge wechseln, falls es brenzlig würde und der Audi RS6 auf dem Radar der Cops erschien.

Im Fahrzeug herrschte vorerst ein Vakuum der Stille. Salvatore und ich sprachen kein einziges Wort. Er konnte nicht die ganze Route über Vollgas geben, deswegen spähte ich in jedes sich nähernde Fahrzeug, stierte auf alle Nummernschilder. Die Fenster ein Stück geöffnet und meine Ohren gespitzt, denn die Sirenen und den Helikopter wollte ich bereits aus der Ferne hören, bevor es zu spät war.

»Gleich wechseln wir auf die A2«, kündigte Salvatore an, »da kann es brenzlig werden!«

Wir flüchteten auf der A31 in Richtung Oberhausen. Die A31 verläuft entweder in Richtung Niedersachsen oder Oberhausen. Sollten die Cops beide Seiten sperren, säßen wir in der Falle. Es blieb uns keine andere Route. Auf den letzten Kilometern der A31 floss mehr Verkehr.

Meine Gedanken rasten und ich brach schließlich das Schweigen. »Hoffentlich findet man meine DNA nicht auf der Quittung.« Außerdem befürchtete ich, der Typ könnte uns gut genug beschreiben, um uns zu identifizieren.

»Was passieren soll«, sagte Salvatore, »wird geschehen. Jetzt geht es darum, zügig wegzukommen und vor allem das Geld in Sicherheit zu bringen. Asier, zerbrich dir nicht den Kopf, wir haben sauber gearbeitet!«

Ich nickte und kontrollierte meine Atmung. »Die Kiste wiegt schwer«, sagte ich, »was denkst du, wie viel wird drinnen sein?«

»Im Cash-Center von Ziemann bei Stuttgart«, antwortete Salvatore, »haben wir diese großen Stahlkisten immer mit mindestens zwei Millionen befüllt, standardmäßig mit vier Millionen.«

»Hoffentlich sind es …« Ich schielte auf meinen Seitenspiegel, blinzelte mit den Augenlidern, schärfte meinen Blick und fuhr herum.

Meine inneren Alarmglocken schrillten.

»Scheiße!«

»Was ist?«

Ich hob den Feuerlöscher hoch.

»Was machst du?«

Dann riss ich die gelbe Sicherungsschelle ab.

»Ey, was ist los?«

Ich fuhr mein Fenster herunter und ergriff die schwarze Löschpistole.

»Was ist los?«, schrie Salvatore. »Sprich mit mir!«

Mein Herz ratterte wie eine Uzi.

Das verdächtige Auto erreichte unsere Höhe, ein schwarzer BMW 435. In Bruchteilen einer Sekunde entschied ich mich, doch keine Ladung des weißen Schaums auf den BMW abzufeuern. Ich verspürte sofortige Erleichterung, als ich erkannte, dass es drei südländisch wirkende Typen waren, die laut Musik hörten und sich anscheinend während der Fahrt Joints durchzogen. »Falscher Alarm, sorry, Bro.«

»Junge, ich wollte schon die Maske runterziehen, wie hätte das ausgesehen?«

»Entweder wie ein Verbrecher oder wie ein Fetischfreak!«

»Idiot!«

Wir fuhren weiter bis nach Köln. Leroys Viertel hatten wir als sicheren Ort ausgewählt, weil Leroy dort wohnte, er sauber war und die Leute dort nicht dazu tendieren, mit der Polizei zu kooperieren. Die Rocker in Köln beschossen sich in sporadischen Abständen mit scharfen Waffen. Anschließend erfolgte meistens wenig bis keine Aufklärungsarbeit seitens der Bevölkerung. Wenn bei knallenden Schüssen, Kugeln und Querschlägern die Menschen lieber die Fenster schließen, die Rollläden herunterfahren und sich um ihren Kram kümmern, dann könnten wir doch in aller Stille mit dem Geldtransporter, dem Audi und den Millionen untertauchen, bis das Inferno erlosch.

Leroy parkte, wie geplant, den Geldtransporter in einer Garage nahe seiner Wohnung und erwartete uns auf dem Parkplatz vor seiner Tür. Der Mond hatte bereits die Sonne verdrängt, die Dunkelheit unterstützte unser Tun. Wir stiegen aus. Leroy hatte eine Wolldecke dabei, die wir über die Stahlkiste warfen, bevor wir sie aus dem Kofferraum kramten. Salvatore öffnete uns die Türen. Wir wagten es nicht, den Fahrstuhl zu nutzen, und trotz Leroys Muskelmasse hatten wir es schwer, die Kiste die zwei Etagen hochzuschleppen. Doch es sollte sich auszahlen. Wir stellten sie in Leroys Wohnzimmer auf den Fliesenboden. Alle drei standen wir um die Schatztruhe herum.

»Jungs«, sagte ich, »darf ich die Kiste öffnen?«

»Ja«, sagte Salvatore.

Ich schaute hoch zu Leroy, der nickte. »Das hast du dir verdient«, sagte er.

Ich rieb mir die Hände. Dann schob ich den Riegel zur Seite. Ein metallisches Schnalzen erklang und ich warf die Klappe auf. Der Duft unzähliger Euroscheine kroch mir in die Nase. Weiße Banderolen mit orangefarbigen oder grünen Streifen umschlangen die vielfältigen bunten Geldbündel. Orange für 5000er-Bündel und Grün für 10 000er-Bündel. Auf dem bunten Geldberg lag eine weitere Quittung. Ich nahm sie in die Hand, drehte mich weg und verbarg die Ziffern.

»Wie viel ist es?«, fragte Salvatore.

Leroy rieb sich seine Pranken.

»Leider weniger als erhofft«, sagte ich, »aber trotzdem gut.«

»Wie viel, sag schon.«

»Eine Million und achthundertachtzigtausend Euro.«

»Du hast doch behauptet, in der Vorweihnachtszeit kämen drei bis vier Millionen rum«, sagte Salvatore.

»Ist doch egal«, sagte Leroy, »das schmeckt doch.«

Leroy war sichtlich erfreut; das war sein erster Coup und sein Debüt fand auf der Champions-League-Ebene statt.

»Ja, das schmeckt«, sagte Salvatore, »aber davon gibt es noch viel mehr. Was sagst du, Asier, wie lange sollen wir jetzt pausieren, bevor wir das nächste Ding starten?«

Eigentlich sollte das mein letzter Coup gewesen sein. Und tatsächlich hätte ich mich zur Ruhe setzen können, ich musste nur noch mein Vermögen gut anlegen und dabei zusehen, wie es sich vermehrte. Allein das Geschäft mit Urs bot mir grenzenlose Möglichkeiten. Mein Anteil aus dem Gronau-Coup betrug 750 000 Euro. Vor einem Monat war ich 24 Jahre alt geworden und ab diesem Abend, dem 19.12.2017, 1,7 Millionen Euro schwer, Autos und Uhren nicht eingerechnet. Ich hatte eine bewundernswerte und loyale Frau, eine bezaubernde Tochter, ich war frei, gesund und glücklich, und trotzdem konnte ich Salvatore in diesem Moment nicht sagen: »Ich steige aus!« Ich wollte aber auch keine Zusage erteilen, also lenkte ich ab. »Keinen Plan, Jungs«, sagte ich, »lasst uns erst einmal diesen Job sauber zu Ende bringen, die Beweise vernichten und unsere Beute sichern.«

Beide nickten. Wir teilten die Beute, entfernten die Banderolen von den Geldbündeln und verstauten sie in unseren Reisekoffern. Danach gingen wir in ein nahe gelegenes Waldstück, gruben ein Loch und legten die brennbaren Beweise in die Grube: Klamotten, Banderolen, Folien, Scanner und den mobilen Drucker. Alles Belastende begossen wir mit Benzin, zündeten ein Streichholz an und warfen es hinterher. Die Flammen verzehrten das meiste, zum Schluss bildete sich ein schwarzer Klumpen, den wir mit Erde bedeckten. Die Geldkiste aus Stahl und die silbernen Revolver versanken im Rhein.

»Was machen wir mit dem Geldtransporter?«, fragte Salvatore.

»Darum kümmere ich mich«, sagte Leroy, »der geht nach Afrika.«

Leroy und ich hatten noch eine wichtige Aufgabe für den Werttransporter.

»Alles klar, Jungs«, sagte ich, »saubere Arbeit, bringt eure Beute in Sicherheit, ich treffe mich mit dem Insider.«

»Asier«, sagte Salvatore, »er darf jetzt nicht durchdrehen bei der Geldsumme, mach ihm das klar!«

»Das werde ich.«

»Das Allerwichtigste ist«, sagte Salvatore, »dass er weiter im Unternehmen arbeitet, mindestens ein Jahr lang – und er soll sich keine auffälligen Sachen kaufen.«

»Habe verstanden, Salva.« Mit Ibo hatte ich sowieso noch ein Hühnchen zu rupfen.

* * *

Ich schlich mich in Ibos Garten. Diesmal trug ich einen Reisekoffer voller Geld. Er saß wieder allein auf seiner Couch. Nach dem ersten Klopfen an der Scheibe fuhr er hoch und ließ mich hinein.

»Es hat geklappt!«, sagte Ibo. »Es hat tatsächlich geklappt, du bist ein Genie. Die sind wirklich drauf reingefallen.«

»Ja, das hat es.«

»Wie viel?«

Es wäre ein Leichtes gewesen, Ibo zu verarschen, eine geringere Summe zu nennen, oder ihm einfach seinen Anteil nicht zu geben. Als Strafe dafür, dass er uns gegen eine andere Crew aus Berlin austauschen wollte. Doch auch unter Gaunern gibt es Ehre.

»1,8 Millionen und ein paar Zerquetschte. Wir haben unsere Kosten abgezogen. Hier ist dein Anteil.«

Ich überreichte ihm den Koffer. Mit offenem Mund und weit aufgerissenen Augen krallte er sich ihn, doch ich ließ noch nicht los. Ibo starrte mich an. Ich setzte eine versteinerte Miene auf.

»Du hast mit jemand anderem über den Coup gesprochen«, sagte ich.

Ibo schluckte hörbar, als hätte er einen Goldfisch im Hals. Dann ließ ich den Koffer los.

»Hier ist dein Anteil, als Strafe bekommst du die kleinsten Scheine. Fünfer, Zehner und ein paar Zwanziger. Unsere Zusammenarbeit ist beendet.«

»Asier.« Ibo schaute mich eindringlich an. »Es tut mir leid, aber du hast dich damals nicht gemeldet.«

»Alles gut«, sagte ich, »tu dir selbst nur einen Gefallen: Kauf dir kein dickes Auto oder etwas, das auffallen könnte, und kündige unter keinen Umständen deinen Job. Für mindestens ein Jahr musst du weiter dort angestellt bleiben.«

»Aber …«

»Kein Aber! Vielleicht bekommen die Polizisten mich, doch du kannst dir sicher sein, ich werde dich niemals verraten. Selbst wenn sie eines Tages vor deiner Tür stehen oder dich in eine Zelle sperren, sie werden dich niemals verurteilen können, wenn du dich an drei Regeln hältst.«

»Die wären?«

»Kündige nicht deinen Job. Bleibe unter dem Radar. Und die wichtigste Regel: keine Kooperation mit den Cops. Egal, was passiert. Wenn du loyal bleibst, werde ich alles dafür tun, um dich aus der Schlinge zu ziehen.«

Ich reichte Ibo meine Hand, er schlug ein.

»Das ist unser Pakt«, sagte ich.

»Okay!«, sagte Ibo. »Du kannst dich auf mich verlassen.«

Ich glaubte Ibo, doch mit dem Vertrauen ist es so eine Sache: Man bemerkt das Leck erst, während man versinkt.

Die Medien nannten den Gronau-Coup hollywoodreif und meinten, wir hätten GTA als Vorbild dafür genutzt. Man verglich uns mit George Clooney und Brad Pitt in *Ocean's Eleven*. Meine Emotionen fuhren Achterbahn. Wir hatten den genialsten Coup durchgezogen, den Deutschland je erlebt hatte. Ohne Drohungen, ohne Gewalt. Nichts wurde beschädigt. Nur das Image des Geld- und Werttransportunternehmens, doch so ein starkes Unternehmen schluckt das mal eben runter und wischt sich danach den Mund ab. Es fehlte ihnen nur eine Kiste voller mit Tinte bedrucktem Baumwollpapier mit eingearbeiteten Silberfäden. Doch auch dies war nicht weiter schlimm, denn die EZB würde einfach neues drucken, so wie sie es immer tat.

Doch da gab es auch andere Gedanken. *Haben wir es übertrieben? Kann die Staatsgewalt sich so etwas bieten lassen? Nehmen die es persönlich?* Denn natürlich fand das nicht jeder cool oder lustig. Schon nach einigen Tagen setzte K+K ein Kopfgeld auf uns aus, in Höhe von sage und schreibe 50 000 Euro.

Mein erster Impuls war, davonzurennen. Ich war dabei, alles für die Abreise nach Dubai zu organisieren, und in meinem Schädel spukten bereits genügend Geister herum. *Finden sie meine DNA? Wird mich jemand für das Kopfgeld verraten?* Als wenn das alles nicht genügte, veröffentlichte die Polizei auch noch ein Phantombild, das mir verdammt ähnlich sah. Ich musste weg – und zwar schleunigst. Als ich Anfang Januar 2018 meine Haustür verließ, um die letzte Aufgabe zu erledigen, bevor es nach Dubai ging, erstarrte ich vor Schreck, als ich dem wütenden KHK Schmitz vor meinem Zuhause begegnete. Mit einem Videospiel hatte das nichts zu tun.

»Rodríguez!«, sagte Schmitz. »Ich weiß, dass du da mit drinsteckst. Ich kann es noch nicht beweisen, aber ich weiß es.«

»Wo stecke ich mit drin?«

Er baute sich vor mir auf.

»Pass mal auf, Rodríguez«, sagte er, »für uns alte Bullen seid ihr unsere Coups, so wie ihr eure Straftaten nennt. Ihr Schwerverbrecher, ihr seid unsere Beute. Wir observieren euch, sammeln Informationen und Beweise, um dann am Tag X zuzuschlagen, so wie ihr bei euren

Verbrechen. Es gibt nur einen Unterschied: Wir werden dafür nicht zur Rechenschaft gezogen. Ihr schon, früher oder später bekommen wir euch alle.«

Ich musste grinsen. »Dann beeil dich mal damit, Schmitz.«

Er trat einen Schritt zurück und streckte mir seinen Zeigefinger ins Gesicht.

»Ich sehe dich auf der Anklagebank. Seit dem 30. Juni 2017 haben wir einen neuen Innenminister, Reul ist sein Name. Es wird sich für euch ab jetzt einiges ändern. Als du das erste Mal in meinem Büro saßest, vor zehn Jahren, und diesen Schwachsinn gefaselt hast – Bruder hier, Habibi da –, ab da wusste ich, dass du nur Ärger verursachen wirst. Du lebst seit 24 Jahren und davon saßest du bereits drei Jahre und sechs Monate hinter Gittern. Merkst du noch was?«

Dann winkte er ab. »Was ich sage, geht ja sowieso bei dir hier rein und da wieder raus.« Er zeigte auf meine Ohren. »Wer nicht lernen will, muss fühlen«, fügte er noch hinzu. »Ach ja, schöne Grüße an die Großfamilie!«

Dann ging er. Ich sah ihm nach. Erst als er nicht mehr zu sehen war, rührte ich mich. Am selben Abend offenbarte ich Salvatore, wo ich mein Bargeld gebunkert hatte, gab ihm den Schlüssel und den Tresorcode. Er würde den Pakistanern, die das *Hawala*-Banking zwischen Deutschland und Dubai regeln, mein Geld in Frankfurt am Main übergeben. Leroy würde ihn als Leibwache unterstützen, während ich in Dubai das Geld entgegennahm. Ab da befand sich mein Geld in Sicherheit, in Dubai, weit weg von den deutschen Behörden.

»Wann kommst du zurück?«, fragte Salvatore. »Lass uns bei den nächsten Coups wieder Hamza mitnehmen. Der ist hungrig geworden.«

»Salva«, sagte ich und blickte ihn ernst an. Der Moment war gekommen, ihm die ganze Wahrheit zu sagen. »Mein Bruder, ich hoffe, ich muss nicht mehr zurückkommen. Wir behalten zwar noch unsere Wohnung, aber wenn wir nach Deutschland einreisen, dann nur um die Familie zu besuchen und nicht um Dinger zu drehen.«

Salva blickte mich zweifelnd an. »Also steigst du aus?«

»Ich steige aus!«

Das Happy End. Aufhören, wenn es am schönsten ist. So hätte es ausgehen können.

Keine Ruhe in Sicht

In Dubai angekommen, zogen wir in unser neues Zuhause, meine Tochter würde erst ab August das Autismuszentrum besuchen. Bis dahin wollten wir viel mit ihr erleben, ihr Abwechslung bieten und sie glücklich machen. Als Erstes flogen wir auf die Malediven. Wir waren Gäste im Kandima-Resort. Die Insel Kandima bietet einen traumhaften, strahlend weißen Sandstrand mit einer Lagune, deren kristallklares Wasser durchsichtig scheint. Auf der anderen Seite gibt es ein Riff, vor dem die Delfine nachmittags täglich Freudensprünge vollführen. Wir wohnten in der Beachpool-Villa, mit Whirlpool im Garten sowie einem Pool mit direktem Blick auf den Indischen Ozean. Erholung pur. Ich vergaß alles. Es gab nur meine Familie, die Insel und mich.

Nach 19 Tagen flogen wir zurück nach Dubai in unser neues Zuhause – ein großes Einfamilienhaus mit Garten und Pool in einer ruhigen Wohnanlage. Es war an der Zeit, sich mit Urs zu treffen und über das Goldgeschäft zu plaudern. Ich hatte über sein Angebot nachgedacht. Ich würde einsteigen, jedoch nur unter bestimmten Bedingungen. Wie Urs hatte ich mir mittlerweile einen Bentley zugelegt und fuhr gerade aus meiner Garage.

Das elektronische Tor öffnete sich, die Sonne schien mir ins Gesicht. Dann klingelte mein Handy.

»Hey, Salva, wie geht's dir?«

»Nicht gut! Hamza wurde verhaftet.«

Das schlechte Gewissen plagte mich. Hamza war in die Schweiz gefahren, erklärte mir Salvatore, um dort ein Ding zu drehen. Für diesen Coup benötigte man Geduld. Einer der Leute aus Hamzas neuer Crew hatte keine und beging eine Tat hinter Hamzas Rücken. Die Schweizer Behörden kamen dem Jungen auf die Schliche und verfolgten ihn bis in das Hotel, in dem sich Hamza befand. Er wurde ebenfalls verhaftet und als Mittäter eingestuft. Er saß in Bern in Untersuchungshaft. Hätte ich ihn beim K+K-Coup mitgenommen, wäre er nicht in die Schweiz gefahren und nicht im Knast gelandet. Ich flog nach Deutschland, unterstützte Hamzas Familie und gab Amir Geld für die Anwälte.

Danach reiste ich zurück nach Dubai, jedoch diesmal über die Niederlande – mit einer anderen Identität. Den Pass besorgten mir die niederländischen Jungs. Die Cops sollten nicht mehr erfassen können, in welche Länder ich reiste. Mittlerweile hatte der neue Innenminister von Nordrhein-Westfalen den Clans offiziell den Krieg erklärt. Es gab immer mehr Razzien und Festnahmen. Das bestärkte mich umso mehr, Deutschland hinter mir zu lassen und in Urs' Geschäft einzusteigen. Wir trafen uns in seinem Penthouse im Burj Khalifa. Im höchsten Gebäude der Welt könnte ich das größte Geschäft meines Lebens besiegeln.

Die Fensterfront zog sich durch beinahe jedes Zimmer des Penthouse und bot eine atemberaubende Aussicht auf Dubais Skyline. Von dort genoss man einen direkten Blick auf die Fontäne, eine der spektakulärsten Springbrunnenanlagen mit unzähligen bunt beleuchteten Wasserstrahlen. Urs besaß also eine Luxuswohnung im höchsten Gebäude der Welt und einen Bentley, aber das Interieur seines enorm großen Zuhauses wirkte minimalistisch. Wir saßen direkt an der Fensterfront vor einem runden Edelstahltisch. Ich trank einen Espresso und Urs ein Glas Wasser aus seiner Wasserfilteranlage von Bestwater. *Warum ein paar Tausend Euro für eine Filteranlage ausgeben?*, dachte ich mir zu Beginn, doch einen Monat später würde ich mir auch eine zulegen.

»Gleich schießt die Fontäne«, sagte Urs, »das musst du erleben.«

»Ich bin gespannt.«

»Also, wie sieht es aus«, fragte Urs, »bist du dabei?«

»Ich habe lange über dein Angebot nachgedacht«, sagte ich, »und habe mich mit dem Thema auseinandergesetzt. Doch ich muss dein Angebot ablehnen.«

Urs runzelte ungläubig seine Stirn. Ich lächelte und hob die Hände. »Dafür möchte ich dir ein alternatives Angebot unterbreiten.«

»Du mir?« Urs grinste, lehnte sich in seinem Stuhl zurück und verschränkte die Arme. »Dann lass mal hören«, sagte er, »ich bin gespannt.«

»Du sagtest, der Durst nach Gold sei unstillbar.«

»Ja.«

»Also ist die Nachfrage grenzenlos.«

»Ja.«

»Du hast mir angeboten, zu investieren, mit ein paar Hunderttausend Dollar. Ich könnte somit zu deinem Einkaufspreis mit einkaufen.«

»Genau!«

»Aber es geht dir nicht um die paar Hunderttausend Dollar. Die hast du nicht nötig. Es geht dir um meine Manpower und darum, dass ich neue Minen erschließe. Durch das Investment wolltest du mir die Sache nur schmackhaft machen. Das ist sehr klug von dir, denn wenn man sein eigenes Geld investiert, ist man mit mehr Eifer dabei und neigt eher dazu, beide Augen zu verschließen, wenn man mal mit einem Warlord am Tisch sitzt. Ich sollte dir dabei dienen, dein Netzwerk zu pflegen und auszubauen. Dadurch könnte ich unvorstellbar reich werden und du noch reicher.« Ich öffnete meine Arme und deutete mit meinen Augen auf Urs' Heim. »Aber zu welchem Preis?«

Urs grinste und schüttelte den Kopf, dann klatschte er in die Hände. »Bravo!« Er klatschte drei weitere Male. »Bravissimo! Das zeigt mir umso mehr«, sagte Urs, »dass ich meine Wahl richtig getroffen habe und dass Ludwig die Menschenkenntnis meiner Schwester geerbt haben muss. Was ist dein Angebot?«

»Ich habe einen Partner, einen Halbafrikaner. Während wir hier sitzen, ist er im Kongo und bereitet alles vor.«

»Was bereitet er vor?«

»Er gründet ein kleines Sicherheits- und Transportunternehmen und knüpft bereits erfolgreich Kontakte zu Minen, Zwischenhändlern, Goldschürfern und lokalen Kleinhändlern. Wie du siehst: Ich steige ohnehin in diese Branche ein. Wir haben sogar schon einen gepanzerten Werttransporter vor Ort. Mir geht es darum, dass ich meine eigenen Quellen aussuche, nach meinen Werten und Prinzipien. Ich biete dir an, mit mir zusammen in meine Quellen zu investieren. Ich garantiere für das Geld, das du investierst, doch nur für die ersten drei Transporte bis zum Standort deiner Kontaktleute, danach tragen wir das Risiko gleichermaßen. Was ich von dir benötige, sind deine Routen, um das Gold nach Dubai zu schleusen, deinen Vertrieb und dein Wissen.«

Ich stoppte meine Ansprache und sah Urs direkt in die Augen, dann räusperte ich mich. »Wie sieht es aus«, fragte ich, »bist du dabei?«

Urs schien sprachlos. War er empört? Agierte ich zu offensiv, zu unverschämt, vielleicht sogar respektlos? Die Wahrheit war, ich brauchte ihn immer noch mehr als er mich.

»Ich bin ein alter Hase und Platzhirsch in diesem Geschäft«, sagte Urs, »ich habe viel gesehen und bin schwer zu beeindrucken. Du hast mein Angebot abgelehnt, anstatt dich darauf zu stürzen, wie die meisten es tun würden. Du hast den Spieß umgedreht, wie man so schön sagt.«

Urs schlug seine Hand auf den Tisch, sein Glas kippte um, der Teelöffel fiel von meiner Espressountertasse und er lachte lauthals. »Seit Jahren habe ich so etwas nicht erlebt! Dein Schachzug ist beeindruckend, und ja – ja, ich bin dabei!«

Urplötzlich schossen die Fontänen in den Himmel, die Wasserstrahlen tanzten zu einer orientalischen Melodie und belebten umso mehr Dubais strahlende Skyline. Am nächsten Tag begann ich meinen Bachelor in Gold.

***

Als Erstes rechtfertigte Urs sein Handeln, wie wir alle es tun.

»Asier, ich bin nicht der Böse«, sagte er. »Ich unterstütze die Leute vor Ort und kaufe zu einem fairen Preis. Wusstest du, dass die multinationalen Konzerne und Unternehmen, die meist auf Anraten der Weltbank oder des IWF zur Förderung der Investitionen und zur Armutsbekämpfung in ärmere Länder bestellt werden, vor Ort kaum Steuern zahlen? Diese Halunken schürfen Mengen von Gold aus dem Boden, die sogar meine Dimensionen überragen. Es sind die Banken und Konzerne, die ihre Tresorräume füllen und die Deals mit den Staatsmännern machen. Ich unterstütze die Bevölkerung direkt. Verstehst du?«

Das Geschäft wuchs langsam. Ich telefonierte beinahe täglich mit Leroy – und bereits nach drei Wochen entschied ich, unsere Strategie zu ändern. Dank eines Tipps von Urs.

»Asier, das ist nicht so einfach, wie wir es uns vorgestellt haben«, sagte Leroy. »Ich konnte bis jetzt insgesamt nur drei Kilogramm kaufen.«

»Ich verstehe.«

Ich schloss die Augen und massierte meine Schläfen.

»Ich finde nicht genügend Goldschürfer«, sagte Leroy. »Kannst du dir überhaupt vorstellen, wie aufwendig das ist? Ich bin den ganzen Tag unterwegs, aber gib mir noch ein wenig Zeit, dann wird das schon.«

»Ich weiß.«

»Die Leute sind vorsichtig! Ohne meinen Vater und seine Verwandten könnte ich nicht einmal 500 Gramm in so kurzer Zeit zusammenkratzen. Dazu kommt noch, dass die Moskitos mich beinahe leer pumpen. Sie rauben mir mein Blut!« Plötzlich schallte ein Klatschen durch die Leitung. »Drecksvieh«, fluchte Leroy. »Asier, sogar während ich mit dir spreche, stechen die Mücken mich.«

»Wir müssen das Geschäft ausdehnen«, sagte ich, »du bist auf der falschen Seite.«

Plötzlich erstarb die Verbindung. Ich rief Leroy zurück, aber er ging nicht ran. Dann schrieb ich ihm eine WhatsApp-Nachricht. Nur ein Haken erschien. Er würde sich später melden, sobald er wieder Netz hatte, hoffte ich. Vielleicht war auch sein Akku leer. Warnende Gedanken schlichen sich in mein Gewissen. *Habe ich vielleicht zu viel von Leroy verlangt? Ist ihm etwas zugestoßen?* Mein Freund begab sich in Gefahr. Er könnte ausgeraubt, entführt oder gar getötet werden. Urplötzlich erklang ein Nachrichtenton. Ich entsperrte mein Handy und atmete erleichtert aus. Es war eine Nachricht von Leroy.

»In einer Stunde Skype-Anruf. Schlechtes Netz!«

Ich saß in meinem klimatisierten Büro, sah auf einen von zwei Bildschirmen, die auf meinem weißen Büroschreibtisch standen, und trank einen Espresso. Dann rief Leroy per Skype an. Er saß auf einem Stuhl und trug ein hautenges graues T-Shirt. Seine Muskeln wirkten wie eine Panzerung. An seiner Unterlippe wippte ein Zahnstocher auf und ab, an der Wand hinter ihm lehnten zwei Sturmgewehre. Dann lächelte er.

»Was geht ab?«

»Alles gut – und bei dir? Was machst du mit den Gewehren?«

»Die gehören meinem Cousin.« Er zuckte mit den Achseln. »Ist normal im Kongo. Was meintest du vorhin? Wie, ich bin auf der falschen Seite?«

»Hast du nicht gesagt, du hättest auch Verwandte in der Demokratischen Republik Kongo?«

»Ja.«

»Dein Cousin soll in Brazzaville weitermachen«, sagte ich, »wir nutzen es als Drehscheibe.«

Zwar arbeiteten wir mit Urs, jedoch versuchten wir, gleichzeitig unabhängig von ihm zu agieren, dazu gehörte auch, eigene Schmuggelrouten zu schaffen.

»Leroy, kannst du in die Demokratische Republik gehen? Dort findest du das große Gold.«

»Du willst mich in den Dschungel schicken? Da sind noch größere und fiesere Mücken.«

»Du sollst nur das Netzwerk aufbauen. Wenn das steht, läuft das Geschäft wie von selbst!«

»Nur das Netzwerk aufbauen!«

Leroy schwieg kurz und fuhr dann fort. »Das sagst du so einfach. Schick mir mal erst mal weitere 60 000 Dollar, bevor ich mich dahin wage.«

»Schicke ich dir, aber vergiss nicht«, sagte ich, »lass dich nicht auf Warlords oder dubiose Leute ein.«

»Du schaust zu viele Filme«, sagte Leroy, »nur weil eine Gruppe oder Familie bewaffnet ist, begehen die nicht automatisch Völkermord. Die Augen im Dschungel sind groß und der Hunger nagt. Man muss sein Brot schützen können. Das Erste, was ich gemacht habe, war, mir einen Waffenschein zu besorgen und die passende Knarre dazu.«

»Bitte, pass auf dich auf.«

»Mache ich.«

»Ach ja.« Ich räusperte mich. »Schick mir bitte die drei Kilogramm mit deiner Stewardess hierher.«

»Wird gemacht«, sagte Leroy. »Ich wollte sowieso mit ihr ausgehen.«

»Dann gib dir Mühe«, sagte ich, »damit sie bei ihrem ersten Schmuggel nicht nervös wird. Und vergiss nicht, ihr auch den gefälschten Goldbarren mit dem GPS unterzujubeln. Man weiß ja nie.«

»Selbstverständlich. Und noch etwas: Ich gebe mir immer Mühe«, sagte Leroy. »Das wissen meine Mädels.« Dann lachte er schelmisch.

Das Vorhaben hatte mehr Geld gefressen als geplant. Jedoch fühlte ich, dass es sich lohnen würde, wenn wir am Ball blieben. Für die drei Kilo brauchten wir Urs' Netzwerk nicht, dank Leroys Verführungskünsten hatten wir unsere eigene kleine Schmuggelroute. Leroy hatte das Geschäft in Kongo-Brazzaville begonnen. Doch Urs lehrte mich, dass die Demokratische Republik Kongo die dicksten Goldadern in ganz Afrika besitzt. Das Gold, welches über die Grenzen transportiert wird, ist natürlich teurer als an der Quelle.

»Darum ist es besser«, sagte Urs, »dass man seinen eigenen Vertreter in der Demokratischen Republik Kongo platziert, der das Gold kauft und den Schmuggel in ein anderes Land organisiert, am besten nach Uganda.«

In Entebbe und Kampala am Victoriasee, einer der schönsten Regionen der Erde, sitzen Urs' Leute. Entebbe International Airport ist ein Drehkreuz, von dort geht das Gold nach Dubai. Entweder als offizieller Goldexport – inoffiziell im doppelten Boden des Reisegepäcks – oder versteckt zwischen Blumen oder anderen Exportgütern. Bei offiziellen Goldexporten wird gern mal am Gewicht geschummelt. Manch ein gewiefter Schmuggler prägt die Goldbarren mit Silberstempel und besprüht sie auch mit dem anderen Edelmetall, um weniger Steuern zu bezahlen. Während Leroy in Afrika unterwegs war, verkaufte ich bereits Gold an alle möglichen Leute, die ich kannte und in Dubai kennenlernte. Es war Urs' Gold, ich erwarb das Gold in Dubai zu einem guten Kurs. Dann verkaufte ich die Barren teurer weiter. So verdiente ich knappe 10 000 Euro netto im ersten Monat und lernte immer mehr über dieses Geschäft. Ich bemerkte, dass Urs ein Manager des Goldhandels war. Er beschränkte sich nicht auf ein bestimmtes Gebiet. Urs kaufte aus allen Regionen dieser Erde. Als er mir damals sagte: »Wenn ich könnte, würde ich alles Gold der Welt kaufen!«, hatte ich diese Aussage als Spaß abgetan – oder zumindest als übertrieben. Doch Urs besaß Weitblick, Fingerspitzengefühl und Intuition. Unbezahlbare Eigenschaften. Und sein Tipp sollte sich für uns auszahlen.

* * *

Es war Frühjahr in Dubai und wir genossen das Wetter. Ich stand gerade am Grill, die Holzkohle glühte und ich wendete die knusprigen braungoldenen Lamm-Spareribs auf dem Grillrost. Meine Tochter und meine Frau planschten im Pool, während meine Mutter den Salat zubereitete. Dann erklang der Nachrichtenton meines Handys. Leroy hatte geschrieben.

»Jackpot! Jede Woche 20 bis 30 Kilo ohne Probleme und kein Blutgold. Schick mir mehr Geld.«

Ich tippte auf einen der lachenden Emojis und schrieb: »Morgen. Jetzt sind wir im Geschäft, vom Goldbroker zum Milliardär! Wart's nur ab.«

Leroy schickte mir ein Dutzend Bizeps-Emojis.

Plötzlich warnte mich meine Frau.

»Asier! Das Fleisch verkohlt.«

»O nein!«

Ich nahm rasch das Fleisch vom Grill. »Danke, mein Schatz.«

Sie schüttelte den Kopf. »Pack dein Handy weg.«

Das Fleisch schmeckte trotzdem noch hervorragend – und der Salat auch.

Ich schickte Leroy am nächsten Tag 400 000 Dollar. Eine Hälfte von Urs, eine Hälfte von mir. Und die Dollars rollten. Unser geliebter ehemaliger Geldtransporter, mit dem wir unseren größten Coup geschafft hatten, leistete uns weiterhin exzellente Dienste. Mit ihm transportierten wir das Gold, nachdem Leroy es zu Doré-Barren schmelzen ließ, zum Flughafen. Doré-Barren glänzen noch nicht, wie man es von reinem Gold gewohnt ist, da sie noch Schmutz und andere Edelmetalle wie Silber, Platin oder Palladium in sich tragen. Erst in den Raffinerien wird das pure Gold in einem chemischen Prozess herausgefiltert.

Wir wollten immer mehr und mehr, dachten sogar darüber nach, aus Südamerika zu importieren. Ich rief meinen Cousin Amado an, weil ich durch das Internet etwas erfahren hatte, womit ich niemals gerechnet hätte. Scheiße verdammt, die Dominikanische Republik verfügt über eine der ertragreichsten Minen der Welt. Auf Platz vier hinter Russland, Usbekistan und den USA. Bis zu 30 Tonnen werden dort jährlich gefördert. In direkter Nachbarschaft des Geburtsortes meiner Oma. Doch keine Chance, die kanadischen Gringos haben den Goldberg in der Hand.

Nicht weiter schlimm, unser Geschäft wuchs und wuchs, wir investierten immer mehr und arbeiteten zudem mit dem Kapital anderer mächtiger Persönlichkeiten, die meistens ihr zu Unrecht erworbenes Geld vermehren wollten. Wir bürgten wie bei Urs für die ersten drei Transporte. Gleichzeitig wurde unser Lebensstil immer luxuriöser, zu der 13 000-Euro-Rolex kam die 36 000-Euro-Vollgold-Rolex mit Perlmutt-Diamant-Zifferblatt. Zum Bentley passte noch ein Ferrari. Die Flüge nur noch First Class. Das erste Mal verbrauchte ich in einer Woche Gummibänder im Wert von 50 Euro, um mein Bargeld zu bündeln.

Im Juli 2018 erreichten wir den Höhepunkt. Eine der größten Lieferungen stand bevor. Weil bisher immer alles gut gegangen war, investierten wir eine enorme Summe aus unserer Tasche und aus anderen Kassen. Wir konnten so noch mehr Kilo kaufen, daher bekamen wir einen noch besseren Kurs und verdienten noch mal an jedem Kilo der Investoren. Ich war zuversichtlich. Zudem würde Hamza demnächst aus dem

Schweizer Knast entlassen werden. Ich würde ihn direkt mit ins Boot nehmen. Der Skeptiker Salvatore wollte nun doch in das Goldgeschäft einsteigen, jedoch nur, wenn der nächste Transport wieder gut ging. Das Gold wurde in Kampala zu Doré-Barren geschmolzen, in den Werttransporter geladen und sollte zum Flughafen in Entebbe transportiert werden, von wo Urs' Leute den Rest übernehmen würden.

Wer im Juli in Dubai ist, dem kommt es vor, als wäre die Sonne auf Kollisionskurs Richtung Erde. Ich brachte meiner Tochter im Pool das Schwimmen bei, da klingelte mein Handy. Meine Frau übernahm das Training. Ich stieg die gefliesten Stufen des Pools hinauf und verließ das kühle Wasser. Ein Handtuch brauchte ich nicht. Bei der Hitze trocknet man rasch von allein. Ich sah, wie meine Frau und meine Tochter lächelten und kicherten. Meine Tochter schlug auf das Wasser, Wassertropfen flogen in das Gesicht meiner Liebsten. Es war Leroys Name, der auf meinem Telefon angezeigt wurde. Ich nahm ab. »Hey, Bruder. Hast du schöne Neuigkeiten für mich?« Ich lächelte, während ich Leroy fragte, und erwartete ein fröhliches »Ja«. Doch seine Antwort ließ mich vom Gipfel hinunterstürzen und im Abgrund der Bitterkeit aufschlagen.

»Nein! Der Geldtransporter wurde ausgeraubt«, schrie Leroy durch die Leitung. »Das ganze Gold ist weg!«

Für einen Augenblick hörte mein Herz auf zu schlagen. Es war die größte Ladung, die wir je hatten, die Hälfte davon gehörte nicht uns und wir waren bei Transport Nummer drei mit dem Kapital der anderen. Also bürgten wir für den Verlust. Was für ein mieser Streich des

Schicksals, dass ausgerechnet wir Opfer eines Überfalls auf unseren gepanzerten Werttransporter wurden. Ich fasste mich wieder und hörte Leroys Stimme. »Irgendjemand muss uns hintergangen haben!«, sagte er. »Meine Fahrer gehören zu meiner Familie, die würden das nicht tun. Alle unsere Kontakte sind aktiv. Wir suchen bereits nach dem Gold.«

»Was ist mit dem GPS-Goldbarren?«, fragte ich Leroy.

»Den nutze ich immer noch bei der Stewardess.«

Ich schlug mir die Hand gegen die Stirn. »Scheiße!«

»Gib Urs Bescheid«, sagte Leroy, »seine Leute sollen uns helfen.«

Meine Frau warf mir aus dem Pool einen skeptischen Blick zu.

»Urs.« Ich drehte mich um und ging ins Haus hinein, damit meine Frau nichts vom Gespräch mitbekam.

»Ja, Urs!«, sagte Leroy.

»Außer dir, mir und deinen Fahrern«, sagte ich, »war er der Einzige, der Bescheid wusste.«

»Glaubst du, er hat was damit zu tun?«

»Finde das Gold. Ich kümmere mich um ihn. Und sei dir nicht so sicher wegen deiner Fahrer, Familie hin oder her.«

Wir waren faul, unachtsam und nachlässig gewesen.

»Welches Gold?« Es war die Stimme meiner Frau. Ich fuhr herum. Sie scannte mich mit ihren grünen Augen. Meine Tochter stand neben ihr. Für Diskussionen blieb mir keine Zeit. »Erzähle ich dir, wenn ich wiederkomme, ich muss los.«

»Nein, jetzt!«

»Es ist eine Überraschung.«

Sie rümpfte ihre kleine Stupsnase, setzte den bösen Blick auf und verschränkte ihre Arme. Ich lächelte. »Lass dich überraschen.«

»Wehe dir.«

Ich verließ im Rückwärtsgang den Saal und warf ihr und meiner Tochter Kusshände zu. Meine Frau sah weiterhin böse aus, doch meine Kleine freute sich über die Geste. Ich zog mich schnell an, stieg in den Ferrari und raste zum Burj Khalifa. Unterwegs versuchte ich, Urs anzurufen, doch er nahm nicht ab.

Wir dürsteten nach Gold, berauscht vom Erfolg forderten wir unverschämterweise zu schnell zu viel. So wie Ikarus, der der Sonne zu nahe kam und daraufhin abstürzte.

Das war es dann erst mal mit dem Ferrari und dem Bentley. Ich musste beide verkaufen. Wir hatten gebürgt, also zahlten wir den Verlust der Investoren aus eigener Tasche. Ich hatte ein dickes Cashflow-Problem. Urs leugnete, an der Tat beteiligt zu sein, und war empört über meinen Verdacht. Zu Recht! Ich hatte noch keine Beweise, also konnte ich Urs schlecht zur Rechenschaft ziehen. Ich überlegte mir, Urs an den Füßen baumelnd und mit seinem Kopf voran vom Burj Khalifa hängen zu lassen, bis er mir die Wahrheit sagte, entschied mich jedoch dagegen. Leroys Leute waren ebenfalls erfolglos bei der Suche. Das Leben ist teuer in Dubai, ich wollte meinen Lebensstandard nicht aufgeben – und meine Immobilie zu verkaufen, das kam nicht infrage. Wir beabsichtigten, wieder in das Goldbusiness einzusteigen, jedoch ganz anders. Nur noch mit der Recyclingmethode. Dadurch verdient man weniger und es ist aufwendiger, doch muss man nicht fürchten, überfallen zu werden. Denn das Gold wird aus Elektroschrott gewonnen. Fairtrade-Gold wäre auch interessant. Doch zuerst gab es ein Problem zu lösen: Es musste frisches Geld her.

Cash

Meine Frau wollte sowieso mal wieder die Familie in Deutschland besuchen – und das am besten, bevor meine Tochter auf die Autismusschule in Dubai ging. Ich überredete sie, dass wir das mit der Schule ein wenig verschieben, meine Tochter in Deutschland erst mal zur Schule gehen lassen und dann im Januar 2019 wechseln würden. Ich sagte, dass es mal schön wäre, ein halbes Jahr in Deutschland zu bleiben. Ich hätte da noch ein paar interessante Immobilienprojekte und beabsichtigte, Kunden zu akquirieren, um ihnen Immobilien aus Dubai anzubieten. Ich verschwieg ihr, dass es sein musste, da wir uns Dubai auf Dauer sonst nicht leisten konnten. Die Idee fand meine Frau gut. *Das ist das letzte Mal, dass ich dich belüge,* dachte ich, während ich sie ansah und es ihr versprach, ohne dass sie es merkte. Wer lügt, den bestraft das Leben. Ich hatte zu viel gelogen, das wusste ich, doch ahnte ich bei Weitem nicht, in welchem Ausmaß das Leben straft.

Wir flogen zurück nach Deutschland. Es gab keinen Haftbefehl gegen mich und ich konnte problemlos einreisen. Als Erstes fuhr ich zu Hamza. Er kam aus dem Gefängnis in der Schweiz frei und ich wollte mich mit ihm versöhnen. Wir sprachen uns aus, und es schien mir, als hätte die Haft etwas in ihm verändert. Das erste Treffen hielt ich jedoch erst einmal ohne ihn ab. Leroy, Salvatore und ich trafen uns im Engelsburg-Hotel in Recklinghausen, in der obersten Etage der Turmsuite saßen wir am Tisch.

»Ich habe keine Coups mehr«, sagte ich und sah Leroy an. »Salvatore hat jedoch drei heftige.«

Salvatore nickte.

»Dann lass mal hören«, sagte Leroy.

Salvatore erzählte ihm vom Cash-Center in Filderstadt nahe Stuttgart, wo beinahe nächtlich 35 bis 40 Millionen Euro gezählt wurden. Dann vom Geldtransporter, der wöchentlich nach Kamen zur Sparkasse fuhr und sechs Millionen Euro in der Garage dieser Filiale übergab. Außerdem vom Geldtransporter, der von der Zentralbank in Frankfurt kam, beladen mit zehn Millionen Euro. Eigentlich wollte ich nichts mehr machen, doch der Verlust in Uganda schmerzte, lange würde ich mich in Dubai nicht über Wasser halten können, wenn ich nicht schnell wieder Cash reinbekam.

»Und dann habe ich noch das hier«, sagte Salvatore und schmetterte einen Schnellhefter auf den Tisch. Ich nahm ihn entgegen und las, während er weitersprach. »Während ihr weg wart, habe ich über 400 Banken ins Visier genommen, da stehen sie drin, zudem die Entfernung von jedem Objekt zur Polizeiwache und Autobahn.«

Leroy stieß einen langen Pfiff aus und lachte lauthals. »Nicht schlecht!«

Das war wirklich erstaunlich, doch ich hatte andere Pläne. Ich warf den Schnellhefter auf den Tisch.

»Ich habe auch noch was«, sagte Leroy. »Einer meiner Jungs hat einen Bekannten. Er ist Reinigungskraft in der Sparkasse in meinem Viertel in Köln und hat die Codes für die Alarmanlage.«

Das weckte mein Interesse.

»Da gibt es Bankautomaten«, erklärte Leroy, »zwei Stück.«

»Vergiss mal die Bankautomaten«, sagte ich, »gibt es dort Schließfächer?«

Leroy nickte. »Ja, in einem Tresorraum im Keller.«

»Das ist interessant«, sagte ich, »die Geldautomaten wären dann nur die Kirsche auf der Sahnetorte.«

»Ich habe aber noch nicht mit ihm gesprochen«, sagte Leroy.

»Stell mich ihm vor«, sagte ich. »Insider zu klären, ist mein Gebiet. Ach ja, Hamza ist jetzt draußen, den nehmen wir auch mit.«

»Hört sich gut an«, sagte Salvatore, »aber lass Hamza beim Observieren außen vor. Ich war bei seinem Gerichtsverfahren in der Schweiz dabei, und ich bin mir zwar nicht sicher, aber ich glaube, er ist heiß. Die Schweizer Behörden wussten viel über ihn und vermuteten, dass er zu einer international agierenden Bande gehört. Die haben sein Handy geknackt und sogar die alten Fotos von unseren AMGs als Beweisstück in die Verhandlung eingeführt. Sie fragten sich, woher Hamza das Geld hatte, um sich solch ein Auto leisten zu können, und warum alle Autos die gleichen Kennzeichen haben.«

»Scheiße«, sagte ich, »das hättest du mir auch früher sagen können. Doch was in der Schweiz abgeht, interes siert die Deutschen nicht. Aber du hast recht, vorsichtshalber nehmen wir ihn nur beim D-Day mit.«

»Einverstanden«, sagte Salvatore, »und welchen Coup machen wir? Wir können ja nicht alle durchziehen.«

Ich lächelte, sah Salvatore an und zog meine linke Augenbraue hoch. »Du hast recht«, sagte ich.

Salvatore schloss die Augen und nickte.

»Alle natürlich nicht, aber drei!«

Seine Augen sprangen wieder auf. Er und Leroy starrten mich fassungslos an.

Und ja, das war mein voller Ernst. Einige Tage später observierten wir die ersten Objekte. Da der letzte Coup neun Monate her war, schien es uns eher unwahrscheinlich, dass wir noch von den Cops beobachtet wurden. Deswegen tauchten wir erst einmal nicht unter und gingen jeden Morgen raus, als würden wir normal arbeiten gehen. Wir trafen nur das Mindeste an Vorkehrungen und fuhren in zwei Teams zu den Objekten.

Nach dem Ende unserer Observationsschicht gegen 20 Uhr fuhren Leroy und ich nach Köln. Wir hatten einen Termin mit der Reinigungskraft, um ihn als Insider zu gewinnen. Auf dem Weg fragte Leroy mich etwas, worauf ich ihm mit einem Satz antwortete, der nicht unter uns beiden bleiben sollte.

»Findest du das nicht ein wenig übertrieben, dass wir drei Dinger hintereinander drehen? Und das innerhalb von zwei Wochen«, sagte er, »eines von dreien würde doch reichen und wir wären wieder fett im Geschäft.«

»Bruder«, sagte ich, »denkst du wirklich, bei uns läuft es, wenn wir ein, zwei Millionen besitzen?«

Ehe er reagieren konnte, beantwortete ich meine Frage selbst. »Nein!«, rief ich. »Bei uns läuft es erst, wenn jeder mindestens seine fünf Millionen hat und monatlich 100 000 Euro reinschneien. Ich will nicht ein paar Millionen haben. Ich will verdammt noch mal Milliardär sein!«

Leroy grinste über beide Ohren. Ich war davon überzeugt, ich könnte es schaffen, und ab diesem Moment war ich mir sicher, dass auch Leroy Milliardär werden wollte.

»Wir ziehen diese drei Dinger durch«, sagte ich, »und dann verpissen wir uns. *Ciao, adiós, arrivederci,* ab nach Dubai, wo wir das Geld gewinnbringend anlegen.«

»Ich bin dabei«, sagte Leroy.

»Pass mal auf«, sagte ich, »bei jeder anständigen Bank, die so um die 500 Schließfächer hat, holst du mindestens deine 15 Millionen raus. Mein Vater sagte, es geht sogar bis zu 50 Millionen. Das ist wie Weihnachten, du weißt nie, was hinter der Verpackung steckt. Gehen wir mal vom Mindesten aus: Kamen sechs Millionen. Das Cash-Center 35 Millionen und die Bank 15 Millionen Euro, ach komm, sagen wir nur zehn.«

»Das sind mindestens 51 Millionen Euro«, sagte Leroy. »Aber wie willst du da reinkommen?«

»Genau, das ist das Mindeste, also im Normalfall sind wir ungefähr bei 60 Millionen Euro. Und wie wir in die Bank kommen, weiß ich erst, nachdem ich mit der Reinigungskraft gesprochen habe.«

Wir parkten hinter einer alten Kirche in Leroys Viertel. Wir wollten gerade aussteigen, da donnerte es an Leroys Scheibe. Ich erschrak. Ein kleiner rothaariger Typ stand lächelnd vorm Auto und winkte Leroy zu.

»Das ist er«, sagte Leroy.

Bevor wir aussteigen konnten, stieg er bereits ein. »Hi, Leroy«, sagte er mit kehliger Stimme, dann blickte er mich an. »Hi, Freund von Leroy.«

»Freund von Leroy« gefiel mir, so sollte er mich kennen. »Hallo, Mr. Proper«, sagte ich, »freut mich, dich kennenzulernen.«

»Ja, ja. Kommen wir direkt zur Sache, ich brauche Geld, ihr auch. Ich hab keinen Bock, lebenslang als Putzkraft zu ackern. Also, sagen wir, ich gebe dir die Codes: Fällt das nicht auf mich zurück, wenn ihr da was dreht?«

»Bist du die einzige Reinigungskraft?«

»Nein, aber trotzdem: Ich brauche ein Alibi. Und es sind nicht nur die Codes.« Er zeigte mir einen schwarzen Chip. »Ohne diesen Chip kann man den Code nicht eingeben, der Chip zeigt dem System, wer zuletzt den Alarm abgeschaltet hat.«

Das war echt ein Problem, doch hatte ich bereits einen Plan, den ich nur ein wenig umstrukturieren musste. »Wer hat alles so einen Chip?«

»Acht Reinigungskräfte, die Chefin in ihrem Büro und der stellvertretende Chef.«

»Kommst du an den Chip der Chefin ran?«

»Ja.«

»Genial«, sagte ich, »sehen die Chips alle gleich aus?«

Er nickte.

»Alles klar. Du tauschst deinen Chip mit dem der Chefin, gibst ihn mir, ich stelle eine Kopie ihres Chips her und danach tauschst du ihren wieder gegen deinen aus.«

»Und mein Alibi?«

»Ich schicke dich in den Urlaub in ein Land deiner Wahl, außerhalb der EU, damit dein Pass einen Einreise- und Ausreisestempel hat. Wohin willst du?«

»Hm.«

Er dachte nach, hielt den Finger an seine Lippen, dann schnippte er.

»Dubai, in das Atlantis-Hotel, für mich und meinen Neffen.«

»Geht klar.«

»Und für meine Freundin und ihren Sohn auch.«

Raubkatze. Aber ich hatte keine Wahl. »In Ordnung, doch dafür trägst du beim nächsten Putzgang eine versteckte Kamera und nimmst den Tresorraum und seine Wände auf.«

Er lächelte mich an. »Kein Problem.«

»Also haben wir einen Deal.«

»Moment, Moment, Moment, was ist meine Bezahlung?«

»300 000 Euro.«

»Ich bin dabei«, sagte er, »aber wie kann ich mir sicher sein, dass ihr mir das Geld auch gebt?«

»Warum sollten wir es nicht tun?«

Er lachte, als hätte ich einen schlechten Scherz gemacht. »Nein. Dann vergiss es, ich will Garantien.«

»Du hast mein Gesicht gesehen und kennst Leroy.«

»Na und, das ist doch nichts. Außerdem kann ich schlecht zur Polizei gehen wegen einer Sache, in die ich selbst involviert bin. Ich möchte ein Geheimnis von dir kennen, mit dem ich dich in der Hand habe. Sonst steige ich aus und ihr könnt es vergessen.«

»Was erzählst du da, Bruder?« Leroy runzelte die Stirn.

Er schwieg, verschränkte seine Arme. Wir schwiegen auch.

»Dann nicht!« Er öffnete die Autotür.

»Stopp!«, rief ich.

Er fuhr herum, sah mich an und lächelte.

»Leroy, geh mal kurz raus«, sagte ich.

»Nein!«

»Bruder, vertrau mir.«

Er schüttelte den Kopf, tat aber, worum ich ihn gebeten hatte. Ich beabsichtigte sowieso, den Typen zu bezahlen, also hätte er keinen Grund, mir zu schaden, und selbst wenn, nach dem ganzen Scheiß würde ich nie wieder auch nur einen Fuß auf deutschen Boden setzen. Darum erzählte ich ihm meine schlimmsten Geheimnisse. Er wollte mir erst mal nicht glauben, daher zeigte ich Beweise und bekam dafür alles von ihm, was wir brauchten. Bevor wir zuschlugen, absolvierte ich in Hamburg bei einem Spezialisten für Sicherheitstechnik eine Schulung, bei der ich mich als Unternehmer ausgab und professionelle Öffnungswerkzeuge kaufte. Nun war ich in der Lage, 90 Prozent aller Tresore auf der Welt zu öffnen. Zu den Werkzeugen gehörte eine professionelle Thermolanze, die brauchten wir für die Sparkassengarage in Kamen und das Cash-Center von Ziemann in Filderstadt. Diese Thermolanze wird eigentlich von den Spezialkräften und Militärs genutzt, um bei einer Geiselnahme eine Wand durchzuschneiden und in ein Gebäude zu gelangen, falls man Sprengfallen an den Eingängen oder Fenstern vermutet. Dazu kauften wir einen Kernbohrer für die Sparkasse in Köln, um ein Loch in die Stahlbetonwand zu bohren, außerdem ein AK-47-Sturmgewehr, eine 9-Millimeter, eine Schrotflinte und Blendgranaten. Da Hamza wieder dabei war und ich ihm nichts verheimlichen musste, nutzten wir wieder unser Safehouse. Staub hatte sich bereits auf die Plane des Audi RS6 gelegt sowie auf unsere Schutzwesten und die Geldzählmaschinen. Wir polierten die Ausrüstung und besorgten für unser Vorhaben noch drei weitere Audi RS6, uns standen also reichlich Geparden im Schafsfell zur Verfügung. Dazu drei schwarze alte VW-Transporter. Wir waren todesmutig wie Krieger auf ihren Schlachtrossen – bereit, uns ins Gemetzel zu stürzen, und doch verdammt nervös.

* * *

Die Sparkasse Kamen-Werne ist das erste Ziel. Mit einem unserer VW-Transporter fahren wir vor die Bank, der Geldtransporter ist bereits in der Garage. Hamza bleibt am Steuer. Salvatore, Leroy und ich steigen maskiert aus. Salvatore hält die AK-47, Leroy die abgesägte Schrotflinte. Ich trage eine 9-Millimeter in meinem Schulterholster, die Gasflasche auf dem Rücken und die Thermolanze in der Hand. Wir rennen die Zufahrt zur Garage hinunter. Ich schmelze mit der 5000 Grad heißen Thermolanze ein Loch in das Plastiktor. Salvatore schmeißt die Blendgranate durch das Loch hinein. Die Granate detoniert, die Bankiers und Sicherheitsleute sind außer Gefecht. Wie mit einem Laserschwert schneide ich uns einen Zugang in das Tor. Wir steigen ein und sehen die Menschen am Boden, wie sie ihre Hände an die Ohren halten. Im Handumdrehen ziehen wir die Revolver aus den Hüftholstern der Sicherheitsleute und legen sie in unseren Sack. Dann greifen wir uns die silbernen P-Behälter, in denen das Geld liegt, schmeißen sie durch den Zugang und steigen hinterher zurück nach draußen. Beim Hinausgehen besprühe ich den Schauplatz mit Chlor. Säure kommt nicht infrage – wegen der Menschen. Wir rennen mit den P-Behältern zum Transporter, werfen sie durch die Seitentür auf die Ladefläche, springen hinterher, ziehen die Seitentür zu und Hamza rast davon. Wenn uns die Cops am Heck hängen, geben wir ein paar Salven aus dem AK-47 ab, um sie zu warnen. Wir fahren auf die Autobahn, die erste Ausfahrt wieder hinunter und weiter zu einem wenig genutzten Parkplatz an einem Wald. Dort stehen bereits zwei unserer Audis. Alles muss schnell gehen. Die Jungs befördern die P-Behälter in die Fluchtwagen, ich begieße den Transporter mit Benzin und zünde ihn an. Innen liegen Luftballons, gefüllt mit Brennbeschleuniger. Die Flammen werden zu einem Inferno und vernichten alle Spuren. Wir rasen mit den Audis zum Safehouse, zählen das Geld, verpacken es und bringen es in Sicherheit.

Am Freitag ist Ziel Nummer zwei fällig. Mit zwei Transportern, die wir als Maler-und-Lackierer-Firmenwagen getarnt haben, parken wir Freitag gegen Mitternacht am hinteren Ausgang der Sparkasse in Köln. Ich schalte den Alarm ab, die Jungs entladen das Werkzeug. Dann gehen wir die Treppen hinunter in den Keller zum Tresorraum. Mit dem Kernbohrer bohren wir drei Löcher in die 1,50 Meter dicke Stahlbetonwand neben der Tresortür. Es dauert vier Stunden. Aber das ist kein Problem, solange es niemand mitbekommt. Denn wir bleiben sowieso bis spätestens Sonntagnacht. Während die Cops die unbekannten Täter von Kamen jagen, also uns, tauchen wir für ein paar Tage in der nächsten Bank unter. Wir gehen durch das Loch hinein in den Tresorraum und brechen ein Schließfach nach dem anderen auf. Es sammeln sich Berge von Schmuckstücken, Edelmetallbarren, Münzen, Bargeld und Papieren. Bis Sonntag sind alle Schließfächer leer geplündert. Die zwei Transporter sind gefüllt mit schwarzen Taschen voller Schätze. Dann kommen die Sprühmaschinen zum Einsatz. Sie sind gefüllt mit Chlor und ein wenig Säure. Wir setzen uns die Gasmasken mit Visier auf und sprühen, was das Zeug hält. Dann fahren wir mit der Beute zum Safehouse. Das Bargeld bringen wir in Sicherheit, den Schmuck, die Diamanten und die Edelmetallbarren zum Hehler unseres Vertrauens.

Für uns geht es weiter runter nach Filderstadt. Mitten in der Nacht parken wir die vier Audis direkt vor dem Firmengelände mit der Frontseite in Richtung Straße. Wir laufen die Außentreppen hinauf. Links befindet sich die mit dem Alarm gesicherte Tür samt Sicherheitsschleuse, die zum Cash-Center führt. Rechts liegt die Tür zu den Büros. Ich habe im Vorfeld einen Schlüssel für das Schloss angefertigt und öffne die Tür. Die Bewegungsmelder erfassen uns, der Alarm heult los. Egal. Wir rennen zur Wand, die uns vom Cash-Center trennt. Die Thermolanze habe ich gezündet und schneide uns ein Loch. Leroy tritt das lose Stück hinein. Die Angestellten schreien und wirken fassungslos angesichts der vier maskierten Männer. Die Nebelmaschine geht an.

Wir stürmen das Cash-Center und sehen haufenweise Euros in den großen Stahlkisten, die dort stehen. Millionen über Millionen. Wir verschließen die Kisten. Jeder von uns vieren hat ein stabiles Rollbrett dabei, darauf stapeln wir jeweils drei gefüllte Geldkisten übereinander. Der Raum füllt sich immer mehr mit Nebel. Die Zeit rast uns davon. Wir rollen sie hinaus durch die Büroräume und wieder zurück an die frische Luft. Die Stahlkisten sind stabil und zum Tragen ziemlich schwer, also werfen wir eine nach der anderen von oben über das Geländer nach unten. Wir stürmen die Treppen hinunter, achten darauf, nicht zu stolpern. Verfrachten die Stahlkisten in die Audis, sehen zu, dass wir davonkommen. Denn wir fürchten, dass nach so einem Coup nicht nur das SEK alarmiert wird, sondern auch die GSG 9, vielleicht sogar das verdammte KSK.

* * *

Keinen dieser drei Coups haben wir in die Tat umgesetzt. Etliche Male durchlebte ich in der Nacht vor der Festnahme unser Vorhaben und malte mir die verschiedensten Szenarien aus – und es hätte klappen können. Ich beging die Coups mental immer und immer wieder, bis ich einschlief und am nächsten Morgen von Herrn Meyers, dem Typ von der Rezeption, geweckt wurde. Kurz darauf begrüßten mich die verdammten Laserstrahlen.

All diese Taten waren die Gründe, die ich mir vorstellen konnte, weshalb die Männer fürs Grobe die Turmsuite stürmten. Meine Partner hatten sie auch vom Feld gefegt. Schachblindheit bezeichnet im Schach das Übersehen einer offensichtlichen, unmittelbaren Bedrohung durch den Gegner. Ich wurde überheblich und gierig. Das Spiel schien verloren und beendet zu sein. Doch auf tödlichem Terrain, wenn man nichts mehr zu verlieren hat, kann man seinen Scharfsinn wiedererlangen. In einem erwacht eine ungeheure Willenskraft. Ich wusste, wenn ich nicht versuchen würde, zu fliehen, hätte ich es mir jahrelang vorgehalten. Tatsächlich gelang mir die Flucht und es standen mir wieder etliche Züge zur Verfügung. Doch wenn man beim Schach einen Fehler begeht, folgen rasch die nächsten.

Das letzte Wort

Nach dem Gronau-Coup ist einiges schiefgelaufen. Ich hatte mich vom See und dem Falken im Wald verabschiedet. Ein paar Mädels, die mit ihren Hunden Gassi gingen, waren so nett und riefen mir, dem Jogger, der beim Laufen sein Handy verloren hatte, ein Taxi in eine Siedlung am Waldrand. Damit fuhr ich Richtung Flughafen. Manchmal werden auch Taxifahrer darüber in Kenntnis gesetzt, dass die Polizei nach jemandem fahndet, und so fürchtete ich, dass der Fahrer Alarm schlagen könnte. Doch das tat er nicht. Es war bereits Nachmittag, und aus Erfahrung wusste ich, dass die Cops nie länger bei einer Razzia bleiben als drei oder vier Stunden. Außerdem, warum sollten sie das Reisebüro durchsuchen? Es lag am Reisemarkt des Flughafens. Der Taxifahrer begleitete mich bis zum Reisebüro. Mein Cousin Paco stand nicht an einem der beiden Schalter, sondern zwei seiner Angestellten. Ich nickte den beiden zu, die Bescheid wussten, dass ich die Berechtigung hatte, direkt ins Büro zu laufen. Der Taxifahrer und ich gingen an ihnen vorbei hinein in das Büro. Am Bürotisch saß nicht Paco, sondern sein Geschäftspartner. Auch gut. Zu ihm hatte ich ein gutes Verhältnis.

»Hey, Gustav«, sagte ich.

Er sah vom Bildschirm weg und schaute mich mit einem Blick an, als hätte er gerade einen Untoten vor sich. Den Mund offen stehend, die Augen aufgerissen, sagte er nichts. Stattdessen ertönte eine andere Stimme.

»Wer sind Sie?«

Ich fuhr herum und sah zwei Typen im Türrahmen stehen.

»Wie, wer bin ich! Wer seid ihr?«, schoss ich zurück.

Daraufhin hielt er seinen Dienstausweis hoch.

»Polizei!«, sagte er. »Darf ich mal bitte Ihren Ausweis sehen?«

Ich konnte ihm keinen Ausweis zeigen, da ich keinen dabeihatte, also wollte er mich direkt festsetzen, um meine Identität zu überprüfen. Ich gab mich als mein Cousin Paco aus, was ein Fehler war. Denn die Cops hatten dort auf ihn gelauert. Sie warfen ihm vor, in seinem Reisebüro mein Geld zu waschen. Als ich mich also als Paco ausgab, wollten sie mich natürlich festnehmen. Sie versuchten, mich auf den Boden zu ringen und mir die Arme zu verdrehen. Sie zogen mich an der Nase, drückten in meine Augen und versuchten alles Erdenkliche außer Schlägen, um mich zu Fall zu bringen. Doch wie schon erwähnt, auf tödlichem Terrain erwachen ungeheure Kräfte. Ich schlug sie nicht, doch rang ich mit ihnen und versuchte, aus dem Büro zu entfliehen. Was mir auch beinahe gelang. Doch dann kam ein Dritter dazu und drängte mich zurück in das Büro. Und je länger der Kampf andauerte, desto mehr schwanden meine Kräfte. Sie schrien nach Verstärkung. Das Büro der Bundespolizei lag auf derselben Ebene. Einer musste dorthin gerannt sein. Denn plötzlich stürmten uniformierte Bundesbeamte das Büro. Am Ende brachten sie mich zu Fall. Ende. Vorbei.

Nachdem die Tür meiner Gefängniszelle zugeworfen wurde und das metallische Knacken des Schlosses in meinen Ohren widerhallte, hätte ich alles Geld der Welt hergegeben, um heimgehen zu können zu meiner Familie. Alles!

Meine Rechtsanwälte besuchten mich oft. Sie brachten mir die Akten und besprachen mit mir die Fälle. Ab dem Tag, an dem Innenminister Reul den Clans den Kampf angesagt hatte, standen die Großfamilien auf der Abschussliste. Die Abteilung für organisierte Kriminalität der Staatsanwaltschaft Essen gründete mit der Polizei aus Recklinghausen und Datteln eine eigene Ermittlungskommission.

Aus mir nicht bekannten Gründen schien Schmitz nicht an dieser Partie beteiligt gewesen zu sein. Erst im Nachhinein wurde Schmitz zur Kommission hinzugezogen.

Jedoch spielte die Ermittlungskommission nicht fair. Altes Spiel, neue Regeln, so ist das Leben. Die Cops hatten es erst mal nur auf Hamza und seine Familie abgesehen. Sie zapften sogar die Telefone seiner Familienangehörigen an. Die Autos wurden verwanzt und sie observierten ihn 24/7. Alles nur wegen der Geschichte in der Schweiz und seiner Familienzugehörigkeit. Die Cops bekamen Wind davon, mit wem Hamza Kontakt hatte, also zu Salvatore und mir. Anschließend verwanzten sie einen Leihwagen, den Salvatore angemietet hatte, der jedoch nur von mir genutzt wurde. Sie begründeten ihren Antrag zur Genehmigung der Innenraumüberwachung mit der Lüge, dass angeblich Hamza und seine ganze Familie auch diesen Mietwagen nutzten. Ihr Antrag wurde direkt genehmigt, ohne zu hinterfragen, warum Hamza das Auto nutzen sollte, obwohl er doch selbst einige Pkws besaß und diese doch schon abgehört wurden. Als ich mit der Reinigungskraft im Auto saß und ihm meine Geheimnisse verriet, hörte die Polizei jedes Wort mit. Und ab da ging es erst richtig los. Sie verwanzten alles und jeden von uns – inklusive GPS-Überwachung. Die Handys hatten sie bereits angezapft, aber die nutzten wir ohnehin nicht. So beobachteten sie uns rund um die Uhr und bekamen alles mit, was wir planten.

Da wir davon ausgingen, nicht observiert zu werden, sprachen wir viel. Zu viel. Aufgrund dessen schnappten sie uns schließlich. Sogar Ibo. Doch ihn verhafteten sie nicht meinetwegen. In all diesen belauschten Gesprächen hatte ich nicht ein einziges Mal seinen Namen erwähnt. Sie verhafteten Ibo, weil er gegen unsere Absprache die Arbeit gekündigt und sich einen 160 000 Euro teuren Sportwagen gekauft hatte. Nach einem Monat Haft brach Ibo zusammen. Er kooperierte mit der Polizei. Mein Anwalt hatte mich schnell darüber informiert. Zunächst wusste ich nur, dass Ibo ein Geständnis ablegen würde. Bis zu einem gewissen Grad war das schon enttäuschend, aber andererseits hatte ich Schuldgefühle. Deswegen war ich nicht böse auf ihn. Doch als ich dann nach einigen Wochen in meiner Zelle seine Einlassung in meinen Händen hielt, platzte ich beinahe. Ich war wütend, enttäuscht und traurig. Den Cops gegenüber zuzugeben, was man falsch gemacht hat, ist eine Sache. Doch die Schuld und die Verantwortung von sich zu weisen und alles auf eine einzige Person zu schieben, empfand ich als rückgratlos. Ibo hatte es so dargelegt, als hätte ich ihn manipuliert und beinahe gezwungen. Er sagte auch, dass ich ihn nicht bezahlt hätte. Ibo rechtfertigte seine Aussage damit, dass die Cops doch sowieso wegen meiner lockeren Zunge im Auto alles wussten. Ja, sie wussten sehr viel. Doch wussten sie nichts, absolut gar nichts über Ibo. Erst durch sein Geständnis konnte er verurteilt werden. (Heute weiß ich, dass es damals einen Kommunikationsfehler unter unseren Anwälten gab, der mitunter Ibos Aussage bedingte – ich habe meinen Frieden mit Ibo gemacht.) Hamza erhielt wenige Jahre Haft wegen des Dortmund-Coups. Leroy bekam mehrere Jahre wegen K+K, der Waffen und der geplanten Coups, ebenso Salvatore wegen K+K und zwei weiterer Taten sowie der geplanten Coups. Mich verurteilten sie zu insgesamt zwölf Jahren.

Ich nehme viel mit durch die Erfahrungen, die ich in dieser turbulenten Zeit gesammelt habe. Aber das Wichtigste, was ich gelernt habe, ist, niemals das Ziel aus den Augen zu verlieren und sich nicht zu scheuen, neue Wege einzuschlagen. Dass man stets alles schaffen kann, wenn man will, ganz gleich, aus welchen Verhältnissen man kommt. Als Dieb habe ich gestohlen, um meiner Familie und mir das ermöglichen zu können, was ich wollte. Ich war ein Diener des Geldes. Nun habe ich verinnerlicht, dass nicht Geld die wichtigste Währung ist. Dass man nicht alles riskieren sollte, um Wohlstand anzuhäufen. Das Geld, das Gold, die Diamanten und die Immobilien, die wir besitzen, all dies können wir zählen. Wir wissen, wie viel noch übrig ist. Doch die wichtigste Währung, der größte Reichtum, ist unsere Zeit. Die Zeit ist die einzige Währung, von der wir nicht wissen, wie viel uns noch bleibt. Durch meine Taten habe ich meiner Familie und vielen Menschen einiges Leid und viele Kopfschmerzen bereitet. Das bereue ich. Mein Verhalten war nicht korrekt. Jedoch muss man nach vorne sehen und das Beste aus dem machen, was einem zur Verfügung steht.

Nachwort

Das ist mein erstes Buch. Ich habe meine Zeit im Gefängnis genutzt, um etwas Neues zu schaffen und mit dem Alten abzuschließen. Mein Name ist Asier, auf Baskisch Hasiera – das bedeutet Anfang. Dieses Buch ist für mich ein Neuanfang. Ich habe das kreative Schreiben für mich entdeckt und beabsichtige, noch mehr Bücher zu verfassen. Heute ist der 18. Juni 2022, ich sitze an meiner Schreibmaschine in meiner Zelle, trinke einen doppelten Instant-Espresso und tippe die letzten Buchstaben aufs Papier. Das Schreiben hat mir immense Kraft geschenkt. Zwölf Jahre Haft steckt man nicht mal ebenso weg.

Doch hätte es schlimmer enden können. Ich danke Gott. Außerdem gilt mein Dank meinen Liebsten sowie all meinen Lesern und Leserinnen, denen dieses Buch, so hoffe ich, gefallen hat.

Es gibt in diesem Buch kein Happy End, das gibt es in der Realität im Leben der Gauner nie. Egal, wie viel Geld dabei herumkommt, am Ende zahlst du mehr, als du verdienst. Meine Message ist: Geht nicht denselben Weg. Nutzt eure Talente für das Gute, lasst euch nicht von schnellem Geld verführen.

Vielen Dank für eure Zeit.

Über den Autor

Asier Rodríguez Santos wurde 1993 in der Dominikanischen Republik geboren. Als Kind wanderte er mit seiner Mutter nach Deutschland aus und kam dort in Kontakt mit arabischen Großfamilien. Bereits in jungen Jahren beging er Diebstähle und baute schrittweise ein kriminelles Netzwerk auf. Als Kopf der AMG-Bande erbeutete er durch Überfälle in nur zwei Jahren fast 3 Millionen Euro. Im Dezember 2018 wurde er verhaftet und später zu einer zwölfjährigen Haftstrafe verurteilt.